绿色低碳视角下喀斯特山区土地利用变化与生态安全评价研究

魏　媛　吴长勇　陈　宣　曾　昉　姚　晨　著

资助项目	中央财政支持地方高校发展专项资金； 国家商务部联合研究项目（2016SWBZD12）； 贵州财经大学 2016 年青年教师英才计划项目； 贵州省科技计划项目（软科学研究计划）黔科合基础［（2016）1521-1 号］； 贵州省高校优秀科技创新人才支持计划（黔教合 K 字［2012］091 号）

科学出版社

北　京

内 容 简 介

本书以绿色协调发展为指导,运用人地关系理论、协调发展理论、低碳经济理论、生态经济理论、可持续发展理论等理论方法,围绕喀斯特山区新时期绿色低碳可持续发展这一主题,在对喀斯特山区土地利用变化与生态安全的关系、生态承载力与生态安全评价、喀斯特山区土地资源开发利用的现状、特点及土地利用过程中存在的生态安全问题进行详细分析,掌握喀斯特山区土地利用的特征、变化规律、不合理利用土地对生态安全的影响、生态安全及土地生态安全评价的理论方法的基础上,以典型喀斯特山区贵州省为例进行实证研究,探寻喀斯特山区土地绿色低碳高效利用的、实现生态安全的思路和途径,分析研究区土地利用实现合理化、生态化和高效化需要采取的措施,为喀斯特山区乃至全国培育绿色低碳生态高效的土地利用模式提供理论指导和决策参考。

本书适合于土地资源管理、生态经济学、人口-资源与环境经济学及相关专业的教师及研究生参阅,也可为相关政府部门的决策和同行专家的研究提供参考。

图书在版编目(CIP)数据

绿色低碳视角下喀斯特山区土地利用变化与生态安全评价研究 / 魏媛等著. —北京:科学出版社,2018.1
ISBN 978-7-03-055001-9

Ⅰ. ①绿… Ⅱ. ①魏… Ⅲ. ①喀斯特地区-山区-土地利用-环境生态评价-中国 Ⅳ. ①F321.1②X826

中国版本图书馆 CIP 数据核字(2017)第 262979 号

责任编辑:李 敏 杨逢渤 / 责任校对:彭 涛
责任印制:张 伟 / 封面设计:无极书装

科学出版社 出版
北京东黄城根北街 16 号
邮政编码:100717
http://www.sciencep.com
北京建宏印刷有限公司 印刷
科学出版社发行 各地新华书店经销
*
2018 年 1 月第 一 版 开本:720×1000 B5
2019 年 3 月第二次印刷 印张:15 1/4
字数:300 000
定价:128.00 元
(如有印装质量问题,我社负责调换)

前　言

在新的历史时期，低碳绿色发展已成为学术界关注的热点话题之一，党的十八大报告提出我国在2020年全面建成小康社会的奋斗目标，并把生态文明建设放在促进全面建成小康社会更加突出的战略地位。喀斯特贫困山区由于其地理位置、自然环境和历史文化等方面的原因，生态环境极其脆弱、经济欠发达、贫困程度深，贫困面广，其经济社会发展水平与全国其他地区相比存在较大的差距。新一轮西部大开发政策的实施，为喀斯特贫困山区加快发展和转型、逐步缩小与全国其他在地区的差距提供了难得的机遇。在新一轮西部大开发这一历史阶段，在绿色低碳发展的新时期，喀斯特山区如何在经济发展的过程中既考虑增长速度，又考虑与环境相互协调这一困境，采用何种土地利用模式达到集经济效益、生态效益和社会效益于一体，确保土地生态安全及2020年贫困人口全部脱贫宏伟目标的实现，与全国同步建成小康社会，实现低碳绿色发展是值得全面深入研究的前瞻性问题。

本书以绿色协调发展为指导，针对喀斯特山区人口密度大、经济欠发达、贫困程度深，贫困面广和生态环境脆弱局面，以土地利用模式对区域经济发展和生态安全状况的作用和影响为切入点，运用人地关系理论、协调发展理论、低碳绿色经济理论、生态经济理论、可持续发展理论等理论方法，围绕喀斯特山区新时期绿色低碳可持续发展这一主题，系统研究了喀斯特山区土地利用与生态安全的关系、深入分析了土地利用及其生态安全现状、土地开发利用过程中存在的主要问题，探讨土地利用变化对喀斯特山区生态安全的作用和影响，寻找喀斯特山区在土地绿色低碳高效利用过程中存在的问题，从理论和实证两个方面来剖析深层次的原因，探寻解决路径。根据喀斯特山区的土地资源的特点、优势和生态环境脆弱状况的实际，围绕新时期喀斯特山区土地开发利用与生态环境相互协调所需要的条件，深度剖析喀斯特山区土地利用在绿色低碳化和生态高效化过程中所面临和各种问题和挑战，分析这些问题产生的原因，提出了促进研究区土地资源绿色化、低碳化、高效生态化开发利用的对策建议。研究的开展对喀斯特山区乃至全国走绿色脱贫和可持续发展之路，培育绿色低碳高效的土地利用模式、实现土地利用的经济效益、社会效益和生态效益有机统一，保障土地利用生态安全，最终与全国一道同步全面建成经济富裕和生态文明的小康社会具有重要的理论参考和实践指导意义。

魏媛

2017 年 6 月

目　　录

第1章　导论 ·· 1
　1.1　选题背景及研究意义 ··· 1
　1.2　相关研究进展及文献评述 ·· 3
　1.3　研究的主要内容与基本思路 ·· 15

第2章　相关概念的界定及理论基础 ·· 22
　2.1　相关概念的界定 ··· 22
　2.2　理论基础 ··· 27
　2.3　本章小结 ··· 33

第3章　土地利用变化对生态安全的影响 ······································· 34
　3.1　土地利用变化对生态系统服务价值的影响 ························· 34
　3.2　土地利用变化对生态安全的影响 ····································· 42
　3.3　土地利用变化对土地生态安全的影响 ······························· 54
　3.4　本章小结 ··· 56

第4章　生态承载力与生态安全评价 ·· 57
　4.1　生态承载力和生态安全的由来及其发展 ··························· 57
　4.2　生态承载力与生态安全的关系 ··· 62
　4.3　生态承载力和生态安全评价方法 ····································· 68
　4.4　土地资源承载力及其生态安全评价 ·································· 77
　4.5　本章小结 ··· 81

第5章　喀斯特山区土地资源的开发利用 ······································· 83
　5.1　喀斯特山区土地资源的特征 ·· 83
　5.2　喀斯特山区土地资源的优势 ·· 87
　5.3　喀斯特山区土地开发利用的影响因素 ······························· 88
　5.4　喀斯特山区土地开发利用存在的主要问题 ························ 93
　5.5　本章小结 ··· 96

第6章　贵州省土地利用现状、特点及其变化 ································ 98
　6.1　贵州省土地利用现状及特点 ·· 98
　6.2　贵州省土地利用过程中存在的问题 ································· 101

  6.3 贵州省土地利用的动态变化 ·· 104
  6.4 本章小结 ··· 110
第 7 章 土地利用变化及生态安全评价实证研究 ·· 112
  7.1 土地利用变化的实证研究 ·· 112
  7.2 土地利用变化及生态安全评价实证研究 ······························· 133
  7.3 本章小结 ··· 191
第 8 章 对策建议 ·· 192
  8.1 严守耕地保护红线，提高耕地综合承载力 ····························· 192
  8.2 健全落实用地政策，合法合规利用土地 ································ 194
  8.3 积极推进土地整治，提高土地利用综合效益 ·························· 196
  8.4 着力防治土地污染，促进土地生态安全 ································ 199
  8.5 培育和保持土壤肥力，实现土地可持续利用 ·························· 202
  8.6 提高土地资源承载力，培育低碳土地利用模式 ······················· 205
  8.7 本章小结 ··· 207
第 9 章 总结与展望 ··· 209
  9.1 研究的主要内容和成果 ·· 209
  9.2 研究的创新和价值 ·· 212
  9.3 研究的深入与展望 ·· 214
参考文献 ·· 218
后记 ·· 236

第 1 章 导 论

喀斯特山区人口密度大、经济欠发达、贫困程度深、贫困面广，是我国西部典型的生态脆弱地区。在绿色低碳发展的新时期，喀斯特山区如何在经济发展的过程中既考虑增长速度，又考虑与环境相互协调？采用何种土地利用模式达到集经济效益、生态效益和社会效益于一体，以确保生态安全及 2020 年贫困人口全部脱贫宏伟目标的实现？如何与全国同步建成小康社会，实现绿色低碳发展？这些都是值得全面深入研究的前瞻性问题。

1.1 选题背景及研究意义

喀斯特山区贫困落后的特质决定其必须走经济快速发展的道路，而其生态环境的脆弱性决定其必须走绿色低碳发展的道路。因此，协调喀斯特贫困山区山地开发利用与生态环境保护之间的关系，培育绿色低碳土地利用模式，确保生态安全就成为一个非常有价值和意义的选题。

1.1.1 问题的提出与研究背景

社会在不断发展进步，人民生活水平在不断提高，但生态问题却日益突出，环境恶化日趋严重。人类对自然资源长期的不合理利用，累积了大量的生态隐患和环境欠债，严重制约了我国的经济发展。这已经引起了社会各界的忧虑和警觉，人们已经开始认识到生态环境问题，而生态环境问题实质就是生态安全问题。为此，我国于 2000 年颁布了《全国生态环境保护纲要》，首次从战略的高度明确提出了"国家生态安全"的概念。生态安全与国家的政治安全、军事安全一样，是国家安全的重要组成部分，而且是其他安全的基础和载体。这就意味着生态的安全与否直接关系到国家的生存和发展，关系到我们所处的生存环境不受或少受因生态失衡而带来的破坏和威胁，关系到国家安全和民族发展的长远利益。

土地利用/土地覆盖变化（land use and land cover change，LUCC）是人类社会经济活动行为与自然生态过程交互和连接的纽带，直接影响大气交换、生物多样性、生物地球化学循环和资源环境的可持续利用，是生态环境的重要组成部分，而生态环境问题又是生态安全问题，因此研究土地利用/土地覆盖变化与生态安全评价，对实现绿色低碳可持续发展有重要意义。

1.1.2 研究目的

喀斯特山区拥有丰富的自然资源和能源，然而土地利用不合理与科技水平较低导致了效率低、碳排放量增加、污染严重、自然生态退化等问题，通过土地利用结构的优化和利用模式的创新，可以形成绿色低碳高效的土地利用模式，集生态效益、经济效益和社会效益于一体。喀斯特山区是我国典型的生态脆弱区之一，其土地脆弱方面的主要特点为土层浅薄、石漠化、水土流失严重、土地利用不合理等。通过研究喀斯特山区土地利用/土地覆盖变化，不但可以掌握喀斯特山区土地的特征、变化规律及不合理利用土地对生态环境的影响，而且利用生态足迹（ecological footprint，EF）、生态承载力、碳足迹等模型对土地可持续利用进行定量评价，还可以为科学分析喀斯特山区生态安全状况奠定理论基础。本书旨在解决喀斯特山区在新一轮西部大开发中土地利用的绿色化、低碳化、高效化及生态化等问题，培育绿色低碳高效的土地利用模式，真正保障土地利用生态安全，为喀斯特山区绿色脱贫和可持续发展提供思路和对策。

1.1.3 研究意义

土地利用/土地覆盖变化是全球变化研究的重要方向之一，是地球表层科学研究领域中的一个重要内容，土地利用/土地覆盖变化的环境效应问题是当今学术界研究的前沿和热点问题之一。生态安全是整个生态经济系统和可持续发展的生态保障，是国家其他安全的载体和基础，是当前土地可持续利用研究的前沿问题之一。但是，当前我国关于土地生态安全的研究仍然处于初期阶段，理论和评价体系研究等很多方面的研究仍属空白，尤其是对喀斯特山区土地利用/土地覆盖变化与生态安全评价研究较少。因此，现阶段加强喀斯特山区的土地生态安全问题研究、建立适合喀斯特山区的土地生态安全评价体系是十分必要的。关注喀斯特山区土地利用过程中出现的生态环境安全问题，加强脆弱类型土地生态环境系统的安全调控，是实现喀斯特生态脆弱区土地可持续利用的基础。贵州省是我国典型的喀斯特生态脆弱区，自然资源丰富，但不合理的土地利用方式导致区域水土流失面积不断扩大，石漠化问题严重，土壤肥力不断下降，生态环境十分脆弱。探讨生态脆弱区的土地生态安全，不仅具有重要的理论意义，而且对促进区域绿色低碳可持续发展有重要的现实意义。本书以喀斯特生态脆弱区为研究对象，对其土地利用/土地覆盖变化和生态安全进行评价研究，是喀斯特山区实现脱贫和可持续发展的基础，也是西部大开发中最为紧迫的任务之一。本书对丰富土地绿色低碳生态化利用和可持续发展方面提供理论基础，为政府制定相关政策提供参考，同时也为其他喀斯特地区土地资源的可持续利用和生态文明建设提供很好的借鉴意义。

1.2 相关研究进展及文献评述

生态环境问题和生态安全问题已成为全球关注的热点问题之一，人们在土地开发利用的过程中不可避免地对自然生态环境产生一定的影响。对喀斯特脆弱贫困山区土地利用/土地覆盖变化和生态安全评价的研究已引起了生态经济学家的特别关注，相关的研究涉及经济学、生态学、土地经济学、土地生态学等多个学科领域，本书主要从喀斯特山区特点、土地利用/土地覆盖变化、生态安全及其评价等几个方面梳理和评述国内外相关研究进展。

1.2.1 喀斯特山区的研究

喀斯特是一种自然现象，是指水对碳酸盐岩溶蚀的地球化学过程和形成的地貌形态。喀斯特（岩石圈）与大气圈、水圈、生物圈耦合，构造了喀斯特自然生态环境。全球喀斯特面积共 2000 万~2200 万 km^2，占地球陆地总面积的 12%~15%，大部分分布在资源丰富、人口稠密的地区，如中国西南地区、地中海沿岸、东欧及美国东南部。按可溶岩的分布面积计算，中国的喀斯特面积达 346 万 km^2，含可溶岩地层的出露面积达 206 万 km^2，可溶岩地层直接的出露面积达 91 万 km^2，其中有 50 万~54 万 km^2 的裸露型喀斯特和覆盖型喀斯特分布在中国西南的滇、黔、桂、川、渝、湘西、鄂西等地，即西南喀斯特地区（袁道先，1991，1995）。

从地形地貌条件来看，中国喀斯特山区主要分布在高原向丘陵、平原或盆地转折的斜坡地带，即贵州省向广西壮族自治区、湖南省过渡的斜坡地带和云南省向贵州省过渡的斜坡地带。前者海拔在 400~800m，以喀斯特山地-河谷、深洼地和漏斗及峰丛-洼地、谷地为主要地貌类型，地势高差一般在 200~500m；后者海拔在 1500~2400m，高差多在 300~700m。喀斯特山区的土地约有 90% 为坡地，坡度小于 6° 的谷地、洼地面积仅占总面积的 12% 以下。约有 40% 为地带性土壤与非地带性土壤、植被景观呈斑片状或条带状镶嵌分布或相互叠置分布，在小比例尺地图上难以反映。这些地段在以往的研究中，均视为典型的喀斯特山区。

中国喀斯特山区的自然资源具有相当大的优势,但也存在不容忽视的劣势。具体表现在如下几个方面:①气候资源优势。除日辐射量偏低外,具备丰富的水热资源和光热水同季的特点,适宜多种林木生长。②生物资源优势。具备复杂多变的小生境和以此为基础的多样性较高的生物群落。由此形成了土特优产品的资源优势。③水资源优势,但存在开发难度大的劣势。从宏观来看,降水较为丰富;从微观来看,只要保持良好的生态环境和合理的利用方式,大气降水和少量喀斯特地下水完全可以满足当地的农业和农村生活用水需求,不受旱灾影响。④宜林土地资源优势。土地资源中宜林土地资源丰富,占土地总面积的50%以上,大部分地区适宜发展以乡土阔叶树种为主的防护林和特用林,局部土层较厚地区可以发展用材林,个别地段还可以发展经济林,但宜农土地相对匮乏。⑤旅游与教学资源优势。作为世界独一无二、面积最大的亚热带喀斯特山区,该处气候宜人、山川秀丽,又是少数民俗聚集区,因此形成了独具特色的旅游、探险和喀斯特研究、教学资源。

沙漠、黄土等作为众所周知的典型脆弱环境,早已为学术界、社会各界和各国政府所重视。喀斯特地区被环境等学术界定为与沙漠边缘一样的脆弱环境。诸多研究表明,喀斯特山区是喀斯特环境中最为脆弱的环境系统。中国西南喀斯特山区的生态系统日益退化和社会经济较为落后的问题,已引起了我国政府和学术界的重视。尤其是20世纪80年代以来,喀斯特山区的生态环境研究得到了越来越多的关注。随着我国西部大开发战略的实施,西南喀斯特山区的生态系统退化和生态环境建设问题的研究将更为重要。

喀斯特在世界上分布广泛,其演变发展与全球变化和碳循环关系密切,受到各国政府、组织和学术界的高度重视。我国喀斯特研究起步较早,20世纪60年代以后有了较为全面的认识(郭中伟,2001;Westing,1989),喀斯特研究的应用也受到重视,并开始了喀斯特环境和资源的研究(周上游,2004;Cynil,1997)。20世纪80年代以来,在西南喀斯特地区开展了很多项目,如退耕还林工程、长江中上游防护林体系建设工程和长江上游水土保持重点防治工程、珠江上游南北盘江石灰岩地区水土流失综合治理试点工程、国家科技攻关等。很多学者也从不同角度尝试研究和探讨喀斯特生态系统的恢复与重建措施。20世纪90年代以前,喀斯特生态系统的研究工作主要集中在喀斯特地貌形成、演变、水资源的赋存规律研究,以及喀斯特水资源和水利水电工程的防渗处理技术等领域。20世纪90年代以后侧重于洞穴旅游、脆弱的喀斯特生态环境区的水土流失防治及植被的恢复、喀斯特石漠化的RS-GIS等级划分及空间态势、典型石山脆弱生态环境综合治理与可持续发展试验示范及喀斯特生态系统群落动态、土壤生物学特性、喀斯特石漠化治理模式、喀斯特地区生态预警等领域（袁道先，2001；Zhang and Yuan，2001；Tuyet，2001）。这一系列研究成果（Gearld et al.，1992）为进一步研究奠定了基础。

近年来，随着喀斯特地区以土地退化为主要特征的环境问题日益严峻，人们对喀斯特地区的研究重点和方法有了明显变化，从原来侧重自然过程与机理的研究转变到喀斯特生态系统脆弱性和人类影响（郭中伟，2001；杨京平，2002）、喀斯特地区的环境退化、生态重建研究等。联合国教育、科学及文化组织（United Nations Educational, Scientific and Cultural Organization, UNESCO）和国际地质对比计划（International Geological Correlation Programme, IGCP）连续共同资助的喀斯特地区生态环境研究计划，从"地质、气候、水文和喀斯特的形成"（IGCP229，1990～1994年）、"喀斯特作用和碳循环"（IGCP379，1995～1999年）到"全球喀斯特生态系统对比"（IGCP448，2000～2004年）也反映了这一趋势。IGCP448着重研究喀斯特地区生态系统的运行规律。通过对比全球不同气候条件下的宏观喀斯特生态系统，揭示其形成机理；对比不同地质条件下微观喀斯特生态系统，揭示其对物种选择的影响，为喀斯特地区石漠化治理、重建良性生态系统探索新思路，从地理、地质角度研究喀斯特生态系统及喀斯特生态系统与人类活动的相互作用（钟永德等，2004；饶卫民等，2000）。通过对我国近10年来发表的文献内容也可以看出我国对喀斯特山区的研究内容逐渐发生了变化。2005年我国发表的关于喀斯特山区的文章较少，主要集中在植物学和生物学方面，但是也出现对喀斯特地区LUCC的研究，周德全等（2005）发表了《区域喀斯特LUCC研究的理论、方法与应用——以广西都安瑶族自治县为例》一文，通过建立研究区LUCC分类体系，研究都安喀斯特LUCC的过程、趋势及区域差异，总结出一套研究区域喀斯特土地利用的理论与方法，对喀斯特区域土地的持续利用和生态安全研究提供了理论指导。王德炉等（2005）也发表了关于喀斯特地区石漠化综合整治的评价，我国关于喀斯特地区的生态保护逐渐得到重视。苏维词等（2006）发表了《我国西南喀斯特山区土地石漠化成因及防治》，结合了喀斯特山区的实际情况，提出了应对西南喀斯特山区土地石漠化治理的八条对策建议。同年针对我国西南地区，如贵州省、广西壮族自治区等喀斯特山区的土地可持续利用、石漠化土壤侵蚀、玉米和高粱的播种技术研究、农业可持续发展研究等各方面研究均有出现，研究范围更广、内容更加深入和丰富。随后的几年我国针对喀斯特山区的研究就更具有针对性和专业性，并且开始出现与生态重建和生态安全相结合的内容。曾馥平（2008）发表《西南喀斯特脆弱生态系统退化原因与生态重建途径》，提出了喀斯特地区协调人地矛盾、减少生态压力为目标的生态重建思想。张明阳等（2010）发表《喀斯特生态系统服务价值时空分异及其与环境因子的关系》，首次开展针对喀斯特地区的生态系统服务价值（ecosystem services value，ESV）的研究，用研究数据证明了生态环境移民和退耕还林等生态保护措施效果显著，有利于研究区生态系统服务的发挥。张凤太等（2011）建立了基于生态足迹的喀斯特高原山地生态系统健康评价标准，并评价出研究区处于亚健康状态和欠健康状态，认为化石燃料、经济发展状况、人口密度大小及喀斯特出露面积（人地矛盾）对喀斯特高原山地生态系统影响较大。

1.2.2 土地利用/土地覆盖变化研究

土地是人类赖以生存和发展的重要基础因素之一，LUCC 是全球环境变化和可持续发展的重要内容，反映了自然和人文相互作用的最为密切的问题，直接关系到人类社会的生存和发展。自 20 世纪 90 年代以来，关于 LUCC 的研究已经成为全球变化研究的前沿和热点问题（郭中伟，2001）。LUCC 的研究是生态环境变化的核心研究主题之一，土地利用及其变化数据已成为研究区域生态环境的重要基础数据（Jyldyz，2001）。LUCC 不仅是全球变化的重要组成部分，而且还是全球变化的驱动因子之一（Westing，1989；周上游，2004；Cynil，1997），它客观记录着人类改变地球表面特征的空间格局，同时又再现了地表景观的时空动态变化过程（Mark，2000；Gearld，et al. 1992）。现如今，国内外的学者已经开展了众多的 LUCC 方面的研究，这对掌握土地资源的数量、分布及变化趋势、土地可持续利用等起到了重要作用。

土地利用是人类满足其经济、物质需要而对土地所采取的一系列调整，其中包含对土地属性和土地的潜在利用，它反映了人类活动对陆地表层环境的影响。土地利用变化是人类的土地利用活动对土地利用类型、数量、程度及背景生态环境造成的改变，反映了人类活动对自然环境变化的综合影响（郭中伟，2001）。LUCC 与人类经济活动的关系十分密切，土地利用变化是人类活动与生态自然环境相互作用的集中体现（杨京平，2002）。土地利用变化在影响全球环境变化的过程中，将自然过程与人文过程紧密联系起来。在对土地相关的自然资源利用过程中，人类通过改变地球表面覆盖情况，在不同层面上对当地乃至地球的环境产生影响，同时还会涉及土壤、水文、地质、生物多样性等多方面，乃至对生态的生产力和适应力产生负面影响（钟永德等，2004）。

早在 20 世纪 30 年代初，国外学者对土地利用变化开始有所关注，主要是关于土地利用类型的调查和土地利用现状评价等方面。1931 年，Webb 在对美国当地大平原进行研究的过程中得到影响当地农业发展的土地利用类型因素。Marsh（1965）在 Man and Nature 中阐述了人类活动对不同地区生态环境的影响（饶卫民等，2000）。1972 年，瑞典开始在非洲进行荒漠和植被的动态监测，对该区域的土地利用变化进行了长期的监测，对土地利用变化的研究逐步进入定量研究。20 世纪 80 年代，科学家对全球气候变化进行大量的研究。起初，人们认为是化石燃料燃烧排放出的大量的 CO_2 引起了全球气候变化。然而，在亚马孙河流域的研究发现，热带雨林的砍伐同样也会导致大量的 CO_2 和 CH_4 等温室气体进入大气圈（文军，2004）。20 世纪 90 年代以后，国外学者对于 LUCC 的研究进入到了一个新阶段。人们发现，在过去 150 年内，由于土地覆盖变化而输入大气层的 CO_2 量，与工业发展过程中化石燃料使用的结果相当（Veronica，1993）。

由于 LUCC 在全球变化中的作用非常重要，影响过程也具有一定的复杂性，国际地圈生物圈计划（International Geosphere-Biosphere Programme，IGBP）和国际全球环境变化人文因素计划（International Human Dimensions Programme on Global Environmental Change，IHDP）共同倡导，在 1991 年成立特别委员会，自然科学家和社会科学家联合研究 LUCC 的可能性（Migo，1993）。1994 年联合国环境规划署开展亚太地区环境评价计划，启动"土地覆被评价和模拟"项目，通过对土地利用变化的监测调查，取得了相关研究成果。1995 年，为预测欧洲和北亚未来几十年的土地利用变化趋势，国际应用系统分析研究所（International Institute for Applied System Analysis，IIASA）开展了"欧洲和北亚土地利用覆盖变化模拟"项目，研究方向包括自然、社会和经济方面，研究角度包括时间和空间的变化特征、环境背景等方面，研究内容为 1900~1990 年欧洲和北亚地区土地利用变化，在此基础上进行未来几十年 LUCC 的趋势预测。1996 年美国开展了以北美洲土地覆盖变化的研究，研究方面主要集中在温室气体及土地覆盖变化等，研究范围覆盖了全球，同时日本和欧盟也相继推出一系列相关的研究。经过了十几年的研究历程，LUCC 的研究内容从早期的热带雨林砍伐的全球气候变化效应扩展到不同空间尺度的土地利用/土地覆盖变化过程、驱动机制及资源、生态、环境效应，对 LUCC 在环境变化中的作用和地位有了更加全面而深刻的认识（William et al.，1997）。IGBP 和 IHDP 执行的十几年过程中，取得的成果显著，在 2002 年进入了一个新的阶段。作为 IGBP 八大核心研究计划和 IHDP 五大核心计划之一的 LUCC 研究，也发展到了"全球土地计划（Global Land Project，GLP）"阶段。2003 年 IGBP 和 IHDP 为 GLP 制定了研究重点并提出了相关的科学问题。与之前的研究不同的是，这一阶段的研究加强了和 IGBP 其他项目，尤其是全球陆地生态系统变化项目（Global Change and Terrestrial Ecosystem，GCTE）之间的合作，更加注重土地变化科学的综合研究。在进行 LUCC 研究时，把研究对象看成是一个由人和自然环境构成的耦合系统，既要研究人类活动引起的土地利用/土地覆盖变化导致的生态环境影响，更要研究这种影响对人类福祉的反作用及人类如何通过决策来对此做出响应。2005年，IGBP和IHDP联手为GLP制定了科学计划和实施策略，使得新时期的LUCC研究更加具有可操作性。

我国关于LUCC的研究相对于西方国家开展较迟，但我国的学者在借鉴国外研究成果与经验的基础上进行了不断创新，对我国各地区进行土地利用研究，并且研究内容不断更新，包括基于3S技术[①]的土地利用与景观格局变化研究、土地利用的潜力与适宜性评价研究、基于3S技术的土地利用动态模型研究、土地利用变化驱动力分析、基于3S技术的土地利用生态效应研究、土地可持续利用及土地利用对生态系统服务价值的影响等方面（陈永林，2014）。

在土地利用与景观格局变化研究中主要的研究成果有孙存举等（2012）研究黄龙山林区1990~2008年土地利用动态空间变化，并利用马尔可夫模型对未来土地变化进行预测；韩文权等（2012）利用RS和GIS技术建立景观分类图的空间数据库，并对岷江上游进行景观优化。俞晓莹等（2009）利用分形理论的多种维数计算方法研究湖南省保靖县土地利用景观格局。此外，吴春花等（2012）、李保杰等（2012）、吕建华等（2011）也进行不同方面的研究并取得了显著成果。

土地利用变化驱动力研究是土地利用变化研究的核心问题和难点问题。国际上早在1995年的国际应用系统分析研究所开展的"欧洲和北亚土地利用/土地覆盖变化模拟"项目中，就充分考虑到了自然因素及人类活动对土地利用带来的影响，并将经济社会因素的驱动力纳入研究过程。随着LUCC驱动力和驱动机制的研究不断深入，在我国对于驱动力的研究主要围绕着自然和人文社会两个因素。较新的研究成果包括崔晓临等（2013）研究北方农牧交错带靖边县1990年、2000年和2010年三年的土地利用变化，利用动态度和转移矩阵分析1990~2010年土地利用变化及其驱动因素，发现经济的快速发展尤其是油气等资源的开采是当地建设用地变化的主要驱动因素，退耕还林还草等政策的实施是耕地、林地、草地发生变化的主要驱动因素。刘燕红等（2013）用定量和定性方法研究重庆市1997~2010年土地利用时空变化特征及驱动力因素并提出了相应的政策措施。近年来对于土地利用变化驱动力研究的学者还有丁晓辉等（2011）、臧淑英等（2011），均利用3S技术与统计学法相结合分析不同地区土地利用变化的驱动力。

动态模型可以分析土地利用变化原因和结果，并且利用相应模型可以预测未来土地变化趋势，为日后的土地利用规划和决策提供科学理论和数据依据。LUCC模型一般包括四个部分，即土地利用的类型、土地利用变化驱动因子、土

---

① 3S技术，即遥感技术（remote sensing，RS）、地理信息系统（geography information systems，GIS）和全球定位系统（global positioning systems，GPS）的统称。

地利用变化过程及土地利用变化的响应机制。早期的模型多为非空间模型，重点分析土地利用的数量变化和结构变化，随着3S技术的不断成熟，土地利用变化的模型在建模时就考虑到了空间差异问题，目前，在我国较受学者欢迎的模型有回归分析、主成分分析、聚类分析、土壤流失方程、元胞自动机、系统动力学、人工神经网络及其他一些经济学模型。从目前各方学者的研究成果来看，结合数学及统计学的方法构建动态模型是3S技术在土地利用研究中的一个主要发展趋势。

近年来国内外土地利用/土地覆盖变化研究呈现了蓬勃发展的趋势，主要表现为以下特点：首先，多源遥感信息的使用，重点在于不同平台图像处理技术及LUCC动态监测技术体系的构建。其次，定量遥感技术的应用，特别是在构建土地覆盖底层数据库中生物参数和环境影响定量评价的遥感信息反演，能较好地解决不同尺度LUCC分类技术体系标准化，为尺度转换问题提供思路（Roger，1994），在基于陆表能量平衡方程的主要系统能量参数反演方面将会有比较广阔的应用前景。最后，研究初步实现多学科集成性。LUCC研究的困难是跨学科研究，特别是自然科学与社会科学的实质性协作（陈百明，2003）。在LUCC引起的环境影响研究中，更是体现了这种特点。近年来，虽然国际上对土地利用与土地覆盖变化的研究已经取得了一定的进展，但是由于以IGBP和IHDP为代表的国际土地利用与土地覆盖变化研究计划所研究的重点是变化机制，有关LUCC对生态环境的影响尚未得到全面、充分的研究。今后，随着LUCC日益成为影响全球环境变化的主导因素，尤其是对生态环境有很大的影响，加强相关方面的研究变得十分有必要。在研究中，要对有关土地利用与土地覆盖变化对生态环境的影响进行全面的了解，在此基础上，结合遥感、GIS技术与数理手段对这种影响进行量化，确定出由此所造成的对生态系统稳定性及生态安全的影响。但是，在对土地利用驱动机制定量分析模型的构建上，都未能成功地将社会经济因子的驱动力贡献加以定量分析和模拟。国内过去的研究侧重于区域土地覆盖现状制图和结构分析，缺乏对LUCC动态的研究和对相应手段和方法的掌握，对土地利用/土地覆盖变化有关的可持续发展问题还没有足够清楚的认识和把握，这些方面的研究工作将成为我国今后LUCC研究的核心问题（张惠远等，1999；张惠远和蔡运龙，2000）。为了适应"从全球到区域，从自然到人文"新的研究动向，在今后的研究中，特别在建立分析模型时应该将人文因素纳入相关的研究，并将研究尺度集中于区的尺度上，进行综合集成，以期相关研究得以更深入地开展。

1.2.3 生态安全及其评价研究

国外对生态安全方面的研究可追溯到20世纪80年代，1987年布伦特兰委员会主席格罗·哈莱姆·布伦特兰提出真正的安全不是靠军事建设实现的，而是确保我们所依存环境的生态安全，通过全球合作实现全球环境可持续发展。1989年，国际应用系统分析研究所提出要建立优化的全球生态安全监测系统（郭中伟，2001）。1992年，联合国在里约热内卢召开地球高峰会议，专题商讨全球生态安全的对策，并通过了会议宣言和相关的公约。1993年，美国环境学家Norman Myers指出生态安全是地区资源战争和全球生态受威胁而引起的环境退化，这些问题继而波及经济和政治的不安全（Jyldyz，2001）。随着这些研究的开展，国外大多数的研究逐渐从宏观、微观角度扩展到与系统生态安全评价有关的生态环境监测和预警、生态安全政策方面。

从宏观角度看，生态安全的研究主要围绕其概念及生态安全与国家安全、民族问题、军事战略、可持续发展和全球化的相互关系等问题展开（Westing，1989）。Rogers（1994）认为生态安全是指一个国家生存和发展所需的生态环境处于不受或少受破坏与威胁的状态（周上游，2004），是国家安全和社会稳定的一个重要组成部分。Cynil（1997）研究了生态安全和国家安全的关系。Mark（2000）将人类安全网络系统细分为人口安全子系统、政治安全子系统、文化安全子系统和生态安全子系统等。Pirages（1996）指出生态安全需要建立在四种平衡的保持基础上，即人类与自然环境之间的平衡（Gearld et al.，1992）。2000年哈里森计划在美国马里兰大学召开的"全球化与生态安全"会议，把"长期可持续发展与生态安全研究"作为未来研究的重点。Steve Lonergan论述了生态安全与可持续发展的关系，他认为这两者都与人类安全相关，可持续发展为实现人类的安全提供了方针，而生态安全为不安全的根本原因提供了分析框架。牛津大学教授诺曼·梅尔斯在《环境与安全》中提到生态完整成为美国国家安全的核心。Kim认为生态安全的定义是由生态威胁、生态风险等概念演变而来，人类则是造成生态威胁的主要责任人。

从微观角度看，生态安全的研究主要集中两个方面，一方面是基因工程生物的生态风险与生态安全；另一方面是化学品对农业生态系统健康及生态安全的影响（杨京平，2002）。其中，转基因植物的生态安全包括基因漂移、能否诱发昆虫产生Bt抗性和对生物多样性的影响等；转基因动物的生态安全主要包括导入外源基因后对动物的生长、发育、代谢和繁殖能力的影响，以及转基因的遗传稳定性和表达稳定性的变化上。White对外来种问题的进化背景做了概括；Liebhold对防止生态安全因素的生物入侵种的方法进行了研究。Blom等对湖泊底泥等进行了探讨；Manahan对农作物的化学和生物毒理学因素进行了研究（饶卫民等，2000；文军，2004）。

从系统安全评价的角度来说，生态安全评价研究是随着生态风险评价和生态系统健康评价发展起来的，相对于生态风险评价和生态健康评价的研究水平，生态安全评价的研究水平较低。

生态风险评价（ecological risk assessment，ERA）是环境风险评价的重要组成部分（Veronica，1993），它是指受一个或多个胁迫因素影响后，对不利的生态后果出现的可能性进行的评估（Migo，1993）。生态风险的评价内容主要包括危害评价、暴露分析、受体分析和风险表征（William et al.，1997）。Barnthouse 等（1988）将生态风险评价的一般步骤归纳为选择终点、定量和定性描述风险源、鉴别和描述环境效应、评价暴露的时空模式、定量计算生物暴露水平和效应之间的相关性等。美国国家环境保护局（United States Environmental Protection Agency，EPA）将 ERA 作为制定环保政策的依据之一（Shugart et al.，1992；Levin et al.，1987）。Bertollo（2001）针对意大利东北海岸地区生态风险问题，建立了海洋生态系统和陆地生态系统等不同系统的生态风险评价指标，由风险、压力因素识别和评判标准两方面组成。Villa 和 Mcleod（2002）针对区域风险评价的生态脆弱性问题，在综合全球范围内有关环境风险、生态脆弱性及生态系统或环境要素质量状况评价现状的基础上，通过南太平洋应用地学委员会（SOPAC）的环境评价计划研究，建立了可以在国家间进行对比评价的生态脆弱性指标体系。

生态系统健康评价是 Schaeffer 等（1998）在《生态系统健康》中首次提出的。Karr（1993）认为生态系统健康就是生态系统的完整性，并在河流评价中使用了"生态完整性指标"。生态系统健康评价尤其是评价系统干扰后的恢复能力，包括完整性、适应性和效率（Waltnertoews，1996）。评价指标既可以使用多尺度的生态指标来体现生态系统的复杂性，又可以包含物理、化学方面的指标及社会经济、人类健康指标，反映生态系统为人类提供生态系统服务的质量与可持续性（Rapport et al.，1999）。Marshall 等（1993）提出评价大尺度国家和区域生态系统健康的指标体系，可用于局域、洲际到全球尺度的生态系统长期监测。Costanza 等（1997）提出的生态系统健康评价质量标准，考虑了整个生态系统每一组分功能的相对重要性评估，将评估结果合成为价值（O'Neill et al.，1997）。

生态安全评价是对生态系统完整性，以及对各种风险下维持其健康的可持续能力的识别与研判，随着生态风险评价和生态健康评价的发展，在全球环境管理工作中占据着越来越重要的地位。美国国家环境保护局对生态安全的评价是从生态风险的定义出发，对由于一种或多种应力接触的结果而发生或正在发生的负面生态影响概率的评估过程，并选择流域作为评价单元进行环境生态评价研究（Bascietto，1998）。Haoon 在对特定系统的评价中提出生态系统生产总值（gross ecosystem product，GEP）的概念，作为对两种湿地生态系统检测的指标。1993年美国国家环境保护局根据环境过程的特点和利用环境管理实施的要求，对流域进行了环境生态评价研究。1996 年美国农业部森林管理局和美国内政部土地管理局对哥伦比亚盆地进行了科学评价，获取了关于该区的生态系统管理框架和综合科学评价等成果（Haynes et al.，1996；Quigley et al.，1996）。SIWI Seminar（2002）认为人类安全和生态安全的目标不会完全一致，人类的基本目标最重要的是尽可能将两个目标（人居安全和生态安全）紧密结合起来（陈星和周成虎，2005）。

国内对生态安全的研究是从 20 世纪 90 年代起步，在此之前生态安全的研究范围较小、成果较少，主要局限于工程、植物保护等方面，且多依赖于发达国家的科研成果。90 年代后期我国逐渐开始重视生态安全，以下就生态安全的定义和重要性、生态安全的评价及预警和自然保护区综合评价三个方面对相关已有生态安全研究进行叙述。

随着生态安全研究工作的展开，虽然不同研究者从不同角度提出生态安全的定义及策略，但其重要性却得到了各界的一致肯定。程漱兰和陈焱（1999）对国家生态安全概念、特点和衡量标准等方面做了论述，提出了实现国家生态安全的条件和机制。陈国阶和何锦峰（1999）认为环境灾害和生态灾害越来越构成对区域发展、国家安全、社会进步的威胁。2000 年，国务院在《全国生态环境保护纲要》中首次提出"维护国家生态环境安全"的目标，认为保障国家生态安全是生态保护的首要任务（崔胜辉等，2005）。郭中伟（2001）提出生态安全作为国家安全的组成部分，与政治安全、经济安全和军事安全有着紧密联系，为其他安全的实现提供了必要的保障。肖笃宁等（2002）认为生态安全的主要内容包括生态系统健康诊断、区域生态风险分析、景观安全格局、生态安全监测与预警及生态安全管理与保障等方面，指出区域生态安全研究具有宏观性和针对性，评价标准具有相对性和发展性，并对绿洲景观和内陆河流的生态安全保障措施进行了讨论。邹长新和沈渭寿（2003）从生态安全的国内外研究现状、概念、特性和方法等方面对其进行了系统评述。洪伟等（2003）以福建省为例，提出了森林生态安全的内涵，分析了森林生态系统的不安全性，并提出了对其维护和管理的措施。曲格平（2002a）概括了生态安全对国家安全的影响，并提出我国生态安全的战略重点和措施。

生态安全的预测与预警分析，既是近年来生态安全的主要内容之一，也是生态安全研究的主要手段。张大任（1991）对洞庭湖生态环境预警做了系统研究。王龙（1995）对山西煤炭开发与生态环境预警做了研究。邵东国等（1996）对干旱内陆河流域生态环境预警进行分析研究，建立了基于神经网络的生态安全预警模型，给出了生态环境质量化与预警分析方法。许学工（1996）应用生态环境交错带理论分析了黄河三角洲的生态环境，提出环境潜在指数，并对黄河三角洲的生态环境做了预警研究。陈国阶和何锦峰（1999）对生态环境质量预警的理论和方法做了探讨，认为要把生态环境预警建立在生态环境质量评价的基础上，把环境因子分为发展性指标和制约性指标，并给出了不良状态预警、恶化趋势预警、恶化速度预警、临界点预警和灾变预警的表达式。文传甲（1997）对三峡库区农业生态系统及农业经济系统进行了预警分析。苏维词和李久林（1997）以乌江流域为研究区域进行生态环境质量现状评价和未来两个时段的预警，并给出不同的预警模式，通过计算生态环境质量分值，得出全流域 39 个县在不同指标、不同时段下的警报状态。郭中伟（2001）认为生态安全预警是一种社会公益性的服务，应该由国家组织实施。中国科学院将"国家生态安全的监测、评价与预警系统"研究作为 2000 年的重大项目。王韩民（2003）研究了基于复合生态管理的思想，提出生态安全复合系统的概念，分析了生态安全系统的主要构成要素，建立了生态安全系统评价的"压力-状态-响应（pressure-state-response）"指标体系，在生态安全系统评价基础上，提出了利用多维区分分析方法进行生态安全预警分析的问题。

　　国内生态安全评价研究起步较晚，评价理论还处于不断完善和探索之中，主要研究包括生态安全现状的研究和生态安全预警的研究。关于生态安全现状的评价研究主要集中在自然生态系统和半自然生态系统的生态安全评价及指标体系构建方面。冷疏影和刘燕华（1999）分析了我国脆弱生态区"人口-资源-环境"与发展的矛盾，提出了典型脆弱生态区可持续发展指标体系（曲格平，2004）。吴国庆（2001）从资源生态环境压力、资源生态环境质量和资源生态环境保护能力三方面对浙江省嘉兴市区域农业可持续发展的生态安全进行评价研究，提出了不安全标准值的计算方法，给出了生态安全建设的途径和对策。吴豪等（2001）阐述了生态安全与生态安全评价体系的基本概念，并提出生态安全体系由生态安全组织管理系统，规划、决策与建设管理系统，政策与法律配套体系，信息管理系统，监测、预警、监督与评估系统和资金保证系统等组成。张建新等（2002）从社会经济、土地生态环境压力、土地生态环境质量、土地生态环境保护和整治能力等方面选择 24 个指标，对湖南省的土地生态安全进行了评价。张峥（1999）构建了湿地生态评价指标体系的基本框架，并对多样性、代表性、稀有性、自然性、稳定性和人类威胁程度六项指标进行分级处理。左伟等（2002）采用了 PSR[①] 扩展模型，对区域生态安全进行等级划分，并建立区域生态安全评价指标体系。张雷和刘慧（2002）系统论述了国家资源环境安全的概念、要素及其相互作用，并利用资源总量、资源结构、人均拥有量与基础损耗等六项资源环境要素指标来说明我国的资源环境安全程度。王志琴和王德成（2003）从资源承载安全、环境承载安全与生态格局安全三方面评价小城镇地区生态安全度。卢剑波和

---

① PSR，即 pressure-state-response，压力-状态-响应。

杨京平（2002）则提出了生态安全评价体系应由环境、生物与生态系统构成，该系统将生态安全评价的指标划分为环境安全指标、生物安全指标和生态系统安全指标三类，并建立各自的评价指标体系。任建兰和周鹏（2004）利用PSR模型的概念框架构建生态安全评价的指标体系，并获得一个综合评价指标表征区域生态安全程度。

在自然保护区的评价方面，我国的研究工作起步较晚。薛达元和蒋明康对我国自然保护区有效管理的评价指标进行了研究。郑允文等（1994）对我国自然保护区的生态评价指标和评价标准进行了研究。王幼臣和张晓静（1996）则从效益的角度提出了保护区的评价体系。阎传海（1998）选取七项指标，并根据自然保护区生物多样性、景观生态状况的改善、教育科研价值、生态旅游价值四项生态功能确定了各项指标的权重，综合评价了安徽萧县皇藏峪自然保护区生态质量和徐州泉山自然保护区。龙开元等（2001）就自然保护区景观生态破坏评价指标体系建立进行了探索，表明水土流失率、景观类型多样性、生物量、开荒率、森林覆盖率等指标能够指示景观生态破坏的程度。王鸣远（1998）提出不同林业经营类型的环境功能评价指标体系，其中包括自然保护区经营类型环境功能评价指标（陈国阶和何锦峰，1999）。俞孔坚（1999）深入研究了自然保护区中基于物种多样性保护及生态系统多样性保护的景观生态安全格局和景观规划的理论、技术和方法，并给出了案例研究实例。徐海根（2000）在丹顶鹤自然保护区生态安全设计研究中，通过理论与案例研究相结合的方法，建立了自然保护区生态安全设计的理论及方法体系，并应用迭代法、整数规划、阻力面分析、GIS技术等方法对丹顶鹤自然保护区网络做了优化设计，研究了不同保护目标下盐城自然保护区核心区和缓冲区的生态安全阈值，为一个或多个保护目标勾画出多种保护规划蓝图。刘健等（2003）选取自然性、多样性、代表性、稀有性、生态脆弱性、面积适宜性、人类威胁等指标对自然保护区森林生态系统进行评价，通过对评价指标的等级化处理，运用层次分析法确定评价指标的权重，计算自然保护区森林生态系统的综合评分。进入2012年以后，我国针对喀斯特山区的各项研究有突破性的增加，研究的内容包括喀斯特山区土地占补平衡研究、喀斯特山区土地适宜性评价、喀斯特山区城乡建设用地增减挂钩分析、喀斯特山区土地资源可持续利用研究等方面。

1.2.4 土地生态安全评价研究

国外对土地安全评价研究始于1941年美国生态学家Aldo Leopold提出了"土地健康"概念，此后开始被应用于土地功能的评价研究中，有关土地生态系统安全问题的研究随之慢慢发展起来（张虹波和刘黎明，2006）。土地生态安全评价研究最关键的研究内容是构建科学合理的评价指标体系，为此，许多学者从不同角度和影响重要性方面开展了广泛的研究。Jeffrey（2000）指出土壤质量与生态系统功能之间的联系是土壤质量评价研究选取指标时应该注意的因素。Pieri 等（1995）、Pieri（1997）考虑到了土地质量方面的影响因素，并对土地可持续利用做了评价研究。关于土地生态安全评价的模型有压力–状态–响应框架模型、驱动力–状态–响应（driving-state-response，DSR）框架模型、驱动力–压力–状态–影响–响应（driving-pressure-state-impact-response，DPSIR）模型（王根绪等，2003）、自然–经济–社会模型（王庆日等，2010），还有学者将 PSR 模型与自然–经济–社会模型结合起来构建适合研究区的评价指标体系。

国内学者自 20 世纪 90 年代以来开始从不同角度、运用不同的方法对土地生态安全问题进行研究。张建新等（2002）从安全和可持续发展角度出发，提出土地生态安全状态应该是不受威胁、不受破坏、不受污染的环境状态。王楠君等（2006）指出土地生态安全是一个国家或者地区的全部土地资源能够不断满足人类生活的需要。21 世纪以来，学者对土地生态安全评价指标体系构建和选取都提出了各自的见解，认为土地生态安全是一个不断发生变化的过程，建立评价指标体系时，要结合研究区域和研究尺度选取具有区域特点的指标，将选用的模型与研究方法相结合，构建出能够充分全面体现研究区域土地生态安全的指标体系，综合考虑区域生态环境和土地利用特点构建指标体系。对于构建体系的选择，大多数学者基于 PSR 模型或基于"自然–社会–经济"构建指标体系，建立了基于 PSR 模型的土地生态安全评价指标体系，对区域土地生态安全状况进行评价（曲衍波等，2008；张军以等，2011；李玉平等，2013）；有的学者对县域或城市土地利用变化与土地生态安全评价进行了研究（李莹，2011；陈静，2016；叶素倩，2015；刘兆辰，2015）。冯应斌等（2014）对三峡库区生态屏障区进行了土地利用规划生态效应评估。

综合国内外的研究得出，土地生态安全评价研究还不够成熟，还处在探索和实践阶段，不同研究区的土地生态安全评价主要因素不尽相同，自然、资源、社会、经济等因素对各区域的影响程度不同，因此需要结合区域和研究尺度来构建适当的指标体系对其进行评价研究。

1.3　研究的主要内容与基本思路

本书在相关理论基础上，从多学科的视角系统地分析和研究土地利用/土地覆盖变化与生态安全的关系、生态承载力与生态安全评价，掌握喀斯特山区土地的特征、变化规律、不合理利用土地对生态环境的影响，探讨贵州省土地利用/土地覆盖变化，并对其土地利用变化及生态安全评价进行实证研究，针对贵州喀斯特山区土地资源的特征及生态环境极其脆弱的实际情况，提出实现贵州省土地资源可持续利用、促进生态安全的对策建议。

1.3.1 研究的主要内容

重点研究土地利用/土地覆盖变化与生态安全的关系；生态承载力与生态安全评价；喀斯特山区土地资源开发利用特点；贵州省土地利用/土地覆盖变化；掌握喀斯特山区土地的特征、变化规律、不合理利用土地对生态环境的影响，并对其进行实证研究，针对喀斯特山区实际提出实现土地资源绿色低碳可持续利用，促进生态安全的对策建议。

1.3.1.1 土地利用/土地覆盖变化与生态安全的关系

土地利用/土地覆盖变化的环境效应问题是当今学术界研究的前沿和热点问题之一。生态安全是整个生态经济系统和可持续发展的生态保障，是国家其他安全的载体和基础，是当前土地可持续利用研究的前沿问题之一。区域土地利用变化过程、规律及驱动因素的分析研究，是生态安全变化研究的重要基础。土地利用/土地覆盖的变化通过影响生物多样性、生态环境、生态服务价值和生态系统等进而对生态安全产生影响。不管是土地利用方式变化、土地利用强度变化还是土地利用结构变化，都会从不同角度引起生态系统的变动，并对土地生态安全产生影响，只有合理利用土地资源，才能实现土地资源的综合效益，并确保土地资源的生态安全，才能营造人与土地资源和谐相处的安全生态环境。反之，生态安全也影响土地的可持续利用。因此，本书从土地利用变化与生物多样性的变化、生态环境的变化、生态系统的变化及生态服务价值的变化等方面分析土地利用/土地覆盖变化与生态安全之间的关系。

1.3.1.2 生态承载力与生态安全评价

生态承载力与生态安全是生态学研究中的两个重要概念，两者关系密切，相互影响。生态承载力即生态环境的承载能力，是自然生态系统对人类活动自我调节能力的客观反映，具有客观性、可变性和层次性。生态安全研究作为当前基础性科学研究的一个重要内容，反映了人类生存环境或人类生态条件的一种状态，具有综合性、整体性和动态性等特点。本书在充分了解生态承载力和生态安全的由来及其发展的基础上，归纳总结了生态承载力和生态安全的评价方法，对生态承载力和生态安全的关系进行研究，探讨两者之间的内在联系。

1.3.1.3 喀斯特山区土地资源开发利用

喀斯特地貌是具有溶蚀力的水对可溶性岩石进行溶蚀等作用所形成的地表和地下形态的总称，又称岩溶地貌。在喀斯特山区所形成的土地资源是由资源、生态、经济与社会等要素相互作用、相互影响形成的喀斯特土地生态经济系统，亦是由某一种土地利用方式作用于一个土地单元所形成的喀斯特自然-社会-经济复合生物生产系统，喀斯特山区的土地资源具有鲜明的特征和优势。但是其土地资源在开发利用过程中存在的限制因素和问题，影响喀斯特山区土地资源的生态安全和可持续利用。本章在充分了解喀斯特山区土地资源现状的基础上，深入分析了喀斯特山区土地资源的特征和优势，探讨喀斯特山区土地资源在开发利用过程中的限制因素和存在的问题，以便有针对性地提出解决对策。

1.3.1.4 贵州省土地利用/土地覆盖变化

贵州省位于中国西南地区的东南部，属亚热带湿润季风气候，是世界上岩溶地貌发育最典型的地区之一，有绚丽多彩的喀斯特景观。全省土地资源平地较少，主要以山地、丘陵构成，山地面积为 10.874 万 km^2，占全省土地总面积的 61.7% 为；丘陵面积为 5.4197 万 km^2，占全省土地总面积的 30.8%；山间平地面积为 1.323 万 km^2，仅占全省土地总面积的 7.5%。岩溶地貌发育非常典型，喀斯特（出露）面积为 10.9084 万 km^2，占全省土地总面积的 61.9%。土地利用变化对生态安全带来一定的影响。本书首先对贵州省土地利用/土地覆盖现状、构成、特点进行全面系统分析，其次对 2000~2014 年动态变化进行研究，探寻其动态变化规律，最后对土地利用过程中存在的问题进行深入剖析，为提出土地利用与生态环境协调发展的对策建议提供科学依据。

1.3.1.5 土地利用变化及生态安全评价的实证研究

实证研究指研究者亲自收集观察资料，为提出理论假设或检验理论假设而展开的研究。实证研究具有鲜明的直接经验特征，土地利用与生态安全评价相关理论需要进一步的验证。因此，本书在前述理论研究的基础上，通过收集相关数据资料，对土地利用变化及其生态安全评价进行实证研究。在土地利用变化的实证研究方面，以喀斯特贫困山区贵州省及省会贵阳市为研究对象，对贵州省的土地利用动态变化进行研究，对贵阳市土地利用动态变化和土地利用结构优化进行研究。在生态安全评价实证研究方面，主要研究贵阳市土地利用变化对生态系统服务价值的影响、基于生态足迹模型的贵州省生态可持续性动态分析、喀斯特贫困山区土地资源承载力动态分析与预测、喀斯特贫困山区贵州省土地利用碳排放效应及风险、城市土地利用生态冲突诊断及影响因素、喀斯特山区土地利用与生态环境保护协调发展等几方面的实证分析。

1.3.1.6 实现贵州省土地资源可持续利用，促进生态安全的对策建议

在土地利用/土地覆盖变化与生态安全评价相关理论基础上，根据前述分析的土地利用/土地覆盖变化与生态安全的关系、生态承载力与生态安全评价、喀斯特山区土地的特征、变化规律、不合理利用土地对生态环境的影响及喀斯特山区土地利用/土地覆盖变化及其生态安全评价进行实证研究结果，提出具有可操作性的促进喀斯特山区土地资源绿色低碳可持续利用和生态文明建设的对策建议。

1.3.2 研究的基本思路和方法

本书采取分层次逻辑的研究思路、系统科学的研究方法、多途并进的研究手段来对研究主题进行深入系统研究。

1.3.2.1 研究的基本思路

根据研究目标和研究内容，本书整个研究按照理论研究—实证研究—对策建议研究的思路开展。具体研究思路为从土地利用/土地覆盖变化与生态安全的关系讨论开始，通过总结分析生态承载力与生态安全评价的评价方法、关系、掌握生态安全评价的评价方法，在充分了解喀斯特山区土地的特征、变化规律、不合理利用土地对生态环境的影响的基础上，对贵州省土地利用/土地覆盖变化及其生态安全评价进行实证研究，探讨并提出实现喀斯特山区土地资源绿色低碳可持续利用和促进生态安全的对策建议。

1.3.2.2 研究的方法

本书根据研究内容和目标，主要采用了以下基本的研究方法进行研究。

1）文献梳理与归纳分析的研究方法。本书搜集大量喀斯特山区土地利用/土地覆盖变化与生态安全评价研究的理论与实际操作方面的国内外研究文献及资料，系统梳理目前关于喀斯特山区土地利用/土地覆盖变化与生态安全评价的理论、方法及实践经验，结合国内外最新研究，促进喀斯特山区土地可持续利用，为完成本书奠定坚实的理论基础。

2）多学科综合分析与研究的方法。本书研究对象涉及面广，需综合运用经济学、管理学、计量经济学、土地生态学、土地资源管理学、统计学、系统科学

等多学科理论、思维与方法手段来实施本书的具体研究工作。

3) 理论研究与实证研究相结合的方法。通过理论研究与论证分析，取得正确的理论与方法论思路，在此基础上，全面深入地进行实证研究，验证理论研究，以保证理论指导具体实践，取得有效应用。在本书的具体研究工作中重视总体研究思路框架下理论指导和实地调研与实证分析工作。

4) 定性分析与定量研究相结合的方法。按照本书的具体特点首先进行文献梳理与归纳分析、逻辑论证等定性分析；其次对喀斯特山区土地利用/土地覆盖变化与生态安全评价运用相关模型进行定量研究，以确保完成本书研究任务，有利于提高研究成果的科学性、精确性、说服力与可操作性。

1.3.3 研究的基本思路

本书在理论基础和研究区实际的基础上，采用分层次的逻辑研究思路，章节安排遵循前后照应的逻辑关系。

1.3.3.1 逻辑层次

根据研究内容和思路，本书主要围绕以下几个逻辑层次渐进展开。

(1) 土地利用/土地覆盖变化及生态安全评价的理论研究

在土地利用/土地覆盖变化及生态安全相关理论的基础上，论述了土地利用/土地覆盖变化与生态安全的关系，总结分析生态承载力与生态安全评价的评价方法，揭示其内在联系、掌握其评价方法，充分了解喀斯特山区土地利用的特征、变化规律、不合理利用土地对生态环境的影响。论证了在土地利用过程中按生态经济学原理进行结构调整和功能优化，能够形成绿色低碳高效的土地利用模式。

(2) 土地利用/土地覆盖变化及生态安全评价的实证研究

通过对典型喀斯特山区贵州省土地利用/土地覆盖变化和生态安全现状进行系统调研与实证研究，揭示其土地利用过程中表现出土地利用结构不合理、利用效率低、生态承载力下降、碳排放增加等问题，并对问题产生的原因进行深入分析，探索如何调整优化土地利用结构、降低生态足迹、提高生态承载力和土地资源利用效率的思路和路径。

(3) 土地利用/土地覆盖变化及生态安全评价的对策建议研究

在相关理论研究的基础上，结合喀斯特山区土地利用/土地覆盖变化和生态安全的实际情况，借鉴国内外成功的经验，针对喀斯特山区土地利用过程中存在的生态安全问题，从土地资源开发利用与生态环境协调可持续发展的角度，调整优化土地利用结构，探讨绿色低碳土地利用模式，提出具有可操作性的促进喀斯特山区土地资源可持续利用和生态文明建设的对策建议。

1.3.3.2 逻辑框架

根据本研究内容和逻辑思路，本书逻辑构架如图1-1所示。

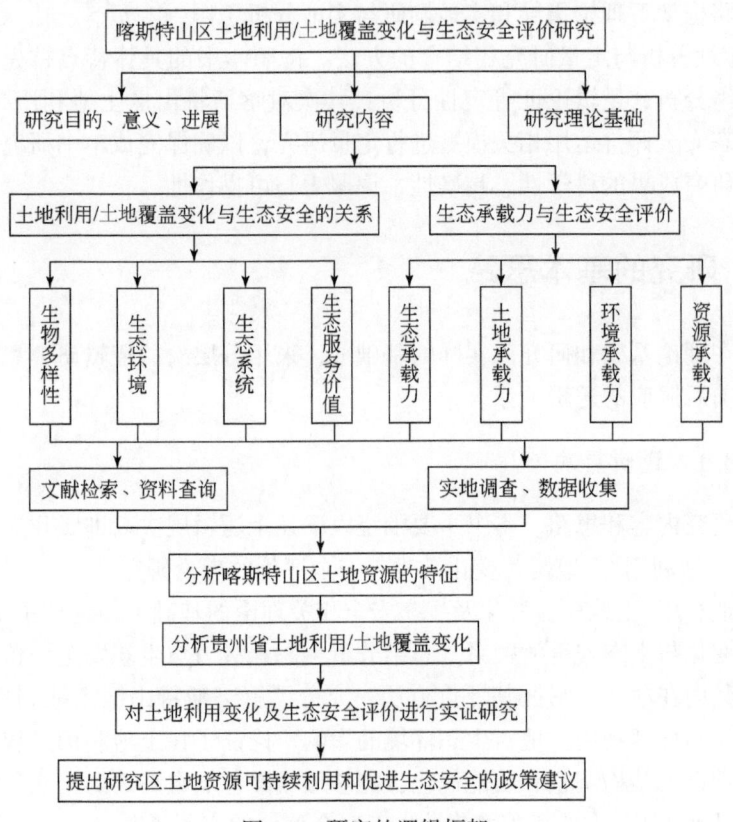

图1-1 研究的逻辑框架

1.3.3.3 章节安排

根据研究的目标、主要内容、基本思路和框架，本书共分为9章。各章节主要安排如下。

第1章主要介绍本书的选题背景、研究目的和意义、主要研究内容和方法，对国内外的相关研究进展进行了梳理和评述，给出了本书的技术路线、逻辑思路和基本框架。

第2章主要对土地利用/土地覆盖、土地利用变化/土地覆盖变化、生态安全、生态安全评价等相关概念进行界定，在此基础上，对人地关系理论、协调发展理论、低碳经济理论、绿色发展理论及可持续发展理论等相关理论基础进行分析，为后面的研究奠定理论基础。

第3章主要从土地利用变化与生物多样性的变化、生态环境的变化、生态系统的变化及生态服务价值的变化等几方面分析土地利用/土地覆盖变化与生态安全之间的关系。

第4章主要在充分了解生态承载力和生态安全的由来及其发展的基础上，归纳总结了生态承载力和生态安全的评价方法，对生态承载力和生态安全的关系进行研究，探讨二者之间的内在联系。

第5章主要在了解喀斯特山区土地资源现状的基础上，深入分析了喀斯特山区土地资源的特征和优势，探讨喀斯特山区土地资源在开发利用过程中的限制因素和存在的问题。

第6章首先对贵州省土地利用/土地覆盖现状、构成、特点进行全面系统分析，其次对2000~2014年动态变化进行研究，探寻其动态变化规律，在此基础上，对土地利用过程中存在的问题进行深入剖析，为提出土地利用与生态环境协调发展的对策建议提供科学依据。

第7章在前述理论研究的基础上，通过收集相关数据资料，对土地利用变化及生态安全评价进行实证研究。重点对贵州省的土地利用动态变化进行研究，对贵阳市土地利用动态变化和土地利用结构优化进行研究，这两个研究主要是土地利用变化实证研究方面；对于土地利用变化及生态安全评价实证研究方面，重点进行贵阳市土地利用变化对生态系统服务价值的影响研究；基于生态足迹模型的贵州省生态可持续性动态分析；喀斯特贫困山区土地资源承载力动态分析与预测；喀斯特贫困山区贵州省土地利用碳排放效应及风险研究；城市土地利用生态冲突诊断及影响因素研究；喀斯特山区土地利用与生态环境保护协调发展研究等。通过实证研究探寻促进喀斯特山区土地资源绿色低碳利用的有效对策。

第8章主要在土地利用/土地覆盖变化与生态安全评价相关理论基础上，根据前述研究结果，提出具有可操作性的促进喀斯特山区土地资源可持续利用和生态文明建设的对策建议。

第9章主要介绍本书研究取得的主要成果与重要结论，本书的主要创新点、学术理论价值与实践应用价值，本书需要进一步完善的内容和有待于深入研究的问题和展望。

第2章 相关概念的界定及理论基础

绿色低碳视角下喀斯特山区土地利用/土地覆盖变化与生态安全评价问题，涉及土地利用/土地覆盖变化、生态安全、生态安全评价及土地生态安全等相关概念，人地关系、协调发展、低碳经济、绿色发展、生态经济、可持续发展等相关理论。本章在对相关概念进行系统梳理的基础上，针对土地绿色低碳利用的新趋势，对土地利用/土地覆盖变化与生态安全评价的相关理论进行深入分析，为后续系统深入的研究提供理论基础。

2.1 相关概念的界定

土地利用变化的生态环境效应已引起了国内外学者的极大关注，本节对研究所涉及的土地利用/土地覆盖变化、生态安全、生态安全评价及土地生态安全等相关概念进行梳理和界定，为整合土地利用与生态安全两大热点问题、探讨土地利用变化对生态安全的影响奠定基础。

2.1.1 土地利用/土地覆盖变化

土地利用/土地覆盖变化是目前全球变化研究的核心主题之一。土地利用和土地覆盖是两个既有密切联系又有本质区别的概念。土地利用指人类为了生存和发展而有目的地开发土地资源的一切活动，通过各种使用活动对土地长期或周期性的经营，是人类对土地属性的利用方式和利用状况，包含着人类利用土地的目的和意图（黄秉维等，1999），农业用地、商业用地、交通用地、居住用地等都属于土地利用的范畴。土地覆盖是随遥感技术的应用而产生的新概念，是指自然营造物和人工建筑物所覆盖的地表诸要素的综合体，它强调土地的自然属性及人类活动的结果，包括地表植被、土壤、湖泊、沼泽湿地、冰川及各种建筑物（如道路等），具有特定的时间和空间属性，其形态和状态可在多种时空尺度上变化（陈佑启和杨鹏，2001）。土地覆盖是陆地生命支撑系统的主要组成部分，其变化是全球环境变化的一个重要方面，并在很大程度上影响着地球系统其他组成的变化。例如，土地覆盖的变化会影响地面反照率和生态系统的光合作用，进而影响地球的生物地球化学循环、生态系统的生产力、生物多样性等。土地利用是人类活动作用于自然环境的主要途径之一，是不同历史时期土地覆盖变化最直接和主要的驱动因子，其变化无论是在全球尺度还是在区域尺度都不断地导致土地覆盖的加速变化，且其影响远大于其他自然因素的作用。土地利用与土地覆盖两者间存在密不可分的联系，且它们对地球系统有着广泛而深刻的影响，所以全球环境变化研究中把它们联系起来给予关注。

2.1.2 生态安全

由于人口持续增长及人类活动对环境的持续破坏，生态问题变得日益突出，生态安全问题也变得越来越被社会所关注。生态安全的概念最早由美国著名生态环境学者莱斯特·R.布朗提出，指生物与环境相互作用下不会导致个体或系统受到侵害和破坏，从而保障生态系统可持续发展的一种动态过程（Amalberti，1992）。国际应用系统分析研究所将生态安全扩展为自然生态安全、经济生态安全和社会生态安全三方面，丰富了生态安全的内涵（陈星和周成虎，2005）。生态安全是指在人的生活、健康、安乐、生活保障来源等基本权利和必要资源及人类适应环境变化的能力等方面不受威胁的状态，是一个复合人工生态安全系统（Ruitenbeek，1996），在时间上能够维持组织结构的完整性和自我恢复能力。Eason和O'Halloran（2002）强调生态服务功能或人类社会生存安全，突出人类安全与生态安全之间的关联，将生态作为人类生存的环境来考虑（吴结春和李鸣，2008）。

国务院在 2000 年 12 月发布《全国生态环境保护纲要》，认为生态安全是国家安全和社会稳定的重要组成部分，是指国家生存和发展所需的生态环境不受或少受破坏与威胁的状态。生态安全的概念已经超出了生物安全或生态系统安全的范畴，与国家的政治安全、军事安全、领土安全、金融安全一样，是国家安全的重要组成部分，而且是其他安全的基础和载体（Amalberti，1992）。郭中伟（2001）从生态系统的角度定义生态安全，他认为"生态安全是指一个生态系统的结构是否受到破坏，其生态功能是否受到损害"。生态安全的显性特征是生态系统所提供的服务的质量或（和）数量的状态，当一个生态系统所提供的服务的质量或数量出现异常时，则表明该系统的生态安全受到了威胁，即处于生态不安全状态。因此，生态安全包含两重含义，一是生态系统自身是否安全，即自身结构是否受到破坏；二是生态系统对于人类是否安全，即生态系统所提供的服务是否满足人类的生存需要。曲格平（2002b）从两个方面解释生态安全，一是防止生态环境的退化对经济基础构成威胁，主要指环境质量状况和自然资源的减少、退化，削弱了经济可持续发展的支撑能力；二是防止环境破坏和自然资源短缺等环境问题引发公众的不满，特别是导致环境难民的大量产生，影响社会稳定。肖笃宁等（2002）从人的基本权利、生活保障来源、必要资源、社会秩序和人类适应环境变化的能力等方面探讨了生态安全问题。周国富（2003）认为生态安全概念包含四个方面的含义，一是生态安全指一种资源环境状态，这种状态一方面要求生态环境自身处于良性循环之中，环境不出现恶化；另一方面要求资源环境状态能满足社会经济发展需要。二是生态安全指一种关系，即资源环境与社会经济之间的关系，这种关系必须保持相互协调，社会经济的发展不能受资源环境的制约和限制。三是生态安全反映资源环境对社会经济发展的重要性。四是生态安全强调持续性和长期性。与生态安全相反，生态不安全是指生态环境出现恶化现象，进而不能持续满足社会经济发展需要，令经济发展受到来自资源和生态环境的制约与威胁的状态。王朝科（2003）认为生态安全是生态系统的一种超稳定状态，即过程连续、结构稳定和功能完整的一种状态。王根绪等（2003）从生态系统完整性及生态健康的可持续能力进行识别与研判。高庆国（2009）认为只有那些重大的、灾害性的生态问题，才可能对人类社会的生存与发展构成实质性的威胁和危险，才能引起人类的足够重视，称之为生态安全问题，提出了国家、国家群体、全球三位一体的国际生态安全体系。

生态安全一般有广义和狭义两种理解，广义的生态安全以国际应用系统分析研究所提出的定义为代表，指在人的生活、健康、基本权利、生活保障来源、不必要资源、社会秩序和人类适应环境变化的能力等方面不受威胁的状态，包括自然生态安全、经济生态安全和社会生态安全，组成复合人工生态安全系统。狭义的生态安全是指自然和半自然生态系统的安全，即生态系统完整性和整体水平的反映。生态安全包括两重含义，一方面是生态系统自身的安全，即外界因素作用下生态系统是否处于不受或少受损害或威胁的状态，并保持功能健康和结构完整；另一方面是生态系统对于人类的安全，即生态系统提供的服务是否满足人类生存和发展的需要。生态系统保持本身的健康与活力是其为人类提供持续、稳定资源与服务的前提，而人类所需的资源和服务本身也体现了生态系统结构和功能状态。从目前已有研究看来，生态安全研究一般都是从人类对自然资源的利用与人类生存环境辨识。

尽管不同学者对生态安全的概念给予了不同的表述，但在生态安全定义的内涵和外延却形成了几方面的共识，生态安全的本质一个是生态风险，另一个是生态脆弱性。生态风险是指特定生态系统中所发生的非期望事件的概率和后果，如干扰或灾害对生态系统结构和功能造成的损害，其特点是具有不确定性、危害性和客观性。生态脆弱性是指一定社会政治、经济、文化背景下，某一系统对环境变化和自然灾害表现出的易于受到伤害和损失的性质，这种性质是系统自然环境与各种人类活动相互作用的综合产物。对于生态安全来说，生态风险表征了环境压力造成危害的概率和后果，相对来说它更多地考虑了突发事件的危害，对危害管理的主动性和积极性较弱；而生态脆弱性应该说是生态安全的核心，通过脆弱性分析和评价，可以知道生态安全的威胁因子有哪些、它们是怎样起作用的及人类可以采取怎样的应对和适应战略。因此，生态安全的科学本质是通过脆弱性分析与评价，利用各种手段不断改善脆弱性，降低风险。生态安全强调生态系统自身健康性、完整性和可持续性。生态系统的安全是生态安全的基础，生态系统的健康性、完整性和可持续性是生态系统自身安全的关键。这里的生态系统包括自然生态系统、人工生态系统和自然-人工复合生态系统，在空间尺度上，包括全球生态系统、区域生态系统和微观生态系统等若干层次。生态安全是生态系统相对于生态威胁的一种功能状态，是生态系统在一定时期本质属性和总体功能的表现。生态系统的状态可分为安全与威胁两种。生态安全与风险互为反函数。生态风险是指特定生态系统中所发生的非期望事件的概率和后果，如干扰或灾害对生态系统结构和功能造成的损害。

生态安全问题是一个诠释古老问题的新概念，由于它提出的时间不长，虽然国内外的许多学者都对生态安全的内涵和外延做了探讨，但目前关于生态安全尚无统一的定义。综合国内外有关生态安全的定义，本书认为生态安全是指一个国家或地区的生态环境和资源状况能持续满足社会经济发展需要，社会经济发展不受或少受来自资源和生态环境的制约和威胁的状态。其中，资源和环境供给与人类社会需求之间的关系是生态安全的核心内容。一个较完整的生态安全定义应从以下几方面考虑：一是生态安全应以是否可持续发展来衡量；二是生态安全的目标可以界定；三是生态安全包含生态环境本身的结构与功能的完整性；四是当生态环境受到干扰时，生态系统提供的服务是否在数量和质量上出现异常，如果有异常变化，则显示其生态系统处于不安全状态。

2.1.3 生态安全评价

生态安全评价是对生态系统完整性及对各种风险下维持其健康的可持续能力的识别与判断研究。一般认为，生态安全评价体系由评价对象、评价目的、评价指标、评价方法、评价标准和评价尺度等要素构成（李辉等，2004）。

综合国内外生态安全评价的研究来看，其理论体系不断发展和完善。目前国内外对生态安全评价的研究内容非常丰富。主要体现在以下几个方面：一是研究生态评价的内容，从生态风险、生态健康、生态服务价值、生态脆弱性、生态敏感性等不同的角度去论述（贾铁飞和冯亚芬，2012；杨冬梅等，2007；张军以和苏维词，2009），也有学者把影响因子分析纳入生态安全评价的研究内容（姚解生和田静毅，2007）；二是评价的对象各不相同，从森林、草原、河流、城市、土地、海岸带等方面研究（邹长新等，2010；范弢等，2008；张青青等，2012）；三是生态安全方法和指标的研究。

中国环境监测总站于2004年的中国生态环境质量评价研究认为，生态安全评价是对特定时空范围内生态安全状况的定性或定量的描述，反映了主体对客体需要之间的价值关系。生态安全评价的主要内容包括评价主体、评价方案、评价指标及信息转换模式等。评价对象是在一定时空范围内的人类开发建设活动对环境、生态的影响过程与效应（肖笃宁等，2002）。生态安全评价是在生态环境质量评价成果的基础上，按照生态系统本身为人类提供服务功能的状况和保障人类社会经济与农业可持续发展的要求，对生态环境因子及生态系统整体对照一定的标准进行的生态安全状况评价（吕洪德，2005）。舒坤良（2006）从狭义生态安全的角度定义生态安全评价，他认为从保障人类生存与发展这样一种主体需要的角度出发，按照生态系统本身为人类提供服务功能的状况和保障人类社会可持续发展的要求来衡量生态系统对其满足的程度，即对生态系统安全状况的一种评价。刘红等（2005）则认为生态安全评价是根据选定的指标体系和评价标准，运用恰当的方法对生态环境因子及生态整体进行的生态安全状况评价。

对生态安全评价的理解主要有以下几种：第一，从生态系统的自身出发，强调生态系统的结构和功能及生态过程的评价，把系统自身的稳定与安全作为生态安全的核心；第二，从人类的需求出发，把生态系统的承载能力和对人类的服务功能作为生态安全评价的核心；第三，从人与自然和谐相处的角度出发，强调生态系统本身的安全与人类需求的满足。

2.1.4 土地生态安全

土地资源作为人类赖以生存的最基本条件和生态环境的物质基础，其生态安全是区域生态安全的重要内容。健康的土地生态功能是维系经济安全和社会稳定的决定性因素，关系到国家的政治安全、经济安全、国防安全和人民的生存安全。特别是近年来，随着土地生态环境问题的日益加剧，土地生态安全更是引起了社会各界的普遍关注。梅艳（2009）认为土地生态安全是指在一定时空范围内，土地生态系统能够保持其结构与功能不受或少受威胁，并能持续、稳定地满足社会经济发展需要，从而维持土地自然、社会、经济复合生态系统长期协调发展的状态。土地资源只有在这种生态安全的状态下，才能维持土地资源与人类的协调发展，实现自然、经济和社会的可持续目标。它是由土地生态安全的自然因素、社会因素和经济因素三方面组成的安全复合体系。

2.2 理论基础

支撑本书中观点的相关理论有人地关系理论、协调发展理论、低碳经济理论、绿色发展理论、生态经济理论、可持续发展理论等，本节对涉及的相关理论进行深入分析，为后续的研究提供理论基础。

2.2.1 人地关系理论

人地关系理论（theory of man-land relationship）是研究人类活动与地理环境相互关系的理论，人地关系是指人类社会不断向前发展，人类为了生存不停地加深改造和利用地理环境，增强自身地理环境的适应能力，改变地理环境的面貌，同时，地理环境也更加深刻地影响着人类社会发展，形成地域差异。人地关系理论经历了漫长的发展的阶段，主要代表学说包括地理环境决定论、环境可能论、人地危机冲突论、人地协调共生论等（于迪，2011）。

人地关系的核心理论包括环境决定论、环境可能论及可持续发展论。环境决定论认为地理环境对人类生理机能、心理状态、社会组织和经济发达状况都有影响，并决定着人类迁移和分布，该观点从成型便遭到强烈的批评（宋正海，1991）。地理环境在社会生活和社会发展中起决定作用，人类的民族特征、生活习惯、社会组织及文化发展等人文现象受自然环境特别是气候条件的支配。环境可能论否定了地理环境决定论的观点，认为地理环境并不能完全决定人类活动，人类自身具备选择自由，地理自然环境是人类的选择因素，不是决定因素。环境可能论观点认为自然为人类的居住规定了界线，并提供了可能，但人类可以按照自己的生活方式对这些条件做出反应和适应，该观点强调了人类的选择和创造力。人地危机冲突论是指人类与自然环境在"双向异化"过程中所表现出来的一种不相容的对立与冲突，认为长期以来人类生产生活方式与自然规律背道而驰，对自然资源不加节制地开采和利用，结果加剧了人地冲突，产生一系列生态环境问题。人地协调共生论与可持续发展内涵相似，认为人类缺乏对长时间大规模和大范围的人流、物流的掌控能力，需要保持与自然系统的协调共生，因此，人类活动不应当过分对自然环境加以改造，而应建立在自然内在规律上进行活动，实现与自然地理环境的和谐相处。可持续发展最早是在1980年国际自然与自然资源保护同盟和世界野生生物基金会发表的《世界自然资源保护大纲》中提出的。1987年世界环境与发展委员会在《我们共同的未来》报告中对可持续发展做出了明确定义：既满足当代人的需要，又不对后代人满足其需要的能力构成危害的发展。1991年由国际自然与自然资源保护同盟、联合国环境规划署和世界野生生物基金会编制的《关心世界：持续性战略》报告中提出，可持续发展被定义为一种可以长期维持的过程或状态。这种状态"既满足当代人的需要，又不对后人满足其自身需要的能力构成威胁的发展"（牛振国和孙桂凤，2007）。《中国21世纪议程》认为可持续发展是在保持经济快速增长的同时，控制环境污染，改善生态环境，建立"低消耗、高收益、低污染、高效益"的良性循环发展模式。

2.2.2 协调发展理论

协调发展概念最早源于经济和环境发展的相关研究。协调是指两种或两种以上的系统或系统要素之间的具有良性性质的相互间的关联，是它们之间和谐一致的、配合得当的、良性循环的关系（曾小梅，2009）。协调不仅仅表现为一种状态，也表现为一个过程。协调发展是协调与发展的交叉和交集，是系统或系统内要素之间存在和谐一致、合作得当、良性循环的关系，并在此基础上由低级向高级、由简单向复杂、由无序向有序方向转化的总体演变过程。协调发展可界定为"状态"和"过程"（李晓冰，2010）。目前，土地利用与生态经济的协调发展研究还不够全面，所以本书从区域经济协调发展的角度来研究土地利用与生态经济的协调发展。从"状态"的角度看，土地利用与生态环境之间的协调是指土地利用与生态环境相互影响，关系密切，各有各的职能相互影响之下会产生发展趋势相同的结果。从"过程"的角度看，土地利用与生态环境的协调目标是实现土地利用与生态环境的正向发展与良性循环（杨彦海，2015）。

协调发展的内涵研究主要侧重于社会属性、世代伦理、约束性等方面，展现出了"共同发展、持续发展、相互促进"的含义，但协调发展并不意味着"平等发展"。总之，协调发展是一种强调系统整体性、综合性和内在性的发展聚合，是在协调这一具有约束性条件下多系统或多要素的综合发展，是整体的提高和全局的优化，是以系统的可持续发展为核心。

从总体上看，协调发展主要内容可以大致分为总体结构协调和土地利用与生态环境关系协调两个方面。总体结构的协调，即生态环境保护的协调和土地利用建设发展速度的协调。为了实现土地利用与生态环境保持良性循环发展，要做到不过度追求土地利用的最快发展与效益，要保证土地利用与生态效益的最优化，绝不以牺牲生态环境为代价实现土地利用。土地利用与生态环境关系协调，首先要保证土地利用自身内部的利用协调发展，其次关注外部协调，也就是各个土地利用类型与生态环境之间的协调关系。土地利用的广度和深度不断扩大，虽然极大地推动了人类社会向前发展，但生态环境问题也日益突出，主要表现为土地大量闲置、耕地急剧减少、生态环境质量下降、用地结构不合理等。如何正确处理土地利用与生态环境保护之间的关系，促进土地生态安全已成为当今社会发展的重要问题。

2.2.3 低碳经济理论

低碳经济（low-carbon economy）最早是在 2003 年英国政府发布的能源白皮书《我们能源的未来：创建低碳经济》中提出。在全球气候变暖和能源耗竭背景下，经济发展方式必须由高碳经济向低碳经济发展转变。低碳经济是指在可持续发展理念指导下，通过技术创新、制度创新、产业转型、新能源开发等多种手段，尽可能地减少煤炭石油等高碳能源消耗，减少温室气体排放，达到经济社会发展与生态环境保护双赢的一种经济发展形态（袁男优，2010）。

低碳经济的内涵表现为低碳经济是以低能耗、低污染、低排放为基础的经济模式，是继农业文明、工业文明之后的又一次重大进步。低碳经济的实质是能源高效利用、清洁能源开发、追求绿色 GDP 的问题，核心是能源技术和减排技术创新、产业结构和制度创新及人类生存发展观念的根本性转变（范建华，2010）。低碳经济应着眼于低碳技术，以低碳技术的应用来划分低碳经济领域，并指出新能源的利用和技术上的更新是带动低碳经济的重要手段。

低碳经济具有以下特征：经济性，低碳经济应按照市场经济的原则和机制来发展；技术性，通过技术进步提高能源效率，降低二氧化碳等温室气体的排放强度；目标性，发展低碳经济的目标是将大气中温室气体的浓度保持在一个相对稳定的水平上，从而实现人与自然的和谐发展（王梦夏，2013）。

从内容上看，低碳经济发展主要是构建低碳型产业发展模式和低碳型区域发展模式。低碳型产业发展模式就是按照低碳经济的发展理念，对现有产业结构进行改造，加速产业结构优化与升级，实现建立产业结构优化式低碳发展的模式。根据产业结构的宏观构成，按照不同产业结构与能源的消耗和碳排放的关系进行低碳化。一般而言，按照经济发展和增长的逻辑，产业结构会经历从"一二三"到"三二一"的转换过程，由于第三产业是服务型产业，能源消耗、碳排放量比第二产业低很多，再加上第一产业中的农林牧渔等产业又具有碳增汇的功能，所以，第三产业所占比重越高，低碳经济发展的状态越好。另外可以根据不同产业间产品、废弃物不同的联系，通过构建循环经济产业链，实现减排的目的和低碳化发展。在土地利用方面，应调整和优化土地利用结构，培育土地低碳利用模式，实现土地利用低碳化，保障生态安全。

2.2.4 绿色发展理论

绿色发展理论（green development theory）源于绿色经济，20世纪末，英国学者皮尔斯出版《绿色经济蓝皮书》一书，指明在未来的绿色发展时代中，绿色经济区别于传统经济，它是与环境保护、生态健康密切相关经济盈利行为，相较于工业文明的"黑色发展"，传统的土地、劳动力和资本要素固然重要，但随着资源愈加稀缺，环境加速恶化，生态环境也应成为重要的生产要素，绿色发展理论应运而生，该理论与可持续发展理论的内涵相同，是一种建立在生态环境容量和资源承载力的约束条件下，将环境保护作为实现可持续发展重要支柱的新型发展模式（胡鞍钢和周绍杰，2014）。

2008年底，联合国环境规划署提出了旨在应对全球金融危机和气候变化的"绿色经济"和"绿色新政"的倡议。同时"循环经济""低碳经济""绿色增长"等理念得到了各国和政府间组织的热烈回应和推进，绿色发展战略思想逐渐成为国际经济发展的新趋势。在我国，绿色发展战略的确立顺应国际潮流，同时还融合了中国特色的科学发展观。2010年，习近平在博鳌亚洲论坛年会开幕式上的演讲指出绿色发展和可持续发展是当今世界发展的趋势，随后将其确立为"十二五"规划中的主题发展思想。2012年，"十八大"报告指出要把生态效益、环境损害、资源消耗等纳入国民经济评价标准，将生态文明建设放在与经济、政治、社会、文化同等重要的地位，这进一步奠定了我国绿色经济和绿色转型的发展方向。

2.2.5 生态经济理论

生态经济学（ecological economics）是研究生态经济复合系统的结构、功能及其运动规律的学科，即研究人类经济活动与生态系统之间相互制约与相互作用的经济学分支学科，是生态学和经济学相结合而形成的一门交叉学科，其为研究土地利用和生态环境的经济问题提供了有力的工具。随着科学技术的提高及工业化和城镇化的快速推进，人类不断地开发利用自然资源，但由于科技水平及资金的有限，自然资源的开发利用过程中呈现出破坏性和浪费性的现象，使其没有得到充分合理地利用，造成了环境污染和生态环境破坏。长期以来，对资源的开发利用和任意获取，忽略了外部经济性，在谋求高额利润的同时牺牲了生态环境质量，导致了治理环境污染的成本费用增加，既破坏了舒适的生态环境，又降低了国民经济效益。因此，人类在土地资源开发利用的过程中，要注重经济发展与环境保护相协调，妥善处理好两者之间的关系，才能保证土地利用在结构合理化的基础上向结构高效化和生态化纵深方向发展，才能真正实现土地利用结构优化，形成绿色低碳高效的土地利用模式。

生态经济学的核心理论主要包括生态与经济协调理论、生态经济效益理论、生态经济生产力理论、生态经济价值理论。生态经济学研究的主要内容包括关注经济系统中生态资源的优化配置问题、生态产品的供需平衡问题、生态空间与低碳发展问题。当生态系统作为经济系统自然资源输入和废弃物排放的子部门出现了生态资源稀缺和传统市场失灵时，优化配置生态资源就成为生态经济学关注的主要问题。生态系统不仅提供生产要素，而且提供生态产品，满足最终消费，由此使其经济功能得到拓展。将经济系统置于生态系统之中，按照生态规律和生态阈值来发展经济，走低碳发展道路，是生态经济学最具革命性的贡献。因此，从生态资源、生态产品到生态空间，是生态经济学研究的三个主要部分，体现了人们对生态经济规律认识的不断深化。

2.2.6 可持续发展理论

可持续发展理论可以概括为既满足当代人需要，同时不损害后代子孙利益的持续发展观念。它主要强调的是发展，实现人口、资源、生态环境与经济协调发展，同时又强调代与代之间在资源的使用和环境的质量共享方面机会均等。可持续发展理论注重经济发展方式的转变，将生态保护和经济发展紧密结合，实现绿色经济发展模式（李龙熙，2005）。根据可持续发展的定义梳理出可持续发展的内涵，即整体协调的共同发展，经济、社会、资源、环境、人口及内部各个阶层协调发展，时间和空间维度上的公平发展，从国情或区情出发，符合本国或本区实际的多样性、多模式的多维发展。可持续发展理论的基本特征可以简单地归纳为经济可持续发展是基础，生态（环境）可持续发展是条件，社会可持续发展是最终目的。

作为一个具有强大综合性和交叉性的研究领域，可持续发展涉及生态学、经济学、社会学等众多的学科，涉及经济、生态和社会三方面的协调统一，要求人类在发展中注重经济效益、关注生态和谐和追求社会公平，最终达到人的全面发展。这表明可持续发展虽然源于环境保护问题，但作为一个指导人类走向21世纪的发展理论，它已经超越了单纯的环境保护。它将环境问题与发展问题有机地结合起来，已经成为一个有关社会经济发展的全面性战略。可持续发展的主要内容具体为经济可持续发展、生态可持续发展和社会可持续发展。在人类可持续发展系统中，经济可持续是基础，生态可持续是条件，社会可持续才是目的。22

世纪人类应该共同追求的是以人为本的自然-经济-社会复合系统的持续、稳定、健康发展。

可持续发展理论中，人类社会的可持续性由生态可持续性、经济可持续性和社会可持续性三个部分构成，密不可分。它以创造一个可持续发展的社会、经济和环境为最终目标。生态可持续性（ecological sustainability）指可持续发展要建立在资源的可持续利用和良好的生态环境维护的基础上，保护自然生态环境系统的完整性，保护生物多样性，积极治理和恢复已遭破坏和污染的环境。经济可持续性（economic sustainability）指在经济发展中，不仅重视经济数量的增长，同时降低能耗，提高效率，增加效益。社会可持续性（social sustainability）指改善人民生活和提高人类的生活质量，促进社会公正、安全、文明和健康发展（季中淳，2004）。

可持续发展有着较丰富的内涵。一是共同发展。它把全球或每个区域看成是一个复杂的系统，每个系统都和其他部分有着密切联系，只要其中一个系统发展出现问题，会导致其他系统功能的紊乱，甚至影响系统整体的发展。二是协调发展。协调发展既包括区域空间的协调，又包括在某一空间区域内的资源、环境、社会人口及内部各个阶层的协调。三是公平发展，包括时间和空间上的公平性。即当代人的发展不能以损害后代人的发展能力为代价，某国家或地区的发展也不能以损害其他国家或地区的发展能力为代价。四是多样性发展。各国与各地区应该从国情或区情出发，走符合本国或本区实际的、多样性和多模式的可持续发展道路。

可持续发展理论虽然源于环境保护问题，但是它已超越了单纯的环境保护，而是将环境问题与发展问题结合起来，已经成为一个关于经济社会发展的全面战略，具体包括经济可持续发展、社会可持续发展和生态可持续发展。在经济可持续发展方面，不再仅仅注重经济发展的数量，而是更多地关注经济发展的质量，因此要求改变传统的高投入、高消耗、高污染的发展模式；在社会可持续发展方面，强调可持续发展要以改善和提高人类生活质量为目的；在生态可持续发展方面，要求经济、社会发展要以保护自然为前提，要与资源与环境承载力相协调。

可持续发展的生态学理论包括高效原理、和谐原理和自我调节原理。土地资源是人类生活和生产不可缺少的自然资源，既是自然资源和社会经济资源的载体，又是经济社会发展的基础。因此要保障国家或区域经济、社会和生态的可持续发展，就必须保障土地资源的可持续利用。在利用土地资源过程中，需要优化土地利用结构，提高土地利用效益，节约用地，挖掘建设用地潜力，合理控制土地由农业用途转为非农业用途的数量，这对实现土地资源的可持续利用是有效的。

2.3 本章小结

　　本章对研究涉及的相关概念进行界定，对相关理论进行梳理和分析。在概念界定方面主要对土地利用/土地覆盖变化、生态安全、生态安全评价等概念进行界定，在此基础上对土地利用变化与生态安全关系进行分析。在相关理论方面主要对人地关系理论、协调发展理论、低碳经济理论、绿色发展理论、生态经济理论、可持续发展理论等进行梳理和分析，提出了土地利用结构不仅要考虑其合理性，而且还要考虑其高效性和生态性的观点。对于生态环境脆弱和贫困的喀斯特山区而言，只有对现有的土地利用结构进行合理化的基础上进行高效化和生态化的升级，才能真正协调土地资源开发利用与生态环境保护之间的关系，促进研究区土地资源绿色低碳高效利用，经济社会绿色低碳发展，实现绿色脱贫，这为下一步的深入研究理清了思路。喀斯特生态脆弱区在新一轮的西部大开发和脱贫攻坚战略中，必须以绿色低碳经济为导向，在土地利用结构合理化的基础上，向土地利用结构高效化和生态化纵深方向发展，才能真正实现土地利用结构优化，形成绿色低碳高效的土地利用模式。

第 3 章　土地利用变化对生态安全的影响

土地资源的过度开发利用、大面积森林砍伐、草场过牧、陡坡垦荒、工业污染、城市过度集中拥挤等，都会引起严重的生态危机并造成生态系统的退化。土地利用与土地覆盖变化作为改变全球环境的主要驱动力之一，土地利用变化对生态安全的影响已经成为学术界关注的热点问题之一。因此，区域土地利用变化过程、规律及驱动因素的分析研究，是生态安全变化研究的重要基础，也是调控人类行为的科学决策依据。土地利用变化通过对生态系统服务价值、生物多样性、生态环境及生态系统变化的影响进而对生态安全和土地生态安全产生影响。

3.1　土地利用变化对生态系统服务价值的影响

土地利用变化是全球环境变化的重要组成部分，与生态服务互相影响、互相制约，与人类的未来生存息息相关（黄羽等，2013）。土地利用结构变化决定着生态系统结构和功能（生态系统服务价值）的变化，生态系统服务价值反映了土地利用结构的生态优劣（李馨等，2011）。因此，研究区域土地利用变化对生态系统服务价值变化的影响，对于了解土地利用变化的生态环境效应、制定合理的土地利用政策和促进脆弱生态环境的恢复有着重要的理论意义和实践意义。

3.1.1　土地利用动态度变化

土地利用变化是一个由多种因素共同参与的动态过程。其变化形式主要包括：①土地利用类型的变化，如水浇地、旱地、菜地、林地、建设用地、水域、未利用地之间由于使用意图而产生的变化。②土地利用投入的变化，是指在一种土地使用用途上进行物质和能量的输入变化，包括化肥使用的变化、机械投入变化、劳动力投入变化、灌溉投入变化、农药使用变化、农膜使用的变化等。③土地利用强度变化，土地利用强度可以定义为人类为满足自身需要而对土地生态系统的改变或干扰程度，常用来表示土地利用强度的有土地利用率、土地垦殖率、复种指数、土地灌溉率等。

土地利用动态度是由刘纪远（1996）提出的分析土地利用动态变化过程的一个重要指标，指一个区域在一定时间范围内土地利用类型相对变化的量度，它对比较土地利用变化区域差异和预测未来土地利用变化趋势都具有积极作用。土地利用动态度包括单一土地利用动态度和综合土地利用动态度。单一土地利用动态度用于表达某一区域一定时间范围内某种土地利用类型的数量变化情况，其表达式为

$$K = \frac{U_b - U_a}{U_a} \times \frac{1}{T} \times 100\% \qquad (3\text{-}1)$$

式中，K 为研究时段内某一土地利用类型动态度；U_a 和 U_b 分别为研究初期、研究末期某一土地利用类型的数量；T 为研究时段，当 T 的时段设定为年时，K 值就表示该研究区某种土地利用类型的年变化度。K 数值反映了研究区某类型土地利用方式的相对变化幅度。当 $K > 0$ 时，说明在研究期内该类型用地呈增长趋势；当 $K < 0$ 时，说明在研究期内该类型用地呈减少趋势。

综合土地利用动态度指某一区域所有土地利用类型的相对动态变化程度，可用如下公式表示：

$$LC = \left[\frac{\sum_{i=1}^{n} \Delta LU_{i-j}}{\sum_{i=1}^{n} LU_i} \right] \times \frac{1}{T} \times 100\% \qquad (3\text{-}2)$$

式中，LU_i 为监测起始时间第 i 类土地利用类型面积；ΔLU_{i-j} 为监测时段内第 i 类土地利用类型转变为非 i 类土地利用类型面积的绝对值；T 为监测时段长度。当 T 的时段设定为年时，LC 的值就是该区域土地利用的年变化率。

3.1.2 土地利用的生态系统服务价值变化

土地是人类赖以生存的基本条件，也是各种陆地生态系统的载体。随着全球人口数量的迅速膨胀，人类以前所未有的速度对有限的土地资源进行着改造，然而土地利用变化直接影响着生态系统所提供服务的种类和强度，但服务价值的外部性部分因难以量化核算往往被忽视，导致了土地资源开发利用过程中的短期经济行为，也势必会造成自然生态系统比重的缩小，妨碍自然生态系统功能的发挥。生态服务价值是指人类直接或间接从生态系统得到的利益，主要包括向经济社会系统输入有用的物质和能量、接受和转化来自经济社会系统的废弃物，以及直接向人类社会成员提供服务。土地利用变化是影响生态系统结构和功能变化的重要因素，对维持生态系统服务价值起着重要作用。从可持续发展的观点来看，以单纯经济增长为目的的土地利用方式是不可取的。人类的发展必须建立在生态系统服务价值核算引入到土地利用决策当中，才能促进自然资源的合理开发，实

现土地资源的可持续利用。学术界对土地利用变化生态响应的研究主要集中于对环境要素的单因素定性分析（欧阳志云和王如松，2000），而对土地利用变化产生生态服务价值响应的综合定量评价还不多。在研究区的选择上，以我国西部的陕西、云南和青藏高原等地为主（张飞和孔伟，2011），对于喀斯特地区土地利用生态响应的研究极少。

生态系统服务是指生态系统形成和所维持的人类赖以生存和发展的环境条件与效用（向悟生等，2009），可划分为生态系统产品和生命系统支持功能。生态系统产品是指自然生态系统所产生的能为人类带来直接利益的因子，如食品等；生命系统支持功能主要包括固定 CO_2、稳定大气、水文调节、水资源供应、水土保持、营养元素循环、生物控制、提供生境、食物生产、原材料供应、遗传资源库、休闲娱乐场所及科研、教育、美学、艺术等。20 世纪 90 年代以来，由于环境问题日益严重及相关学科的发展，生态系统服务的研究备受人们关注，国内外围绕生态系统服务内涵（熊鹰等，2008）、类型划分及其价值评估方法等方面进行了积极探讨，对森林、草地、农田、湿地、河流、城市及区域（陈起伟等，2007；张宁等，2011）等生态系统服务价值进行了评估。Daily 等（2000）主要从生态学基础的角度探讨生态系统服务价值。Costanza 等（1997）更多地从经济学的角度研究生态系统服务的经济价值，并探讨评价的方法与技术。Turner 等（1993）则注重生态系统服务经济价值评估的技术与方法研究。土地利用变化对生态系统服务价值的影响（刘宇等，2008）全面地关注生态系统服务概念、与人类福利之间的关系、变化的驱动因子、评价技术与方法及评价结果与最终的政策制定等。美国生态学会 2004 年将生态系统服务科学作为首个生态学重点问题，英国生态学会 2006 年将生态系统服务研究列为与政策制定相关的 100 个生态学问题的 14 个主题之首，美国国家环境保护局于 2008 年提议了有关生态系统服务的生态研究计划（Chapman，2008）。我国以生态系统服务理论为基础的生态功能区划研究，受到环境保护部与国家发展和改革委员会的高度重视，并被应用于国家生态环境保护决策之中。李开忠等（2005）对贵州省喀斯特峡谷地区土地利用效果评价；鲁春霞等（2004）对青藏高原生态系统服务功能的价值评价，强调经济发展过程中加强生态环境保护的重要性。总之，生态系统服务及其价值评估的研究是生态建设和生态系统管理的基础，已逐渐成为生态学研究的前沿和热点。

《国家中长期科学和技术发展规划纲要（2006—2010 年）》明确指出，要重点开发生态脆弱区生态系统服务的综合评估和动态监测技术。喀斯特地区是典型的生态脆弱区，是石漠化最为突出的地区，面临环境退化和经济社会落后的双重难题，揭示其生态系统服务价值时空分异特征是实现生态恢复和可持续发展过程中亟待解决的问题。目前仅有极少数学者进行了喀斯特生态系统服务价值评估的相关研究，但一般是直接利用 Costanza 等（1997）的研究成果将区域作为统一整体研究。

生态系统服务是人类生存和发展的基本条件，它是指生态系统与生态系统过程所形成及所维持的人类赖以生存的生物资源和自然环境条件及其效用。生态系统的服务功能与生态系统的功能所涵盖的意义不同，服务功能是针对人类而言的，且只有一小部分被人类利用。生态系统服务功能可分为人类生活必需的产品和保证人类生活质量的生态功能两部分。也可分为生态系统的生产、生态系统的基本功能、生态系统的环境效益和生态系统的娱乐价值四个层次。其中生态系统的生产包括生态系统的产品及生物多样性的维持等。生态系统的基本功能包括传播种子、土壤形成和生物防治等。生态系统的环境效益包括调节气候、净化空气、减缓干旱和洪涝灾害及处理废弃物等。生态系统的娱乐价值包括休闲、娱乐、文化和生态美学等。生态服务功能是当前城市生态系统研究的热点和重点之一。尤其是近年来，城市的扩展蔓延和强烈的人类活动，致使城市景观破碎化严重，从而导致生态系统的服务功能不断降低。

不同土地利用类型的生态系统服务价值包括气体调节，调节大气化学成分；气候调节，对气温、降水及其他气体过程的生物调节作用；干扰调节，对环境波动的容纳、延迟和整合能力；水分调节，调节水文循环过程；水分保持，水的保持和储存；土地保持，生态系统内通过控制侵蚀与保持沉积物以保持土壤；土壤形成，土壤形成过程；养分循环，养分的储存、内循环和获取；废弃物处理，流失养分的恢复和过剩养分有毒物质的转移和分解；文化，提供非商业性文化用途；生物控制，生物种群的营养动力学控制；娱乐休闲，提供休闲游乐活动机会；传粉，有花植物配子的移动；避难所，为定居和迁徙种群提供生境；原材料，总初级生产中可用为原材料的部分；遗传资源，特有的生物材料和产品来源；食品生产，总初级生产中可用为食用的部分。本书在以上生态系统服务价值中综合选择 10 个方面进行单项服务的分析，它们分别是涵养水源、土壤形成与保护、气体调节、净化空气、减少噪声、生物多样性保护、娱乐文化、气候调节、废弃物处理、食物生产和原材料提供功能。

（1）涵养水源

林地、草地、耕地等对水分都有一定的涵养能力，尤其以林地最为显著。森林涵养水源功能是指森林对降水的截留、吸收和存储，将地表水转变为地表径流或地下水的功能，主要表现为增加可利用水资源、净化水质和调节径流三个方面。森林生态系统能够影响水文过程、促进降雨再分配、影响土壤水分运动及改变产流汇流条件等，从而缓和地表径流，增加土壤径流和地下径流，在一定程度上起到了削峰补枯、控制土壤侵蚀、改善河流水质等作用。虽然草地和耕地的水源涵养功能比林地弱一些，但是也不容忽视。其中城市绿地植物主要通过根系蓄水涵水，防止水土流失。在城市绿地生态系统中，湿地生态系统同样对涵养水源起重要作用。

（2）气体调节

生态系统通过气体调节功能维持着大气环境的清洁和稳定。例如，动植物排泄物或残体等含氮的有机物经微生物分解为 CO_2、H_2O 和 NH_3 返回环境，可被植物再次利用，进入新的循环。生态系统中的植物通过光合作用将大气中的 CO_2 转变为 O_2，维持大气环境化学组成的平衡。在有害气体中，SO_2 的数量最多，分布最广。植物对 SO_2 有天然的净化作用，只要不超过一定的限度，植物不会出现损伤。城市绿地生态系统对于气候的调节起着非常重要的作用。在城市绿地生态系统中，气体调节主要体现在碳氧平衡上。人们活动吸收 O_2，排放 CO_2，而绿色植物则通过光合作用吸收 CO_2 释放 O_2 来维持气体平衡，缓解温室效应；植物通过蒸腾作用可以将水分释放到空气中，起到补充水分并且降温的作用，缓解中心城区的热岛效应。

（3）土壤形成与保护

生态系统为土壤的形成提供了母质、气候、地形和生物等成土因素，随着时间的演变土壤逐渐形成。另外，林地、草地、耕地中的各种植被对土壤起着保护的作用。如果没有生态系统中植被的保护，降水直接降落到裸露的地面，使地面径流增加，将导致土壤和营养物质的流失。尤其在黄土高原地区，地表植被稀少，水土流失严重。土壤中含有大量的微生物，可以将自然和人类的废弃物转化为无机化合物，最终作为营养物质，使得循环顺利进行。植被的存在可以减少废弃的土壤，保护和提高土壤肥力。

（4）净化空气

绿色植物净化空气的作用主要包括吸收 CO_2 释放 O_2，维持大气中的碳氧平衡；降低空气中的硫化物、氮化物的含量。而这些作用主要通过叶片实现。例如，某区域是酸雨污染严重区，空气中 SO_2 含量极高，这些都需要通过植物的作用实现。当污染源附近的 SO_2 浓度为 0.29 mg/m^3 时，在距污染源 1000～1500m 处，非绿化带浓度为 0.14 mg/m^3，绿化带浓度为 0.08 mg/m^3，比非绿化带低 0.06 mg/m^3。此外，绿地对烟尘、粉尘也有充分的阻隔、过滤、吸收作用。

（5）生物多样性产生与维持

生物多样性是指从分子到景观各种层次生命形态的集合。生态系统不仅为各类生物物种提供繁衍生息的场所，还为生物进化及生物多样性的产生与形成提供了条件。同时，生态系统通过生物群落创造了适宜生物生存的环境。不同的种群对气候因子的扰动与化学环境的变化具有不同的抵抗能力，多种多样的生态系统为不同种群的生存提供了可能，从而可以避免某一环境因子的变动而导致物种的绝灭，使生物多样性得以延续，生物多样性存在的价值已被世界所认可。生物多样性必须在生态系统的层次上才能得到保护，在很大意义上就是生态系统的服务。

(6) 减少噪声

城市景观与生态景观还是存在一定差别的。城市景观受人为的干扰性较大，城市交通、城市居住所造成的噪声严重，这严重影响了人们的生活。植被具有阻隔和吸收噪声的作用，这在很大的程度上可以提高城市绿地生态服务价值。

(7) 娱乐文化

随着生活质量的提高，人们对生态系统的娱乐需求越来越多，生态系统的娱乐文化功能逐渐得到重视。各种以森林、草地、湖泊、河流为主体的旅游资源的开发，充分发挥了生态系统的娱乐文化功能。不同类型生态系统的存在，造成了不同的地方文化，娱乐文化的发展是城市旅游业开发的重要因素。近年来，生态旅游已成为旅游业的发展趋势，成为一些地区的主要经济来源。由此可见娱乐文化功能带给人类的价值是不可代替的。与此同时，生态系统在美学欣赏价值上的体现也是人类休闲娱乐的源泉。

(8) 气候调节

从人类诞生以来，地球气候一直处于不断变化的状态。地球气候冷暖干湿相互交替，变化的周期长短不一。19世纪以来，世界气温呈现明显的波动上升趋势。

气候对地球上生命进化与生物的分布起着重要的作用，一般认为地球气候的变化主要是受太阳辐射及地球自转轨道变化影响，但生物本身在全球气候的调节中也起着重要的作用。生态系统对区域性的气候具有直接的调节作用，植物通过蒸腾作用，将水分返回大气，参与陆地间水循环，弥补该区域水分的损失，而且还能降低气温。例如，在亚马孙流域，50%的年降水量来自于森林的蒸腾。

(9) 废弃物处理

全球每年产生的废弃物约 1.3×10^{11} t，其中约30%是源于人类活动，包括生活垃圾、工业固体废弃物、农作物残留物及人与各种家畜的有机废弃物。幸运的是，生态系统具有一定的自净能力，从秃鹰到细菌，它们能从各种废弃物的复杂有机大分子中摄取能量。不同种类的微生物各自分解某种特定的化合物，并合成新的化合物，再由其他微生物利用，直到还原成最简单的无机化合物。许多工业和生活废弃物，如肥皂、农药、油、酸等都能被生态系统中的微生物净化。

(10) 食物生产和原材料提供

生态系统直接或间接地合成与生产了人类生存所必需的有机质及其产品。据统计每年各类陆地生态系统为人类提供粮食约 1.8×10^9 t、肉类约 6.0×10^8 t，同时海洋生态系统还提供了鱼类约 1.0×10^9 t（欧阳志云等，1999；2000）。生态系统还为人类提供了木材、纤维、橡胶、医药资源及其他工业原料，生态系统还是重要的能源来源。

土地利用的生态系统服务价值评价方法，本书基于 Costanza 等（1997）的生态系统服务价值理论，结合谢高地等（2003）给出的我国平均状态生态系统服务价值表（表3-1），采用 Costanza 等（1997）提出的估计研究区生态系统服务价值变化的估算公式（谢高地等，2003；王秀丽等，2007），研究区域生态系统服务价值的变化，计算公式如下：

$$ESV = \sum_{1}^{n} A_k \times V_k \quad (3-3)$$

式中，ESV 为研究区域所有生态系统的服务总价值（元）；k 为研究区域土地利用类型的数目；A_k 为研究区域第 k 种土地利用类型的面积；V_k 为第 k 种土地利用类型单位面积的生态服务价值［元/（hm²·a）］。

表3-1 中国不同陆地生态系统单位面积生态服务价值

［单位：元/（hm²·a）］

生态服务功能	耕地	林地	草地	水域	建设用地	未利用地
气候调节	442.4	3097.0	707.9	0.0	0.0	0.0
气体调节	787.5	2389.1	796.4	407.0	0.0	0.0
水源涵养	530.9	2831.5	707.9	18033.2	0.0	26.5
土壤形成与保护	1291.9	3450.9	1725.5	8.8	0.0	17.7
废物处理	1451.2	1159.2	1159.2	16086.6	0.0	8.8
生物多样性保护	628.2	2884.6	964.5	2203.3	0.0	300.8
食物生产	884.9	88.5	265.5	88.5	0.0	8.8
原材料提供	88.5	2300.6	44.2	8.8	0.0	0.0
娱乐文化	8.8	1132.6	35.4	3840.2	0.0	8.8
合计	6114.3	19334.0	6406.5	40676.4	0.0	371.4

3.1.3 土地利用的生态服务敏感性评价

生态敏感性评价是生态区划的基础和依据。生态环境问题的产生是由于外界自然或人为的干扰超出了生态系统所能承受的最大限度，导致生态系统失衡。生态敏感性能衡量生态系统所能承受的干扰的最大限度及其受干扰后恢复能力的强弱（刘康等，2003；康秀亮和刘艳红，2007）。欧阳志云等（2000）认为在自然状态下，生态系统受其他因素的干扰后，保证其生态环境质量不受损失或降低，将生态系统的反应及适应能力称为生态敏感性（雷昆和张明祥，2005）。

生态环境敏感性分析模型最早是由 20 世纪 60 年代后 MeHarg 的学生 Steiver 在麦克哈格适宜性评价方法的基础上提出的（Mesterton-Gibbons，2000；Eggermont et al.，2010）。生态敏感性评价既是生态环境评价的组成部分，也是景观生态评价的重要内容（鲁敏等，2015）。生态敏感性评价能够预测区域发生生态问题的可能性，通过评价能够将区域的生态问题落实到具体的区域范围内，以此为区域环境规划和生态建设提供科学的依据（刘康等，2003）。生态敏感性评价的对象一般是生态系统较脆弱区域和具有较多生态环境问题的区域（雷昆和张明祥，2005）。目前，生态敏感性评价没有统一固定的模式，但多采用定量与定性结合的方法进行评价，其评价多在 RS 和 ArcGIS 技术的支持下完成，评价步骤一般为确定评价对象和范围；根据评价目标和评价对象的特征，搜集基础资料；选择评价因子，构建评价指标体系，确定因子权重；在 ArcGIS 中进行单因子分级及评价，生成单因子评价图；选择综合评价模型，在 ArcGIS 中进行综合评价，叠加生成敏感性综合分布图。生态系统敏感性影响因素很多，主要影响因子包括以下几种。

(1) 气候因子

气候因子是一种重要的地理因子，主要包括空气、温度、水分和光照等。根据各类因子的性质和研究需要，可以进一步细分为更具体的若干因子。例如，温度因子可以细分为积温、日均温、月均温、年均温、节律性和非节律性变温等，光照因子可以细分为光照强度、光照时数和光照周期等。

(2) 地形因子

地形因子是指地面的起伏和坡度（包括阳坡和阴坡）大小。可以间接地影响植被覆盖情况，如山地陆坡容易引起滑坡和泥石流的发生、山体易造成重力侵蚀崩塌等都可以促进敏感生态环境的形成。

(3) 土壤因子

土壤因子是成土母岩、地形、气候、生物和时间对地球表面综合作用的结果，可以细分为土壤的组成成分和结构、理化性质和土壤肥力等。

(4) 生物因子

生物因子具体指生态系统中有生命的组成成分，如生产者（植物）、消费者（动物）和分解者（微生物）。生物因子通过对其生存环境的作用及生物之间相互作用的方式来影响生态系统。

(5) 人为因子

将人为因子从生物因子中划分出来的目的是为了强调人类活动对生态环境影响的重要性和特殊性。随着世界经济全球化的发展，人类活动对环境的影响越来越大,范围越来越广,分布在全球各个角落的生物和环境都会直接或间接地受到人类活动的影响。

(6) 地质地貌因子

地质地貌因子具体可以细分为地质因子和地貌因子。地质因子中的地质断裂构造带由于容易发生构造断裂运动,地貌格局和地表形态等地理环境发生剧烈变化,进而促进敏感生态环境的形成;地貌因子中的土地利用方式本身就构成了不同程度的敏感性,同时土地利用方式对气候、水文、植被及土壤侵蚀都具有一定的影响,从而间接地促成了不同种类的生态环境的敏感性问题。

为验证不同生态系统类型对于土地利用类型的代表性及生态价值系数的准确性,引入生态系统价值敏感性指数(the coefficient of sensitivity, CS)(Li et al., 2007),用于对土地利用的生态服务敏感性评价,确定生态系统服务价值(ESV)随时间变化对生态系统价值系数(value coefficient, VC)变化的依赖程度。CS 的含义是指 VC 变动1%引起 ESV 的变化情况,CS>1,说明 ESV 对 VC 是敏感的、富有弹性的;CS<1,则说明 ESV 对 VC 是缺乏弹性的。比值越大,表明 VC 的准确性对估算的 ESV 就越关键。本书通过将各种土地利用类型的生态价值系数分别上调和下调50%来计算 CS,从而来分析 ESV 对 VC 的敏感程度。计算公式如下:

$$CS = \left| \frac{(ESV_j - ESV_i)/ESV_i}{(VC_{jk} - VC_{ik})/VC_{ik}} \right| \qquad (3-4)$$

式中,i 和 j 分别为初始总价值和生态价值系数调整以后的总价值;k 为各土地利用类型。

3.2 土地利用变化对生态安全的影响

土地利用变化是一个相当复杂的过程,受自然、社会、经济、人为等众多因素的影响,同时,由于各驱动因子的作用方式和作用强度不同,土地利用系统表现出不同程度和不同方式的转变,主要包括土地利用方式变化、土地利用结构变化和土地利用强度变化三种形式。生态安全是土地利用活动要实现的最终目标,土地利用变化并不直接对生态安全产生影响,而是通过某种媒介间接地对生态安全产生积极或者消极的影响,具体而言,土地利用变化通过各种方式作用于微观上的生态因子,进而对生物多样性、生态环境及生态系统结构和功能产生一定的影响,并最终影响生态安全目标的实现。

3.2.1 土地利用变化对生物多样性的影响

生物多样性指一定空间范围内多种多样活有机体的总称,它既是生物与环境间复杂相互关系的体现，也是生物资源丰富多彩的标志。生物多样性主要包括生物基因、生物物种和生态系统多样性三个层次。生物多样性是人类赖以生存的基础，一方面给人类提供基本的环境，另一方面又提供丰富的资源。生物多样性直接影响生态系统的稳定性和持续性。

在史前时代，自然过程和自然因素是影响生物多样性的基本因素。自人类社会产生以来，人类活动成为影响生物多样性的主要因素。历史上，战争和社会文明的变迁是影响生物多样性的重要因素（Dudley et al.，2002）。在当前，土地利用及其变化（包括森林变成农田或草地及在农田或草地上造林、城市化、工矿活动、交通及建筑等过程）是影响生物多样性的主要因素。有效栖息地面积是决定物种丰富性和生态系统多样性的主要因子，栖息地破碎化和丧失是生物多样性受到威胁的主要驱动因素（Noss et al.，1996）。土地利用变化是导致栖息地破碎化和丧失的主要过程。例如，放牧、森林、草原变成农田或城市、工矿开采及交通建筑使自然生态系统破碎化，以及农牧业活动对物种选择等都影响着物种多样性和基因多样性。最大限度地保护生物多样性是当前国际社会关注的热点，1992年，153个国家签署的《生物多样性公约》使保护生物多样性成为世界性的联合行动。科学认识土地利用变化对生物多样性的影响对合理利用和保护生物多样性具有十分重要的理论和现实意义。

土地利用变化对地球环境的影响是自人类出现就已经存在的，而真正引起全球广泛关注却是始于20世纪90年代。生物多样性丧失在史前时代就已经存在，而生物多样性锐减和保护问题却是80年代才引起了广泛关注。生物多样性是当前全球环境变化研究的重要内容，土地利用影响是其中核心之一。土地利用变化对生物多样性的影响包括生物基因多样性、生物物种多样性、生态系统过程、栖息地破碎化等的变化过程和趋势等。土地利用变化对生物多样性影响的研究内容主要包括土地利用变化对生物多样性的影响趋势、原因和机制。国内外土地利用变化对生物基因多样性、生物物种多样性和生态系统多样性影响的研究总结如下。

（1）对生物基因多样性的影响

基因多样性是物种内变种和小种，是物种长期进化中由杂交而形成的基因变异的总和。遗传多样性涉及染色体多样性、蛋白质多样性和DNA[①]多样性等。由于物种基因多样性的复杂性，对遗传多样性的概念尚未完全定论。Mcnelly等（1990）认为遗传多样性是存在于植物、动物和微生物个体中遗传信息的综合。Solbrig（1991）指出生物遗传变异最终来自分子水平，与核酸物理化学性质密切

---

① DNA，即 deoxyribonucleic acid，脱氧核糖核酸，是一种生物大分子，可组成遗传指令，引导生物发育与生命机能运作。

联系。遗传学界普遍认为遗传多样性指种群间和群体内的遗传变异。物种基因多样性与物种繁殖过程相关，而繁殖过程又与栖息地分布和面积密切相关。土地利用变化使物种栖息地改变而使物种繁殖和基因组成发生改变，尤其使物种的基因结构发生变化。目前学术界普遍认为热带森林树木的基因结构最易受森林破碎化的影响，主要是因为许多热带树木种群密度低，动物传粉败育率较高。农牧业活动对物种的长期选择，也引起物种内基因变异。另外，土地利用变化引起的气候和土壤环境的变化也将引起基因多样性改变。

土地利用变化对基因多样性的影响的研究主要集中于栖息地破碎化对植物繁殖及花粉、果实和种子形成相关参数、基因结构和遗传过程的影响，森林破碎化对树木花粉密度和种子形成的影响，对树木种群基因结构的影响等方面（Aldrich and Hamrick, 1998）。土地利用变化对动物的基因多样性和微生物基因多样性的影响方面研究较少。

一般而言，植物传粉受精需要在生境连续的状态下进行。土地利用变化引起物种生境隔离，将使花粉传播受阻，长期下去，必然使基因结构发生变化，如地理小种及气候或土壤变种的形成。生境破坏后使连续分布的森林变成分散的小块，使种群的密度、花粉数量和受粉率降低（Cunnigham, 2000），影响果实和种子的形成发育及种子传播、草食动物种群的密度。另外，栖息地破碎后产生的边缘效应也降低种子雨强度，阻碍幼苗发育（Bruna, 1999）。栖息地破碎化将引起繁殖体及其个体匹配物种数量减少，最终使一些基因变异丧失，如森林破碎化对木鼠（*Apodemussylvaticus*）繁殖过程影响（Diaz et al., 1999）。

尽管土地利用变化导致的生境破碎化抑制基因流动而使近交和罕见等位基因丢失机会增加，但也使固定基因随机突变的概率增加，两者都促进遗传分化。物种繁殖过程中，异交过程使物种发生部分的近交，使遗传多样性增加。隔离种群形成小种群进而形成一些新基因，通过基因流到两边种群，提高物种遗传多样性。Cascante 等（2002）研究发现，干旱季节森林破碎化使基因流动强度降低，使外在同系交配（endogamy）概率增加，最终使遗传变异增加。Tomimatsu 和 Ohara（2002）研究发现，分布区连续种群中，花粉接受率、种子发芽率、甲虫（*Eupolyphagaseu Steleophaga*）所吃种子数量、叶面积和生物量均比隔离种群中高，而破碎样地中自交率、果实种子类似性和基因相似性比连续样地中要高。连续种群产生的种子数量比隔离种群多，高密度种群中的幼苗比例高，低密度种群几乎没有更新幼苗。Rossum 等（2002）研究发现，栖息地破碎后，小种群比大种群中的基因变异多，小种群中产生的种子数量少，而果实特征增加。当然，不同物种对栖息地破碎化有不同反应，如南非灌木地中苍蝇、甲虫和蝴蝶（*Rhopalocera*）多样性在不同破碎化立地中没有显著差异，栖息地破碎对植物种子和果实形成影响较大，但轻微栖息地破碎化对植物授粉有利（Donaldson et al.，2002）。

物种生长发育和繁殖过程与气候及土壤等环境要素密切相关。在土地利用变化过程中，由于植被组成和管理方式对气候和土壤等环境因子产生的影响，也将影响物种繁殖和生长发育，进而使物种基因多样性改变。

(2) 对生物物种多样性的影响

物种多样性指一定区域内全部物种及其类群的状况，包括一定时空尺度形成的物种总数、分布格局、间关系，科、属和种分布，特有种的分布等。物种多样性直接表现为物种优势度、分布和丰富性。

物种在长期进化过程中，彼此之间及其与环境之间形成了相对稳定的适应关系。土地利用变化改变了这些关系，这些影响的主要表现包括物种引入、栖息地破坏、种间关系改变及物种灭绝、迁徙和入侵等方面。例如，土地利用变化引起森林分布破碎后，将使一些植物种群密度降低、一些种群密度增加（Lindenmayer et al.，2002）、加速一些物种灭绝、使一些物种更适应当地环境、使一些物种间基因流维持的联系减少。另外，与土地利用相关的活动也影响物种多样性，如森林管理对植物多样性的影响、修建大坝对溪流上游物种多样性（Morita and Yamamoto，2002）的影响等。

在自然生态系统中，物种优势度和丰富度是表征物种多样性的常用指标。土地利用变化过程中，往往使一些物种优势度增加，另一些物种的优势度降低。例如，森林经营过程中，选择树种营造大片人工林，对树种进行间伐或择伐，或将大片森林变成农田或草地，都将极大地改变物种优势度和丰富度，这是显而易见的。

土地利用变化不但改变植物种类的组成，也改变动物物种的丰富性和优势度。Watt等（2002）研究发现，在间伐热带天然林林冠上，蚂蚁物种保留率在87%以上，比皆伐林地中高，间伐林地中蚂蚁丰富度是皆伐林地的20倍。聚类分析表明，立地条件差异和管理方式改变使蚂蚁物种组成显著改变。间伐林地中叶凋落物中的物种丰富度最高、没有采伐的林地次之、皆伐林地最低。不合理的采伐森林使蚂蚁的丰富度降低。在人工林中，间伐林地中蚂蚁丰富度比皆伐林地中高。Summerville和Grist（2002）研究发现，在温带落叶林皆伐林地中的鳞翅目蛾类比没有采伐林地中少，但种类丰富度却没有差异。蛾类改变主要与植物种类组成密切相关。间伐尽管改变光照和微气候，影响个体动态，但对生物多样性影响不大，皆伐对蛾类有明显影响。Klein等（2002）研究发现，非洲农林复合生态系统中，一些物种对土地利用变化没有反应，一些社会性的蜜蜂和角蜂（viper）丰富度随土地利用变化强度增加而降低。

土地利用变化对土壤微生物也产生极大的影响。Chotte等（2002）研究发现，农田免耕后，土壤微生物多样性发生极大的变化，一些真菌种类增加，而一些细菌种类减少。Chapman 等（2003）研究发现，天然林地扩展后，土壤微生物多样性也发生变化。Schloter 等（2003）研究发现，不同农业方式对土壤微生物多样性有不同的影响，如耕作方式和施肥方式都影响革兰氏阳性菌（gram-positive bacteria）。农业活动使土壤真菌的多样性改变。

在生态系统中，种间关系主要有互利共生、偏利共生、竞争、非消费性物理掠夺、消费性物理掠夺（寄生、捕食和草食）和抗生等。土地利用变化可能会引起物种栖息地破碎化，减少物种在栖息地间传播，削弱其受精率，改变其形态特征，减少种群基因变化，破坏物种间协同进化和长期形成的联结性。

目前，土地利用变化对物种之间关系的研究还仅仅局限在寄生、捕食和草食关系。Chalfoun 等（2002）研究发现，森林分布区的边缘对鸣鸟天敌有较大的影响，一些动物捕食者在森林分布区边缘较多，而一些哺乳类捕食者却在边缘和内部分布相同。Tscharntke 等（2002）研究发现，蝴蝶在小草地景观中比大草地景观中的丰富度高，一些物种营养位特征、寄主数量、非食草物种数量主要得益于栖息地的分割。寄主数量随着破碎化面积减小而增加，甲虫寄主的分布具有明显的边缘效应，靠近农田边缘地带较多。

物种分布格局是物种多样性的重要体现。Lindenmayer 等（2002）研究发现，土地利用变化引起的森林破碎化对鸟类聚集过程有重要影响，90 种鸟类，23.1%分布在连续桉树林中，20.6%分布在斑块状桉树林中，20.6%分布在条状桉树林中，16.7%分布在辐射松（*Pinus Radiata D. Don*）林中，19.0%分布在其他树林中形成明显聚集梯度。土地利用变化对生物入侵有极大的影响。Ross 等（2002）研究发现，森林破碎化后使大、小斑块栖息地中乡土物种丰富度降低，外来物种丰富度增加，在小斑块栖息地中，乡土物种丰富度随时间增加而降低。土地利用变化也可能阻止外来物种入侵，如新加坡雨林破碎后对入侵植物具有一定抵制作用。

物种灭绝受多种因素影响，生境条件变化是其中的主要原因（Brooks et al.，2002）。例如，我国荒漠区过度垦伐使许多物种数量减少，使一些种类数量空前增加，且草本组成和生产力的极大改变使草食动物适口性食物减少，草食动物数量下降，甚至灭绝。土地利用变化对动物物种灭绝的影响也主要由于栖息地破碎化或萎缩或散失。Crooks（2002）研究发现，加利福尼亚南海岸 10 个哺乳肉食类物种中，6 个物种对土地利用变化导致的栖息地破碎化较敏感，当栖息地变得越来越小和越来越孤立时，一些物种将消失，3 个物种对栖息地破碎化较敏感，丰富度随破碎化程度增加而增加，2 个物种能忍受破碎化的影响。

(3) 对生态系统多样性的影响

生态系统多样性受气候、地形、地貌和土壤的影响。尤其是山地地形对生物和气候有深刻的影响，形成山地生态系统类型的垂直带谱。另外，生态系统多样性也主要是受土地利用变化的影响（Scheller and Mladenoff, 2002）。

土地利用变化将使生态系统物种组成发生改变而导致生态系统多样性发生变化。天然林破坏、营造人工林、城市化、农田开垦过程、农田或草地弃耕、自然保护区设置和管理等都会引起生态系统结构和功能的变化。我国乌江流域喀斯特生态系统多样性就是人类对土地利用方式改变和自然条件多样性结合的结果。耕地和经济作物增加，西双版纳的热带雨林变成了城镇、农田、经济作物种植园和各种退化生态系统形成的多种类型的镶嵌体。土地利用变化对生态系统组成和结构的影响研究主要集中在草本植物、鸟类和哺乳动物方面。Scheller 和 Mladenoff（2002）研究发现，在老龄林中林下草本物种丰富度和覆盖度比同龄林、次生林低，同龄林比异龄林低。Telleria 等（2003）研究发现，土地利用变化引起的森林破碎化导致了欧洲鸟类丰富度和生态系统组成结构的差异。亚马孙河流域森林和草地中无脊椎动物密度比休耕地和混合农业区耕地中低，草地、农田地中蚯蚓较多。在森林和混合农业区耕地中大型动物多样性类似。草地中的蚂蚁和蚯蚓多样性较低，在森林农田中类似。土地利用变化使墨西哥港口过去 20 年中森林大量减少，从而使生物多样性丰富度改变。

全球生物多样性随气候梯度发生变化，土地利用变化过程却改变了这种分布格局。多样性纬度梯度、种群分布纬度梯度和生态系统多样性等都反映了这些变化趋势，一般热带地区的生物多样性比温带地区高。土地利用变化对生物多样性的影响是复杂的过程，尽管土地利用变化对生物多样性的研究已经取得了极大进展，但还有许多问题值得在以后的研究中关注。不同层次多样性的研究程度很不平衡。目前土地利用变化对生物多样性影响的研究方面，对物种多样性影响的研究很多，对基因多样性影响的研究较少。不同层次多样性影响的研究内容也很不平衡。例如，对物种多样性的研究多为对丰富性和多样性研究，对物种灭绝、物种入侵和种间关系方面的研究极少，且研究物种还仅限于大型动物和植物方面，对微生物和小型动植物研究很少。对基因多样性的研究还主要局限在繁殖过程，对诸如蛋白质多样性、基因多样性、染色体多样性等方面的研究极少，研究物种也十分有限。对生态系统的研究还不多，而且多为从地理学或土地利用变化角度进行研究，完全从生物多样性的角度进行的研究并不多。

目前在确定生物多样性方面还缺少综合研究。生物多样性包括不同基因、物种、生态系统多样性层次，这些层次间相互影响，一种层次生物多样性变化也将影响其他层次的生物多样性变化。目前土地利用变化对生物多样性的影响研究还缺少把这些方面综合起来进行的研究。例如，研究物种多样性，缺少把生态系统多样性和基因多样性综合起来考虑。

在研究土地利用变化对生物多样性的影响方面，对生态系统功能考虑不够。生物多样性和生态系统及景观功能密切相关，生物多样性变化必然导致生态系统功能改变，而生态系统功能变化也必然引起生物多样性变化。因此，土地利用变化对生态系统功能的影响也将影响生物多样性。土地利用变化除了直接对生物多样性产生影响外，还间接对生物多样性产生影响。目前的研究还主要考虑土地利用变化对生物多样性的直接影响，对间接影响研究不足。

在确定物种分布方面，对物种多样性最小面积还不能够确定，物种入侵和灭绝过程如何受到土地利用变化的影响及物种灭绝与土地利用变化的关系还不能完全量化。对土地利用变化对生物多样性影响的研究主要是以观察与野外调查为主，确定直接过程的实验还比较困难。一些观察的结果和理论分析结果还不能十分好地吻合。土地利用变化本身就比较复杂，对土地利用变化研究也才在发展过程中，所以目前土地利用变化对生物多样性的影响研究还只是对已经破碎化栖息地生物多样性差异的比较，对不同土地利用变化如何影响不同层次的多样性及土地利用变化对生物多样性影响的动态过程和机制还较难确定，缺少比较完善的表征生物多样性变化的指标及土地利用变化的指标。目前，在量化生物多样性方面还没有比较完善的指标，确定土地利用变化对生物多样性的影响还缺少比较合理的评价体系和方法，研究土地利用变化引起栖息地的变化方面还缺少比较完善的认识。另外，土地利用变化过程中涉及了不同的土地经营过程，这些不同的经营过程对生物多样性将产生不同的影响，目前这方面的研究还很不够。

建立土地利用变化对生物多样性影响的专家系统还处于探索阶段（Crist et al.，2000）。目前研究方法还主要是以观察与调查为主，不能完全确定土地利用变化对生物多样性的影响，也还不能量化土地利用变化对生物多样性的影响，不能预测土地利用变化对生物多样性的影响，所以建立合理的土地利用变化对生物多样性影响的专家系统还处于探索阶段。以后需要综合考虑生物基因多样性、生物物种多样性和生态系统多样性方面，系统开展土地利用变化对生物多样性影响的趋势和机制方面的研究，定量预测土地利用变化对生物多样性的影响。

3.2.2 土地利用变化对生态环境的影响

生态环境演变是一个具有多因素相互作用、多尺度时空分异、多幅度韵律变化和突变共存的复杂过程（黄春长，1998），其驱动因素包括自然因素与人为因素两个方面。但在几十年甚至百年的尺度上，由自然因素引起的环境变化幅度相对较小，而人类活动则越来越强烈地影响周围的生态环境演变，并在某种程度上改变了其演变的正常轨道，影响演变的模式（朱诚等，2002），成为全球与区域生态环境变化最活跃的力量。其中，土地利用作为这一力量最主要的作用方式，反映了人与自然相互影响与交叉作用最直接与最亲密的关系（史培军等，2000），日益成为事关生态环境和谐的最重要因素。因此，加强区域土地利用的生态环境影响研究，对把握土地利用与生态环境关系规律，建设生态友好型土地利用模式、促进人与自然关系和谐都具有重要的理论与现实意义。

目前，学术界关于土地利用对生态环境影响的研究主要分为三类，一是研究土地利用对气候、水文水资源、土壤及生物多样性和生物地球化学循环等单个环境要素的影响研究；二是在生态系统服务功能的基础上，通过对各土地利用类型定量赋值来综合评价土地利用的生态环境效应；三是通过计算景观指数来分析土地利用变化产生的景观生态效应。

土地利用动态变化即区域土地利用时空变化，它在不同层次上表现为土地利用方式的转变、土地利用结构的变迁、强度的演变与污染程度的变化四个方面。目前，学术界关于区域土地利用生态环境效应的研究也多围绕土地利用时空变化引起的生态环境变化展开。研究结果表明土地利用/土地覆盖变化作为全球变化的重要内容，对区域生态环境因子的耦合、景观格局的整体演化及生态系统的功能产生了深刻影响（李锐等，2002；赵米金和徐涛，2005），并在几十年甚至百年的尺度内，超过自然因素的作用强度成为驱动环境变化的主要因素（李晓兵，1999）。

从驱动机制方面来看，土地利用方式转变引起的生态因子毁坏与物质能量输出方式的变化是其最根本的因子。在土地利用由一种方式向另外一种方式转变时，因其利用目的与管理方式的千差万别，必然带来生态环境影响程度的差异，其中最为显著的过程就是森林面积的萎缩与土地由农业用途转为非农业用途。森林面积萎缩作为目前世界上最为严重的生态环境问题之一（董武娟和吴仁海，2004），很早就引起国际社会的普遍关注，原因不仅在于其带来的巨大经济损失，更在于其由林业用地方式向农用地或其他方式转变而带来的难以估量的生态环境效应。森林用地作为陆地生态系统的主体，具有吸收二氧化碳、涵养水源、调节气候、防风固沙、保护生物多样性等生态功能，也是支撑与维持地球生命支持系统的重要基础，事关全球及区域生态环境质量的好坏（余新晓等，2005；赵同谦等，2004）。但在其转为农用地及其他用地方式后，这些功能都迅速消失，甚至产生了严重问题。此外，在我国土地由农业用途转为非农业用途的生态环境效应也引人瞩目。农业用地转为建设用地后，不仅原有农田生态半自然生态系统功能完全消失，而且出现污染排放的剧增、区域噪声产生、热岛效应等一些生态环境问题（岳文泽等，2006）。可见，二者都严重地影响了区域生态环境的质量。

土地利用方式的时空积累必然带来土地利用结构的演变,而土地利用结构的演变又对区域景观格局与生态过程产生影响,进而导致生态系统服务功能的变化。区域土地利用结构演变对景观结构的影响主要表现在区域景观整体异质性的增加、人为景观优势度的增强、自然及半自然景观数量的减少与破碎度的加大、区域景观格局趋于不稳定等方面(温仲明等,2004)。而景观格局的演变,必然影响区域生态过程,温室气体排放的增多、土壤养分含量的流失、土地退化的加剧及水环境质量的下降都是这一影响最直接的体现,最终导致了生态系统服务功能的退化。此外,从区域生态系统整体来看,不同的土地利用结构对应着不同的区域土地利用强度与污染程度,因此土地利用结构的生态环境效应也可以间接地表述为区域土地利用强度与土地污染对生态环境产生的影响。这也为在宏观层次上衡量区域土地利用对生态环境的影响提供了一条崭新的思路。

土地利用是生态变化的重要动力。土地利用对生态环境变化的影响主要包括两个方面,一是不断改变地表的下垫面,从而影响太阳辐射的吸收和反射。例如,人们把田野变为城市和道路,把林地变为耕地、园地,或把耕地、园地变为水产养殖用地,这些在土地利用活动中无一不改变地球下垫面对太阳辐射的吸收和反射能力。二是影响大气中的痕量元素,尤其是温室气体的排放和吸收。土地利用对微观生态环境因子的影响是区域土地利用系统对生态环境作用的最直接与最基础的方面,也是两者关系研究最重要的内容。由于二者关系的复杂性,对区域土地利用对生态环境因子的研究不可能面面俱到,且不同区域之间也存在着重大差异。土地利用对生态环境的影响包括对气候、土壤、水文等生态环境因子的影响,因此可以通过研究区域土地利用对生态环境因子的影响从而找到土地利用对生态环境影响的结果。

气候作为生态环境最活跃的因子,是生态环境形成和演化的重要动力,也是研究全球变化的重要内容。一般而言,影响气候变化的因素多种多样,土地利用作为人类活动最主要的方式对生态环境的影响是在西方工业化之后才日益凸显,且这种影响多是大的时空尺度内极其缓慢的过程。区域土地利用对气候的影响主要有两条途径,一是土地利用方式变化导致了土地下垫面性质改变,进而引起区域温度、湿度、风速及降水等发生变化,最终驱动区域气候改变。其中,城市热岛效应就是城市化带来的土地利用改变对局地气候产生影响的明显例证。二是土地利用方式转变的时空积累产生了区域土地利用结构变化,如工业用地、交通用地增多,森林等生态用地减少等,这些变化直接或间接地带来了温室气体排放的增多,改变了大气成分,随着时空积累最终导致全球气候变化,进而又对区域气候产生了影响。

水文因子作为生态环境最为重要的因子之一,与土地、植被构成一个稳定的三角形框架，决定了生态环境的整体质量（郑宏刚等，2000）。同时，它又是随气候变化而变动的动态资源，并受土地利用的强烈干扰，具体表现在水质与水量两个方面。区域土地利用变化的水质影响是目前短时间尺度上土地利用水文效应最明显的特征。一般而言，不同的土地利用方式与地表覆盖对地表水或地下水影响的程度不同。建设用地特别是工业用地的"三废"排放，不仅对周围地表水质产生了严重的污染，也给浅层地下水带来了重要的影响。农业用地则更多地以非点源污染的形式影响到周围河流、湖泊、水库等水体的质量。在美国，非点源污染已经成为环境污染的第一因素，60%的水资源污染都源于非点源污染。我国许多研究已经证明来自农田的氮、磷对地表水污染有着相当大的贡献（金相灿等，1995），特别是近几十年来随着城镇建设用地迅速增长与边际土地的开发，这一现象变得更加显著。

区域土地利用变化对水量的影响也成为近年来人们普遍关注的焦点。就其途径而言，一方面，土地利用结构的变化特别是农业的扩张与工业的发展，使区域水资源需求量急剧增加，造成了区域地下水超采、水资源供求紧张等。另一方面，水利设施用地的大幅度增加改变了原有水文网络的特征，在干旱、半干旱区往往造成主流流量减少甚至断流、湖泊水位下降、湖面收缩等现象，间接地影响了区域水资源总量。此外，土地利用变化带来的土地覆盖变化也对区域产水量产生重要的影响。20世纪90年代以来，黄河的年年断流、黑河下游额济纳天然绿洲濒临消失、渤海湾因地下水超采引起的海水入侵等都留有区域土地利用变化影响的痕迹（刘贤赵等，2005）。

随着人类活动的加剧，因土地利用变化引起土壤退化已经成为土地退化的核心内容（张桃林和王兴祥，2000）。就整体过程来看，土地利用变化通过方式转变、结构变化及覆盖变化等方式，影响了土壤理化性质、养分循环、生态过程及土壤有机碳储量，进而驱动了土壤质量的演化过程。因土地利用方式转变引起的土壤理化性质变化是土地利用对土壤影响最明显的特征，也是引起土壤侵蚀、土壤沙化或板结的主要原因。从影响介质来看，主要表现在土壤团粒性质、土壤空隙度、土壤容重、土壤湿度及酸碱度等方面。一般而言，从天然林地转变为耕地后，土壤容重明显增加，土壤湿度与土壤团聚体含量显著降低（刘梦云等，2006），土壤侵蚀强度也相应加大且随着农业化肥的施用与机械化程度的提高土壤酸性日趋增强，土壤沙化与板结现象日益严重。从农用地转变为建设用地，土壤压实效应明显，具体表现为土壤结构破坏严重，土壤容重和硬度增大、孔隙度和渗透性降低，从而对土壤水分、养分循环等产生了更加深远的影响（杨金玲等，2004）。

3.2.3 土地利用变化对生态系统的影响

土地利用方式与生态单元叠加生成土地利用类型系统，界定了生态单元中各种生态因子被人类利用的方式与其物质能量循环的方向，决定了某种土地利用类型对生态安全影响的程度，因此，土地利用方式的改变必然对生态因子的物理化学性状和养分循环产生一定的影响。在宏观层面上，土地利用结构界定了区域景观类型的比例与空间格局，决定了区域生态环境物理化学循环模式，进而影响区域生态系统的阈值与服务功能的输出类型，因此，土地利用结构的变化也会对整个生态系统的结构和功能产生必然的影响。

无论是土地利用方式变化、土地利用强度变化还是土地利用结构变化，都会从不同角度引起生态系统的变动，对其产生一定压力和扰动，如果土地利用变化活动超出生态系统的恢复力，就很难保证系统的结构稳定性和功能的正常发挥，同时，其恢复能力也会受到实质性的破坏。另外，不同的土地利用方式、土地利用强度和土地利用结构可以获取不同的经济效益，而追求尽可能多的经济利益是人们利用土地资源的目的，因此人们可以根据实际情况选择不同的土地利用活动。此外，通过土地利用活动人们可以满足对农产品和生产生活场所的需求，从而推动社会子系统的发展进步；土地利用变化也可以对地质灾害产生一定程度的影响，因此人们可以进行预防调控，完善社会保障体系；一些相关政策、管理、社会公益、道德风尚可以从社会利益分配角度分析土地利用方式、结构和强度是否会损害其他地区（群体）的利益，从而保证这种土地利用变化是否为社会所满意和认可。

土地利用变化对生态系统的结构多样性产生影响。土地利用发生变化后将导致生态系统物种组成发生改变，使生态系统的结构多样性和服务功能发生变化。陈加兵等（2009）对土地利用变化对福建生态系统结构及服务功能的影响探讨的文章中分析表明：有林地面积、灌草丛地面积的变化，将导致森林生态系统、草地生态系统和灌丛生态系统面积发生变化。林地中人工林用地面积和天然林地面积的变化，以及物种的单一变化将导致森林生态系统不断趋于人工化和单一化。城乡居民点用地和工矿建设用地、水利建设用地不断增加，从而使自然生态系统面积减少。生态系统的服务价值也随着其组成、结构的变化而发生变化。

土地利用变化对森林生态系统碳储量有一定的影响。在土地利用变化过程中，使植被碳储量增加的过程是碳汇，而使植被碳库减少的过程是碳源。孙清芳等（2017）研究表明：土地利用变化一方面将对植被碳储量产生影响，分别从森林砍伐，森林、农田、草地转化、森林经营等三个方面论述了土地利用变化对植被碳储量产生的影响。另一方面，土地利用变化对土壤碳储量产生影响，分别从原始林与次生林转换、森林与农田转换及森林与草地转换对土壤碳储量的影响进行了论述，表明不同土地利用类型对碳储量不同，合理开发利用土地资源，调整优化土地利用结构可以提高森林生态系统碳储量。

在自然状态下，生态系统分布主要是与气候、地形和土壤等有密切关系。在土地利用过程中，生态系统类型发生了巨大变化，不但增加了许多人工生态系统，而且原有自然生态系统类型也发生了很大变化。历史资料记载早就表明土地利用变化强烈影响生态系统分布格局。我国森林生态系统多样性与国土辽阔、地跨不同气候带及山地、丘陵、盆地和平原等地貌类型多样化密切相关。受人类活动的影响，又增加了许多人工林类型，尤其是目前开展的退耕还林还草又极大地改变了森林生态系统的多样性。

秦丽杰等（2002）以前郭尔罗斯蒙古族自治县为例对土地利用的生态效应进行了研究，结果表明该县土地利用结构和空间格局的变化，使土地退化面积扩大，退化程度加深，污染加重，并使得景观破碎度加大，分维数减少，生物多样性降低。邓晓保等（2003）研究了西双版纳热带雨林不同土地利用方式对土壤动物个体数量的影响。高琼等（2003）研究了中国东部南北样带植被和净第一性生产力对未来气候变化的效应，模拟显示土地利用格局对未来气候条件下植被分布的变迁和生产力形成过程有非常显著的影响。Fang等（2001）研究了我国森林生物量碳储存的变化状况。吴建国等（2003）在分析了六盘山林区典型生态系统碳循环规律的基础上，结合碳汇/碳源的概念，综合评价了土地利用变化对生态系统碳汇功能的影响。江源等（2002）对内蒙古自治区兴和县的景观结构进行分析，结论表明，研究期间内蒙古自治区兴和县耕地和草地斑块明显增大，乔木林地和水体斑块趋于减小，景观破碎化明显增强。于兴修等（2003）研究了西苕溪流域的土地利用/土地覆盖变化及其景观生态效应，结果表明，林地和农田是流域内的主要景观类型，土地利用/土地覆盖变化产生了生境质量下降、边缘效应增强、土地退化和生态系统成分单调等景观生态效应。万荣荣和杨桂山（2005）研究了太湖流域的土地利用与景观格局演变，结果表明，斑块密度、多样性指数和均匀度指数逐渐降低，边界密度、优势度指数、景观形状指数则相反，产生了景观碎化、边缘效应、生境退化等景观生态效应。李晓文等（2003）研究了长江下游地区土地利用变化特征及其生态环境效应，结果表明，该地区农田流失伴随着生态破坏，森林生态系统退化和破坏现象较严重。欧维新等（2004）分析了盐城海岸带土地利用变化对土壤、水环境和生物多样性的生态效应，结果表明，合理的土地利用方式可使土壤淋盐增肥，居民工矿用地扩展是水环境破坏的主要原因，滩涂开发会使生境压力增大、景观破碎度增加、威胁海岸带生物多样性。王兆礼（2004）利用区域土地利用变化生态环境影响综合评价模型，定量分析土地利用变化对生态环境的影响，并提出了生态环境影响度的概念。

3.3 土地利用变化对土地生态安全的影响

土地利用变化是一个相当复杂的过程，受自然、社会、经济、人为等众多因素的影响，同时，由于各驱动因子的作用方式和作用强度不同，土地利用系统表现出不同程度和不同方式的转变，主要包括土地利用方式变化、土地利用结构变化和土地利用强度变化三种形式。生态安全是土地利用活动要实现的最终目标，土地利用变化并不直接对生态安全产生影响，而是通过某种媒介间接地对生态安全产生积极或者消极的影响，具体而言，土地利用变化通过各种方式作用于微观上的生态因子，进而对整个生态系统结构和功能产生一定的影响，并最终影响生态安全目标的实现。

区域土地利用变化是一个动态的、开放的系统，是自然驱动力、社会经济驱动力和土地利用政策驱动力共同作用的结果。而土地生态安全研究的对象是区域自然–社会–经济复合生态环境系统，土地生态安全资源和环境供给与人类社会需求之间关系是土地生态安全的核心内容，土地生态安全是由自然土地生态安全、经济土地生态安全和社会土地生态安全构成的复合土地生态安全体系，三个子系统之间按照一定的方式互相联系、互相制约、互相依存，在整个区域土地生态安全体系中，自然土地生态安全是其基础和限制条件，经济土地生态安全是其动力条件，社会土地生态安全是其保证与持续条件。其中，自然土地生态安全主要体现在功能健康、结构完整及调节恢复能力等方面；经济土地生态安全主要体现在投入产出的经济效益方面；社会土地生态安全主要体现在社会的发展进步、调控能力和社会可接受性等方面。因此，土地利用变化对土地生态安全的影响可以从自然土地生态安全、经济土地生态安全和社会土地生态安全三方面加以研究。本节从土地开发整理、重大生态建设工程方面分析土地利用变化对土地生态安全的影响。

3.3.1 土地开发整理对土地生态安全的影响

我国是一个人多地少的国家，人地矛盾突出，随着经济发展、人口的增加、工业化与城市化的日益加剧，人类对土地资源的需求量也越来越大，如何实现土地资源的利用和人口发展的协调，是关系到人类生存和发展的重要问题。土地开发整理作为协调人地关系、实现土地资源优化配置的重要手段，在有效缓解人地矛盾、解决土地利用问题方面将发挥越来越大的作用。然而大多数土地开发整理的目标仍然是扩大耕地数量，以补偿非农建设占用的耕地。为了达到数量上的耕地总量动态平衡，片面强调数量而忽略农业用地开发质量和土地生态环境安全的问题极为严重。

为了促进土地资源合理利用、提高土地利用率及实现耕地总量动态平衡，以土地平整、田块合并、村庄更新、沟渠道路整理、宜农荒地开发和土地复垦等为主要内容的土地开发整理活动在我国全面展开，并取得了显著的成效。土地开发整理目标是多元化的目标体系：一是提高耕地质量，二是增加耕地面积，三是改善农业生产条件，四是改善生态环境。四者相互联系，为社会经济可持续发展提供稳固的资源基础和支撑条件。保护和改善土地生态环境是土地开发整理的前提，是否促进生态环境的良性循环是衡量土地利用可持续性的重要标准，土地开发整理的其他目标都要在保护和改善土地生态环境的前提下来实现。是否促进生态环境的良性循环是衡量土地利用可持续性的重要标准，土地开发整理首先要改善土地生态。而土地开发整理会对项目区和背景区域的水资源、土壤、植被、大气、生物等环境要素及其生态过程产生直接或间接的影响，并导致原有土地利用方式、程度及地表覆盖状况等发生巨大改变，不适当的土地整理方式、方法和技术措施，会使土壤性状发生变化，生物多样性减少，农田生态系统稳定性下降，对农业用地生产力构成潜在的不良影响以致土地沙化。且大多数农业用地整理的过程中所存在的生态环境安全问题极为严重。因此，有必要对土地开发整理引起的生态环境的安全做全面的研究。然而，土地开发整理工作的全面开展及其系统的理论研究在我国才刚刚起步，需要与诸多相关研究领域密切结合，探索并形成适合我国国情的土地整理理论、方法及应用技术体系成为亟待解决的问题。为保障我国土地开发整理合理、有效地开展，必须以深入的土地生态安全研究为支持和指导，同时，积极展开不同类型区域土地开发整理实践模式的探索，并逐步完善相关的政策、法规，引导并保障我国土地开发整理工作的顺利开展将成为实现区域可持续发展的重要手段。

3.3.2 重大生态建设工程对土地生态安全的影响

随着人类活动的日益加强，土地生态安全成为全球关注的话题。土地生态安全的状态受到人类干扰活动的影响，而区域土地生态安全演变也会影响人类活动的功效。20 世纪 90 年代以来，我国先后开展了长江三峡大坝、青藏铁路、西气东输、西电东送、南水北调等重大工程项目的建设，这些重大工程建设对区域土地生态安全的影响，以及区域生态系统演变对工程安全运行的影响成为我国政府关注的重要课题。如何在强度干扰下开展生态恢复与区域土地生态安全格局的构建，不仅关系到区域生态环境的保护，也关系到各项重大工程的顺利运行。

水库蓄水淹没原始森林，涵洞引水使河床干涸，大规模工程建设对地表植被的破坏，新建城镇和道路对野生动物栖息地的分割与侵占，都会造成原始生态系统的改变，威胁生物的生存，影响到区域的土地生态安全。三门峡黄河大坝的修建给区域土地生态安全带来的严重隐患，曾被著名水利专家黄万里批评为"水灾搬家"，即将下游的水灾引到上游地区，这一论断在 2003 年得到了验证。2003 年 8 月 24 日，一场特大洪灾降临陕西省渭河流域，造成数十人死亡，20 万人被迫撤离家园，大量农田、村庄被淹，直接经济损失超过 10 亿元。

3.4 本章小结

土地利用变化对生态安全的影响已经成为国家和区域生态安全的一个重要方面。本章主要对土地利用变化对生态安全和土地生态安全的影响进行分析。首先从土地利用动态度变化、土地利用的生态系统服务价值变化、土地利用的生态服务敏感性评价三个方面分析土地利用变化对生态系统服务价值的影响；其次从土地利用变化对生物多样性、生态环境、生态系统的影响三个方面来分析土地利用变化对生态安全的影响；最后从土地开发整理与重大生态建设工程两方面分析土地利用变化对土地生态安全的影响。研究结果表明土地利用变化对生态系统服务价值的影响主要为土地利用的生态系统服务价值变化及土地利用的生态服务敏感性，其中土地利用的生态系统服务价值变化包括涵养水源、土壤形成与保护、气体调节、净化空气、减少噪声、生物多样性产生与维持、娱乐文化及气候调节、废弃物处理能力、食物生产和原材料提供功能 10 项。土地利用变化对生态安全的影响主要从其对生物多样性、生态环境、生态系统三个方面进行分析，其中对生物多样性的影响主要为物种栖息地的改变、物种之间及其与环境之间关系的改变，包括对生物基因多样性、生物物种多样性、生态系统多样性的影响；土地利用变化对生态环境的影响主要包括气候、土壤、水文等生态环境因子的影响；土地利用变化对生态系统的影响主要是对生态系统的结构和功能产生很大的影响。土地利用变化对土地生态安全的影响主要是土地开发整理和重大生态建设工程土地生态安全的影响。

第4章　生态承载力与生态安全评价

随着经济社会的不断进步和科技的不断发展，人类改造自然、利用自然的手段更强大，从自然界获取的资源能源越来越多，但与此同时生态问题、环境问题也日益突出，人类长期对自然资源环境的过度开发利用已经埋下了严重的隐患，这使人类不得不重新考虑自己的行为。可持续发展理论的提出为人类指明了发展的方向，而生态承载力的形成与演化是人类对自然界改造和利用的必然结果，并成为定量评价生态安全的重要指标之一。

4.1　生态承载力和生态安全的由来及其发展

随着工业化、城镇化快速推进，我国经济发展取得了前所未有的成就，但人类对自然长期的不合理利用，累积了大量的生态隐患和环境欠债，生态问题日益突出，环境恶化日趋严重，严重制约了我国经济的发展，这引起了社会各界关注，人们已经开始认识到生态环境问题的实质是生态承载力即生态安全问题，生态的安全与否直接关系到国家的生存和发展，关系到我们所处的生存环境不受或少受因生态失衡而带来的破坏和威胁，关系到国家安全和民族发展的长远利益。

4.1.1　生态承载力由来及其发展

当地球上的草原退化、水土流失严重、荒漠化面积扩大、生物多样性减少等生态问题出现时，人们开始思考如何应对资源消耗与供给能力、生态破坏与可持续问题。科学家认为出现这些生态环境问题的主要原因是生态系统的完整性遭到损坏，保持生态系统的完整性，控制人类的活动，将其限制在生态承载能力范围之内，是实现生态系统可持续发展的最基本和首要条件，因而，反映生态系统整体承载能力的生态承载力概念被提出并受到广泛重视。

4.1.1.1　国外对生态承载力的研究

1921年，帕克和伯吉斯在有关的人类生态学研究中提出关于承载力的概念，即某一特定环境条件下，某种个体存在数量的最高极限。随后，为了描述区域系统对外部环境变化的最大承受能力,许多学者在研究区域系统时,开始普遍借用承载力这一概念。承载力一词与环境退化、生态破坏、人口增长、资源减少、经济发展联系在了一起。最初借用承载力一词是在生态学研究中。Hawken(1994)在观察阿拉斯加引入驯鹿种群后产生的生态效应时,正式提出了这一概念,即承载力是在一定放牧时期牧场所能供养家畜的最大数量,但同时不能伤害牧场的生态环境和资源基础。20世纪50年代初,Odum(1953)把逻辑斯谛方程的环境容纳量 K 值与承载力的概念直接联系起来,承载力的概念内涵得到了充分的丰富和发展。随后,土地承载力应运而生(Postel,1994;Harris and Kennedy,1999),这一概念是在全球人口不断增加、耕地面积日趋减少、人类面临粮食危机的背景下产生的。20世纪70年代以后,Holling(2001)等国外学者再次提出了生态承载力的概念,并通过 Holling 和 Guderson 等学者十多年的努力,初步建立了生态承载力的概念化理论模型(Postel,1994),生态承载力模型如下:

$$EC = N \times ec = N \times \sum_{j=1}^{6} a_j \times r_j \times y_j \tag{4-1}$$

式中,EC 为区域总的生态承载力;ec 为区域人均生态承载力;j 为各种生物生产土地;a_j 为实际人均占有的第 j 类生物生产土地面积;y_j 为第 j 类生物生产土地的产量因子。

4.1.1.2 国内对生态承载力的研究

在国内,关于生态承载力的定义,不同学者有不同观点。杨贤智(1990)认为,生态环境承载力是生态系统的客观属性,是其承受外部扰动的能力,也是系统结构与功能优劣的反映,并指出这一概念有狭义与广义之分。狭义的生态环境承载力是指生态系统对污染的承受能力,用环境要素的容量来表示;广义的生态环境承载力则包括自然资源、社会经济和污染承受能力等指标。王中根和夏军(1999)认为区域生态环境承载力是指在某一时期某种环境状态下,某区域生态环境对人类社会经济活动的支持能力,它是生态环境系统物质组成和结构的综合反映。王家骥等(2000)认为生态承载力是自然系统自我调节能力的客观反映,地球上不同等级自然系统均具有自我维持生态平衡的功能,这是由于系统功能的核心是生物,生物有适应环境变化的功能,生物的适应性是其细胞、个体、种群和群体在一定环境下演化发展起来的生物学特性,是生物与环境相互作用的结果。王家骥等(2000)在《黑河流域生态承载力估测》一文中,应用第一性生产力法对黑河流域的生态承载力状况进行了分析,提出第一性生产力可作为生态承载力的评价方法。高吉喜(2001)指出,生态承载力的支持能力的大小取决于三个方面,即资源承载能力、环境承载能力和生态弹性能力,分别为生态承载力的基础条件、约束条件和支持条件。生态承载力是随时空发生变化的,不同时期、不同区域的生态承载力是不同的。生态承载力的定义为在特定时期、特定区域内，生态系统的自我维持、自我调节、自我发展的能力，以及资源与环境子系统所能承载的人口数量和维持生态、经济、社会可持续发展的能力（徐中民和张志强，2000）。在《可持续发展理论探索——生态承载力理论、方法与应用》一书中，高吉喜（2001）对生态承载力的基本理论和方法进行了全面探讨，他在生态承载力评价过程中，除了考虑土地第一性生产力以外，还考虑了水资源等限制因素，并以县级行政区为评价单元，对黑河流域生态承载力的总体状况及其空间分布格局进行了深入分析和评价。

4.1.1.3 生态承载力的发展

伴随人类对自然资源不断开发利用、废弃物不断排放及可持续发展理论的不断丰富、发展，生态承载力的研究得到了拓展，被赋予了丰富的含义，形成了不同层次、不同内涵的承载力，包括土地承载力、环境承载力、资源承载力等。

（1）土地承载力

在20世纪50~70年代，H. 科克林、R. 卡内罗、P. 高罗、S. 布拉什等认为，土地承载力是在不对土地资源造成不可逆负面影响前提下，土地生产潜力所能容纳的最大人口数量。世界自然保护联盟（International Union for Conservation of Nature，IUCN）、联合国环境规划署（United Nations Environment Programme，UNEP）、世界自然基金会（World Wide Fund for Nature or World Wildlife Fund，WWF）给出的定义则是"地球或任何一个生态系统所能承受的最大限度的影响就是其承载力"。中国科学院自然资源综合考察委员会对土地承载力的定义是"在未来不同的时间尺度上，以可预见的技术、经济和社会发展水平及与此相适应的物质生活水准为依据，一个国家或地区利用其自身的土地资源所能够持续稳定供养的人口数量。"

目前，对于土地承载力概念的定义基本上存在两种理解，有些学者认为土地是综合性资源，它包括地球特定地域表面及其以上和以下的大气、土壤、基础地质、水文和植物，以及这一地域范围内过去和现在人类活动对土地利用所施加的重要影响，土地承载力实质上就是资源承载力；大部分学者认为土地承载力一般是指区域土地所能持续供养的人口数量，即土地人口承载量。我国学者对土地承载力的理解多集中在后者，主要从研究区域的耕地可供养一定生活条件下的人口数量对其进行阐述。

土地承载力包括三个方面，即土地人口承载力、土地资源承载力和土地综合承载力。其中，土地人口承载力是指在一定生产力水平及与此相适应的物质生活水准上，以土地利用不引起土地退化为前提，土地的生产能力所能养活的人口的数量。土地资源承载力研究探讨区域人口、食物和土地资源之间的关系，其实质是研究人口消费与粮食生产、人口需求与资源供给之间的平衡发展问题。土地综合承载力是综合土地人口承载力和土地资源承载力两个概念而提出的，土地综合承载力即在一定时期、一定空间区域、一定社会、经济、生态环境条件下，土地资源所能承载的人类各种活动的规模和强度的阈值。

(2) 环境承载力

环境承载力是可持续发展的内涵之一，也是生态学的规律之一。一般来说，环境承载力是指环境能持续供养的人口数量。它的内涵有几个方面，其中一个很重要的方面就是可持续发展要求以环境与自然资源为基础，同环境承载能力相协调。"负载定额"是生态学的规律之一，具体是指每一个承载系统对任何的外来干扰都有一定的忍耐极限，当外来干扰超过此极限时，生态系统就会损伤、破坏、失去平衡乃至退化。无论是自然生态系统（如水环境、大气环境、土壤环境），还是城市区域、流域等都存在环境承载力的问题。环境承载力是指在维持环境系统功能与结构不发生变化的前提下，整个地球生物圈或某一区域所能承受的人类作用在规模、强度和速度上的限值。

环境承载力作为判断人类社会经济活动与环境是否协调的依据，具以下主要特征：①客观性和主观性。客观性体现在一定时期、一定状态下的环境承载力是客观存在的，是可以衡量和评价的，它是该区域环境结构和功能的一种表征；主观性体现在人们用怎样的判断标准和量化方法去衡量它，也就是人们对环境承载力的评价分析具有主观性。②区域性和时间性。环境承载力的区域性和时间性是指不同时期、不同区域的环境承载力是不同的，相应的评价指标的选取和量化评价方法也应有所不同。③动态性和可调控性。环境承载力的动态性和可调控性是指其大小是随着时间、空间和生产力水平的变化而变化的，人类可以通过改变经济增长方式、提高技术水平等手段来提高区域环境承载力，使其向有利于人类的方向发展。

(3) 资源承载力

资源承载力是指一个国家或地区资源的数量和质量对该空间内人口的基本生存和发展的支撑能力。资源承载力是一个相对客观的量，主要包括土地资源承载力、水资源承载力、森林资源承载力、相对资源承载力等，具体如下：①土地资源承载力。土地资源承载力是在一定生产条件下土地资源的生产力和一定生活水平下所承载的人口限度。②水资源承载力。水资源承载力是在特定的历史发展阶段，以可持续发展为原则，以维护生态良性发展为条件，以可预见的技术、经济和社会发展水平为依据，在水资源得到适度开发并经优化配置的前提下，区域或流域水资源系统对当地人口和社会经济发展的最大支持能力。③森林资源承载力。森林资源承载力的理论研究和实践应用都始于20世纪90年代初,目前尚处于探索阶段,一般认为,森林资源承载力是指在一定时期、一定区域的森林对人类社会经济活动的支持能力的阈值及可供养的具有一定生活质量的人口最大数。④相对资源承载力。相对资源承载力由土地承载力扩展而成,是将自然资源和经济资源作为主要的承载资源,以一个参照区域作为对比标准,根据参照区域的人均资源的拥有量或消费量、研究区域的资源存量,计算出研究区域的自然资源和经济资源的承载能力。

4.1.2　生态安全的由来及其发展

随着人口的增长和经济社会的发展,人类各种活动对环境的压力不断增大,人地矛盾日益加剧。尽管世界各国在生态环境建设上已取得巨大成就,但并未能从根本上扭转环境逆向演化的趋势。由环境退化和生态破坏所引发的环境灾害和生态灾难不仅没有得到减缓,而且更加严重,致使人类赖以生存和发展的生态环境处于不健康和不可持续发展状态,生态安全问题的研究引起了国内外学者的广泛关注。

4.1.2.1　国外对生态安全的研究

国外对生态安全方面的研究可追溯到20世纪80年代,1987年布伦特兰委员会主席格罗·哈莱姆·布伦特兰提出真正的安全不是靠军事建设实现的,而是确保我们所依存环境的生态安全,通过全球合作实现全球环境可持续发展。1989年,国际应用系统分析研究所提出要建立优化的全球生态安全监测系统(郭中伟,2001)。1992年,联合国在里约热内卢召开地球高峰会议,专题商讨全球生态安全的对策,并通过了会议宣言和相关的公约。1993年,美国环境学家Norman Myers指出生态安全是地区资源战争和全球生态受威胁而引起的环境退化,这些问题继而波及经济和政治的不安全(Jyldyz,2001)。随着这些研究的开展,国外大多数的研究逐渐从宏观、微观角度扩展到与系统生态安全评价有关的生态环境监测和预警、生态安全政策方面。

4.1.2.2　国内对生态安全的研究

国内对生态安全的研究是从20世纪90年代起步,同时渐渐被人们所重视。2000年,国务院发布《全国生态环境保护纲要》,国家对环境生态高度重视,提出了要维护国家生态安全,并且将生态安全纳入国家安全的范畴。近年来,许多学者对生态安全展开了广泛而深入的研究,研究内容包括生态安全概念的界定、评价指标体系的构建、评价方法、动态监测与预警分析等（张婧，2009），从不同角度和层次对生态安全进行研究。成舸和岳贤平（2011）采用生态足迹模型对江苏省生态承载力水平进行测算并对其 2010~2014 年人均生态赤字进行了预测。王晓峰等（2012）从理论角度分析了生态安全与生态服务的关系问题。

4.1.2.3 生态安全的发展

生态安全的概念早在 20 世纪 70 年代就已被提出，并不断完善和发展，是指生态系统完整性和健康的整体水平，尤其是指生存与发展的不良风险最小及不受威胁的状态。生态安全可以分为生态风险和生态健康两方面。生态风险是指生态系统及其组分所承受的风险，干扰或灾害对生态系统结构和功能造成损害的可能性，以降低风险为目标的安全管理是实现区域可持续发展的重要保障（俞孔坚，1999）。生态系统的脆弱性及生态风险/压力因素构成生态风险的主要内容，在美国国家环境保护局提出的"生态风险评价大纲"和美国国家研究委员会（United States National Research Council，NRC）提出的"风险评价问题"中，对风险源、暴露－响应关系等概念的论述和所提供的研究方法，已成为生态风险研究的理论基础。

生态安全的重要标志就是具有健康的生态系统，因此对于生态系统健康的研究已成为国际生态学研究的前沿之一。根据 Rapport 等（1999）的定义，生态系统健康是指一个生态系统所具有的稳定性、完整性和可持续性，包括生态系统维持其组织结构完整、自我调节和对胁迫的恢复能力、系统功能和组分多样性的可持续能力等。生态健康在受人类高度管理的区域或景观尺度上也被定义为一种状态，在该状态下，人类的管理可以维持区域生态或景观结构在较长时期内相对稳定，能充分满足传统的土地利用，促进区域内自然与人类系统组分间的平衡，并能维持系统提供稳定的生物物理资源。两种代表性的定义都阐述了生态健康的共同属性，即系统具有的完整与稳定及发展过程的可持续性。

生态风险与生态健康既相互交融、相互依赖，共同组成生态安全的核心（利用生态风险或生态健康的任何一方面都可以表征系统的安全性），又相互区别，生态风险强调了生态系统或某一环境状态的外界影响和潜在的胁迫程度，而生态健康则反映了系统内在的结构、功能等的完整程度和所具有的活力与恢复力状态。

4.2 生态承载力与生态安全的关系

生态承载力与生态安全相互影响、相互制约，区域的可持续发展可通过提高区域生态承载力将生态承载力低的生态系统改造为生态承载力高的生态系统和保证生态安全来实现。

4.2.1 生态承载力的概念、内涵及特征

生态承载力的概念最早来自于生态学,其提出最早可追溯到柏拉图(公元前 427 年~公元前 347 年),1921 年,Park 和 Burgess 在人类生态学领域中首次应用了生态承载力的概念,生态承载力有着丰富的内涵及特征。

4.2.1.1 生态承载力的概念

生态承载力是生态环境的承载能力,是自然生态系统对人类活动自我调节能力的客观反映,是指一个国家或地区所能提供给人类的生态生产性土地面积的总和,是区域内部的生物生产性土地数量。

4.2.1.2 生态承载力的内涵

通过对生态承载力概念的诠释总结出其包括以下两层基本含义。

1)生态承载力指生态系统的自我维持与自我调节能力,以及资源与环境子系统的供容能力,是生态承载力的支持部分。

2)生态承载力指生态系统内社会经济子系统的发展能力,是生态承载力的压力部分。生态系统的自我维持与自我调节能力是指生态系统的弹性大小,资源与环境子系统的供容能力是指资源和环境的承载能力大小。社会经济子系统的发展能力指生态系统可维持的社会经济规模和具有一定生活水平的人口数量。

4.2.1.3 生态承载力的特征

根据生态承载力的概念及内涵,总结出其具有以下特性。

1)客观性。生态承载力的客观承载性是生态系统最重要的固有功能之一,这种固有功能一方面为生态系统抵抗外力的干扰破坏奠定了基础,另一方面为生态系统向更高层次的发育奠定了基础。

2)可变性。生态系统的稳定性是相对意义的稳定,是可以改变的,而不是固定不变的。因此应按照有利的方式去积极提高系统的生态承载力。

3)层次性。生态环境的稳定性不仅表现在小单元的生态系统水平上,而且表现在景观、区域、地区及生物圈各个层次的生态系统水平上。同样,生态系统的承载力也表现在上述各个层次水平上,在不同层次水平上,生态承载力不同。

4.2.2 生态安全的概念、内涵及特征

生态安全是区域和国家安全的重要组成部分，与国防安全、金融安全等具有同等重要的战略地位。本节对生态安全的概念、内涵及特征进行梳理，为生态安全评价提供理论基础。

4.2.2.1 生态安全的概念

生态安全（ecological security）一词从提出至今，仅有十多年的历史，国外有的也称环境安全。对于它的定义，不少学者从多学科、多层次出发，提出了许多不同的表述，但目前国际上尚无公认的定义。1948年7月13日，联合国教育、科学及文化组织的8名社会科学家，共同发表的《社会科学家争取和平的呼吁》提出以国际合作为前提，在全球范围内进行实际的科学调查研究，解决现代若干重大问题，被认为是现代生态安全的先声。

近年来，国内许多学者对生态安全的概念也进行大量的研究与讨论，并给出了自己的定义。曲格平（2002a）认为生态安全包括两层基本含义，一是防止生态环境的退化对经济基础构成威胁，主要指环境质量状况低劣和自然资源的减少和退化削弱了经济可持续发展的支撑能力；二是防止由于环境破坏和自然资源短缺引发人民群众的不满，特别是环境难民的大量产生，从而影响社会稳定。肖笃宁等（2002）将生态安全定义为人类在生产、生活和健康等方面不受生态破坏与环境污染等影响的保障程度，并指出健康的生态系统是稳定和可持续的，在时间上能够维持它的组织结构和自治能力，以及保持对胁迫的恢复力，反之，不健康的生态系统，是功能不完全或不正常的生态系统，其安全状况则处于受威胁之中。本书认为生态安全是指人类赖以生存和发展的生态环境处于健康和可持续发展状态，是人类在生产、生活和健康等方面不受生态破坏与环境污染等影响的保障程度，包括饮用水与食物安全、空气质量与绿色环境等基本要素。

4.2.2.2 生态安全的内涵

本书深入分析生态安全的概念可以得出生态安全包括以下内涵。

1) 从自然生态系统的内部机制方面，生态安全是指生态系统自身的安全，即其自身结构是否受到破坏，其服务功能是否得到充分发挥，是不是一个健康的生态系统。就自然生态系统与外界的联系而言，生态安全是指生态系统对于人类社会的安全，即生态系统所提供的服务是否满足人类的生存需要，并且不致使自身的结构丧失完整性和功能发生退化，这也是生态安全含义更重要、更突出的

一面。

2）生态安全是人类生存环境或人类生态条件的一种状态，更确切地说，是一种必备的生态条件和生态状态。也就是说，生态安全是人与环境关系过程中，生态系统满足人类生存与发展的必备条件。

3）生态安全是一个相对的概念。没有绝对的安全，只有相对安全。生态安全由众多因素构成，其对人类生存和发展的满足程度各不相同，生态安全的状态也不相同。若用生态安全系数来表征生态安全质量状况，则各地生态安全的保证程度可以不同。因此，生态安全可以通过建立起反映生态因子及其综合体系质量的评价指标，来定量地评价某一区域或国家的安全状况。

4）生态安全是一个动态的概念。一个要素、区域和国家的生态安全不是一成不变的，而是随其影响因素的变化而变化，即生态因子变化反馈到人类生活、生存和发展条件导致安全程度的变化，由安全变为不安全，或由不安全变为安全。

5）生态安全强调以人为本。影响生态安全的因素很多，生态是否安全的标准是以人类所要求的生态因子的质量来衡量的，且人类活动的影响对生态安全状态的变化起主要作用，而这种影响可以是正向的，也可以是负向的。维护生态安全需要成本来解除由于人类活动对生态安全的威胁与破坏，人类需要付出代价和资金投入，这应计入人类开发和发展的成本。

生态安全研究的对象是区域自然-社会-经济复合生态环境系统，从其内涵上来看，它包括两层基本含义，一是生态系统自身的安全，即生态系统内自然生态子系统的安全；二是生态系统对人类的安全，即生态系统内经济生态子系统和社会生态子系统的安全。生态安全是由自然生态安全、经济生态安全和社会生态安全构成的复合生态安全体系，三个子系统之间按照一定的方式互相联系、互相制约、互相依存，在整个区域生态安全体系中，自然生态安全是其基础和限制条件，经济生态安全是其动力条件，社会生态安全是其保证与持续条件。其中，自然生态安全主要体现在功能健康、结构完整及调节恢复能力等方面；经济生态安全主要体现在投入产出的经济效益方面；社会生态安全主要体现在社会的发展进步、调控能力和社会可接受性等方面。资源和环境供给与人类社会需求之间关系是生态安全的核心内容，因此，土地利用变化对生态安全的影响可以从自然生态安全、经济生态安全和社会生态安全三方面加以研究。

4.2.2.3　生态安全的特征

根据生态安全的概念和内涵，总结出生态安全具有以下基本特征。

1）整体性。即所谓的"蝴蝶效应"，局部生态环境的破坏可能引发全局环境问题，甚至会使整个国家和民族乃至全球的生存条件受到威胁。

2）综合性。生态安全包括诸多方面，而每个方面又有诸多的影响因素，有生态方面的，也有社会和经济方面的，这些因素相互作用、相互影响，使生态安全显得尤为复杂。

3）区域性。生态安全的区域性是指生态安全问题不是泛泛而谈，而是有针对性。选取的地域不同，对象不同，则生态安全的表现形式也会不同，各区域研究的侧重点也应不同，随之得出的结果及采取的措施同样会不同。

4）动态性。生态安全随着其影响要素的发展变化而在不同时期表现出不同的状态，可能朝着好转的方向发展，也可能呈现恶化的趋势。

5）战略性。对于某个国家或地区乃至全球来讲，生态安全是关系到国计民生的大事，具有重要的战略意义。只有维持生态安全，才可能实现经济持续发展、社会稳定进步、人民安居乐业；反之，则经济衰退、社会动荡、出现生态难民。

随着生态安全评价逐渐成为生态系统及区域环境管理的热点问题，国内外学者相继提出了一些定量与定性的评价方法，生态承载力分析评价法就是对生态安全评价的方法之一。

4.2.3 生态承载力和生态安全的关系

生态环境问题的实质是生态承载力即生态安全问题，生态承载力是生态安全的评价工具，区域可持续发展可通过提高区域生态承载力和保证生态安全来实现。

4.2.3.1 生态承载力是生态安全的评价工具

在国外，生态安全评价的研究已成为当前基础性科学研究的一个重要内容。当前对生态安全评价的研究不仅仅停留在表面，而是进入深层次对内在关系进行研究，不仅考虑人类生存发展对生态环境所施加的压力，而且注意到生态系统自身的脆弱性，强调人类社会发展与生态环境的关系是平衡共存，否则将会形成恶性循环。以往，生态安全评价研究多集中在生物种群上；研究的重点是人类对生物资源的过度利用对生态系统的影响，以及在分析和评价地区人类活动引起的自然灾害对生态系统及其组分产生不利影响的程度；研究的内容更侧重于从生物角度选取评价指标。生态风险与生态健康的评价研究逐渐融合，不同尺度的生态模型被广泛地运用到生态安全评价之中。但近年来的研究则将注意力放到了全球环境变化上，探讨的内容多是在全球或是国家层面上的问题，而对地方或区域（如滨水区域、自然景区）等中尺度的生态安全评价研究仍有不足，因此对一些带有地方或区域特有的环境压力与生态安全的关系研究较为粗浅，关于区域生态安全评价指标的选取、方法的选取及分级标准的研究还有待进一步加强。

从过去的研究成果来看，我国生态安全评价研究的内容主要包括评价指标体系的构建和评价方法的探讨；研究的对象主要集中在区域水平上，大区域尺度包括国家、行政省，小区域尺度包括各地市、流域、山区、干旱区或区域；评价指标体系的建立主要是在经济合作与发展组织（Organisation of Economic Co-operation and Development，OECD）最初针对环境问题提出的表征人类与环境系统的"压力–状态–响应"的概念框架下展开，同时考虑到不同范畴的评价指标，包括生物多样性与资源环境指标、生态系统对社会经济作用的指标及人类生计指标，在此基础上针对研究对象的特点，对反映研究对象特征的指标进行了大量的尝试性实践。研究结果表明，在实践中，根据研究对象筛选指标反映了具体的评价对象、评价目标及评价者知识背景和理论依据的不同，对于丰富生态安全的评价指标体系均有一定的借鉴意义。在积极吸纳多个学科、领域研究成果的基础上，评价方法正在由最初定性的抽象概括向数量化评价的定量方法方向发展。

生态承载力是生态安全的评价工具之一。生态承载能力大，说明生态安全程度高，反之，则生态安全程度低。生态承载力的评价方法得到了广泛的应用，包括生态足迹法、自然植被净第一性生产力估测法、资源与需求差量法等，其中，生态足迹法由于简单易用，其理论方法和计算模型相比于其他评价工具更加成熟。安宝晟和程国栋（2014）利用生态足迹模型，对2005~2010年西藏的生态足迹和生态承载力及生态盈余进行了测算。刘子刚和郑瑜（2011）初步界定了水生态足迹和水生态承载力的内涵，将水生态足迹分为水产品生态足迹、水资源生态足迹与水污染生态足迹，并建立了水生态足迹模型。其中，水产品生态足迹采用了Wackernagel的水产品生态足迹模型；水资源生态足迹采用了基于水资源消耗量的计算模型；水污染生态足迹采用零维模型计算污染稀释净化需水量构建了模型；以扣除60%生态需水为前提建立了水生态承载力计算模型。王文国等（2011）根据水资源生态足迹的基本原理和计算模型，对四川省2001~2009年水资源生态足迹、生态承载力进行分析。结果表明，在2001~2009年四川省人均水资源生态足迹总体呈上升趋势，万元GDP生态足迹呈下降趋势，水资源利用率在逐步提高，干旱灾害对水资源生态承载力影响较大，四川省历年水资源生态承载力均大于生态足迹，存在一定的生态盈余，水资源可持续开发利用情况较好。

4.2.3.2 提高生态承载力可以保障生态安全

由于难以持久的传统发展模式和生活方式造成的全球环境不断恶化，人类赖以生存的基本条件（如土地、水和大气）正受到很大的威胁。严重且普遍的环境问题包括空气污染，气候变化，臭氧层耗损，淡水资源枯竭，河流、湖泊及海洋和海岸环境污染，海洋和海岸带资源减退，水土流失，土地退化，沙漠化，森林破坏，生物多样性锐减，酸沉降，有毒物品扩散和管理不当，有毒有害物品和废弃物的非法贩运，城区不断扩展，城乡地区生活和工作条件恶化，特别是卫生条件不良造成疾病蔓延，以及其他类似问题。而且随着发展中国家经济发展速度的加快和人口的不断增长，开发利用了大量的资源能源，同时也排放了更多的废弃物，对环境也造成更大压力。面对日益增多的人口、日益减少的资源和日益恶化的环境，人类在环境与发展方面遇到巨大难题，一方面南北两极分化，对抗和冲突加剧；另一方面环境危机向人类敲响了警钟，如果地球环境继续恶化，人类将失去赖以生存的家园。

当前，我国的生态环境形势十分严峻，我国生态系统呈现由结构性破坏到功能性紊乱演变的发展态势，生态破坏的范围在扩大、程度在加剧、危害在加重。生态破坏如果得不到有效遏制，随着经济开发强度的增加，生态退化趋势将进一步加快，自然灾害更加频繁，经济社会的可持续发展能力将持续削弱，国家生态安全将因此受到更为严重的威胁。生态承载力可以描述人类活动与生态系统相互作用的界面特征，是生态系统与社会经济发展协调与否的重要判断依据，为区域发展、环境管理和生态保护提供科学依据。因此，提高生态承载力有利于保证国家生态安全。

4.3 生态承载力和生态安全评价方法

在经济发展过程中考虑生态系统的承载力，把生态安全作为一个重要的决策变量纳入决策框架仍然是十分困难的，这种价值取向决定了生态承载力与生态安全评价的难度和方法的多样性。综合已有的研究成果，本节对生态承载力与生态安全评价采用比较常用的方法进行梳理。

4.3.1 生态承载力评价方法

由于承载力具有各行业的单因素特点，其具有一定的片面性，生态承载力的出现在一定程度上弥补了单因素承载力的不足，但对生态承载力的理解仍存在行业的限制，因而生态承载力的度量方法也带有各领域的特点，以下是目前常用的定量评价生态承载力的方法。

4.3.1.1 生态足迹法

生态足迹由加拿大生态经济学家 William 于 1992 年提出，之后他与

Wackernagel 不断完善，于 1996 年提出生态足迹计算模型，用于衡量可持续发展。由于这种方法简单明了，被认为是近 20 年来定量评价可持续发展领域最重要的进展。生态足迹模型提出后受到生态经济研究者的广泛关注，在短期内就已应用于各种尺度的研究中，包括从全球到国家、地区到城市、社区到家庭、商业企业到个人出行活动等不同的地域空间尺度、不同的社会领域等，其理论方法和计算模型在迅速发展和完善。

目前，比较常用的生态足迹计算方法有综合法（compound approach）和成分法（causes approach）。综合法由 William（1992）提出，他把研究对象的消费物质进行分类，以各类物质的宏观统计量为基础，计算出适合于全球、国家和区域层次的生态足迹研究。成分法是在综合法之后由 Simmons 和 Chambers 于 1998 年提出并由 Simmons 等（2000）进一步改善，成分法以构成消费成分的单体测量为基础，计算适合于小单元对象的生态足迹，如城镇、村庄、公司、学校、个人或单项活动等。英国的 Best Foot Forward（BFF）环境顾问公司和英国政府机构合作，应用成分法先后完成了怀特岛（Isle of Wight）、利物浦（Liverpool）和伦敦（London）的生态足迹计算。

生态足迹既反映了人类对地球环境的影响，又包含可持续性的机制。它用生态空间的大小来表示人类对自然系统能够提供的生态服务功能及自然资本的消费，从而对人类活动的可持续性做出评价。生态足迹法是基于六点假设计算的：①跟踪人类社会消费的大部分资源和产生的废弃物是可能的。②这些资源和废弃物流量的大部分，可根据支持这些流量必需的生物生产性面积进行测度。③通过使用标准的平均生产性面积，对不同地区的年生物生产潜力进行加权。④全部的需求核算可以通过将所有相互排他性的资源消费需求和废弃物消纳面积进行累加来完成。这种排他性意味着包含在生态足迹核算中的任何服务或资源流仅能由一块土地或水域提供，否则就会出现重复计算问题。然而，这并不意味着在同一块土地或水域上不能同时提供多种服务，但是生态足迹仅考虑人类利用自然的主要功能，如果一个地区出现轮作两种以上作物时，则需按其份额分别进行生态足迹核算。⑤累加的人类需求（生态足迹）和自然的供给（生物能力）可以直接进行相互比较，二者都使用标准面积来量度自然资产的需求与满足需求的能力。⑥需求面积可以超过供给面积，有两种方式可以对其进行补偿：一是通过进口（生态贸易赤字）来平衡赤字；二是通过过度开发国内资源来满足需求，其结果是导致自然资产耗竭。

生态足迹法有许多优点，但也存在不足之处。主要优点：①系统性、发展性和公平性。生态足迹法涉及系统性、发展性和公平性的综合指标。②具有可比性。生态足迹法计量的结果可进行横向对比和纵向的对比。③结果形象，容易理解。生态足迹分析法以生态足迹与生态承载力的差值表示，即生态盈余和生态赤字表示，结果形象。不足之处：①生态足迹法中没有考虑技术因素，而技术进步是发展的一个重要参数。②零温室气体排放非最优，大气是可以容纳一部分温室气体的，而在生态足迹法中，只要排放温室气体就会产生生态足迹。③单产提高对生态足迹的影响有局限作用。④没有考虑土地退化和生态足迹的关系。

生态足迹模型通过计算人类为了自身生存而消费的自然的量来评价人类对生态系统的影响。任何个人或区域人口的生态足迹是生产这些人口所消费的所有资源和吸纳这些人口所产生的废弃物而需要的生态生产性土地的面积总和。生态足迹和生态承载力的计算公式可以表示为

$$EF = \sum_{i=1}^{n} w_i(cc_i) = \sum_{i=1}^{n} (ac_i/p_i) \tag{4-2}$$

$$EC = \sum_{i=1}^{n} w_i(ep_i) = \sum_{i=1}^{n} (ae_i/p_i) \tag{4-3}$$

式（4-2）和式（4-3）中，i 为消费商品或生产生物的类型；cc_i 为第 i 种消费商品的生产足迹；ac_i 为第 i 种消费商品的消费总量；p_i 为第 i 种商品的生物生产单位面积产量；ep_i 为第 i 种生物资源的生产足迹；ae_i 为第 i 种资源生物生产总量；w_i 为第 i 种消费品或生物资源土地类型生产力权值；EF 为某一地区的生态足迹总量；EC 为地区生态承载力的供给。

在生态足迹指标计算中，首先把人类使用的各种资源和能源消费项目折算为 6 种类型生物生产土地面积（可耕地、林地、草地、化石燃料用地、建筑用地和水域）；其次分别乘以相应的均衡因子，就可以得到某类生物生产性面积；最后加总计算生态足迹和生态承载力。将计算得到的生态足迹与生态承载力面积进行比较，从而为分析和判断一个国家或地区可持续发展的程度提供定量的依据。

根据以上的理论和概念，生态足迹的计算方法可概括为 5 个主要步骤，计算步骤如下。

（1）计算各主要消费项目的人均年消费量

1）划分消费项目。在计算某个国家或地区的生态足迹时，可根据研究的目的和计算的需要进行划分，一般可以划分为生物资源的消费和能源的消费，并进一步分为更细的消费项目。

2）数据的获取。数据的采集一般可采用自上而下和自下而上两种途径。所谓自上而下，就是根据地区性或全国性统计资料查取区域生产总量、出口总量、进口总量和年终库存量等。自下而上法就是数据资料的获得是通过查询统计资料、发放调查问卷等直接获得人均消费数据。一般来说，自下而上法计算的人均生态足迹不包含地区经济运转和社会发展所需的消费量，计算结果比自上而下法偏低。

3）计算区域第 i 项年消费总量。计算公式为

$$消费 = 产出 + 进口 - 出口$$

4）计算第 i 项的人均年消费量。

（2）计算为生产各种消费项目人均占用的生态生产性土地面积

生态足迹组分利用计算所在国家或地区的生产力数据将各项资源或产品的消费折算为实际生态生产性土地的面积，即实际生态足迹的各项组分。设生产第 i 项消费项目人均占用的实际生态生产性土地面积为 A_i（hm²/人），计算公式可表示为

$$A_i = C_i / P_i \tag{4-4}$$

式中，C_i 为第 i 项消费项目的人均年消费量；P_i 为相应的生态生产性土地生产第 i 项消费项目的世界年平均生产力（kg/hm²）。

（3）计算生态足迹

1）对应 6 类土地类型，汇总生产各种消费项目人均占用的各类生态生产性土地，即生态足迹组分。

2）计算均衡因子（γ）。

3）计算各类人均生态足迹的总和（ef）：

$$\mathrm{ef} = \sum_{i}^{n} \gamma A_i$$

4）计算地区总人口（N）的总生态足迹（EF）：

$$\mathrm{EF} = N \times \mathrm{ef}$$

（4）计算生态承载力

1）计算各类生态生产性土地的面积。

2）计算产量因子。由于同类生态生产性土地的生产力在不同国家或地区之间是存在差异的，不同国家地区同类生态生产性土地的实际面积是不能直接进行对比的。产量因子就是将各地区同类生态生产性土地转化为可比面积的参数，是一个国家或地区某类土地的平均生产力与世界同类平均生产力的比例。

3）计算各类人均生态承载力。其计算公式为

某类人均生态容量 = 该类生态生产性土地的人均面积 × 均衡因子 × 产量因子

4）计算各类人均生态承载力和总人均生态承载力。

（5）计算生态赤字（或盈余）

生态赤字（或盈余）计算公式如下：

$$生态赤字（或盈余）= 生态足迹 - 生态承载力$$

4.3.1.2 生态力估算法

随着生态承载力研究的日趋深入，特别是在计算机的支持下，各种数理模型

进入该领域，从早期的线性规划模型到现在广泛应用的系统动力学模型、模糊目标规划模型、门槛分析模型、层次分析模型等。例如，英国科学家 Maclon Sleaser 提出生态承载力估算的综合资源计量技术（enhancement of carry capacity options，ECCO）是一种系统动力学模型的应用。应用数学模型模拟估测生态承载力极大地提高了生态承载力研究的定量化水平和精确程度，促使生态承载力研究的综合与深入。常用的生态承载力计算方法如下。

1）分类统计。把研究区域内的土地分为多种类型，每一种类型的土地假定一个最高的可支持人口密度，计算出每一种类型土地的支持人口数，汇总得出区域可支持的最大人口数量。

2）比较密度。比较密度是法国地理学家贝拉克提出，是指单位面积农用土地上的平均人口数。农用土地包括耕地、多年生植物和可利用草原牧场。

3）趋势外推法。趋势外推法是长期趋势预测的主要方法，它是根据连续性原理，依据时间序列的发展趋势，配合合适的曲线模型，对未来趋势进行外推预测的（陶菊春，2005）。趋势外推法首先由赖恩用于科技预测，他认为应用趋势外推法进行预测主要包括6个步骤：①选择预测参数；②收集必要的数据；③拟合曲线；④趋势外推；⑤预测说明；⑥研究预测结果在制订规划和决策中的应用。

4）限制因子法。选定区域内生态系统的主要限制因素，用该限制因子来确定，一般选取粮食作为限制因子。限制因子还可以是淡水资源、土地空间、能源、绿地面积等。如果限制因子超过1个，则分别计算出可供养的人口数，以其中的最小值作为生态承载力的大小。

5）线性规划法。线性规划中线性来源于构造线性模型这一事实，而规划一词用于表示线性模型一组变量的最佳取值，它既可用于单目标规划（极大或极小），也可用于多目标问题求解最优折中解。设 X_1，X_2，X_3，$\cdots$，X_n 为各变量；n 为变量个数；m 为约束条件数；a_{ij}（$i=1, 2, \cdots, m$；$j=1, 2, \cdots, n$）为各种系数；b_1，b_2，b_3，$\cdots$，b_m 为常数；C_1，C_2，C_3，$\cdots$，C_n 为目标函数系数；Z 为目标值，则线性规划模型如下：

$$\begin{cases} a_{11}X_1 + a_{12}X_2 + \cdots + a_{1n}X_n \geqslant (=\leqslant) b_1 \\ a_{21}X_1 + a_{22}X_2 + \cdots + a_{2n}X_n \geqslant (=\leqslant) b_2 \\ \vdots \quad\quad \vdots \quad\quad\quad \vdots \\ a_{m1}X_1 + a_{m2}X_2 + \cdots + a_{mn}X_n \geqslant (=\leqslant) b_m \\ X_1, X_2, \cdots, X_n \geqslant 0 \end{cases}$$

目标函数　　$Z\min(\max) = C_1X_1 + C_2X_2 + \cdots + C_nX_n$

线性规划模型的解具有重要意义，它代表问题的最佳决策和活动的最佳策略，线性模型的理想目标由决策者的希望或愿望确定，现实目标或约束条件可由有限的资源和其他加在决策变量选择上明显的或隐含的约束确定。用线性规划法进行生态承载力的研究，可以动态地反映一个区域的生态承载力的状况（戴晓辉，1996）。

6）系统动力学法。系统动力学（system dynamics，SD）是麻省理工学院 Forrester 于 1956 年创立的（Forrester and Senge, 1980），其最为突出的优点在于它能处理高阶次、非线性、多重反馈、复杂时变的系统问题。用系统动力学方法进行生态承载力研究时，能比较容易地得到不同方案下的生态承载力，较真实地模拟区域资源和社会经济、环境协调发展状况，模拟区域承载力的变化趋势。

4.3.1.3 资源与需求差量法

区域生态承载力体现了一定时期、一定区域的生态环境系统对区域社会经济发展和人类各种需求（生存需求、发展需求和享乐需求）在量（各种资源量）与质（生态环境质量）方面的满足程度。因此，衡量区域生态承载力可以从该地区现有的各种资源量（P_i）与当前发展模式下社会经济对各种资源的需求量（Q_i）之间的差量关系，以及该地区现有的生态环境质量与当前人们所需要的生态环境质量之间的差量关系入手，如果该差值大于 0，表明研究区域的生态承载力在可承载范围内；如果该差值等于 0，表明研究区域的生态承载力处于临界状态；如果该差值小于 0，表明研究区域的生态承载力超载。该方法需要建立一套指标体系，包括社会经济系统类和生态环境系统类（包括环境资源与环境质量）指标。该方法只能根据人口变化曲线求出未来年份的人口数量，然后分别计算其需求量，判断该值是否在研究区域的生态承载力范围之内，而不能计算出未来年份的确切生态承载力值，而且该方法并不能表现出研究区域内的社会经济发展状况及人类的生活水平。结合完整的指标体系，依据这种差量度量评价方法，我国学者王中根和夏军（1999）对西北干旱区河流进行了生态承载力评价分析，证明此方法能够简单、可行地对区域生态承载力进行有效的分析和预测。

4.3.1.4 状态空间法

状态空间是欧氏几何空间用于定量描述系统状态的一种有效方法，通常由表示系统各要素状态向量的三维状态空间轴组成。利用状态空间法中的承载状态点，可表示一定时间尺度内区域的不同承载状况。利用状态空间中的原点和系统状态点所构成的矢量模数表示区域生态承载力的大小，并由此得出其数学表达式为

$$\text{RCC} = |M| = \sqrt{\sum_{i=1}^{n} x_{ir}^2} \tag{4-5}$$

式中，RCC 为区域生态承载力的大小；|M| 为代表区域生态承载力的有向矢量的模数；x_{ir} 为区域人类活动与资源处于理想状态时在状态空间中的坐标值（$i=1$，2，…，n）。

考虑到人类活动与资源环境各要素对区域生态承载力所起的作用不同，状态轴的权重也不一样，当考虑到状态轴的权重时，生态承载力的数学表达式为

$$\text{RCC} = |M| = \sqrt{\sum_{i=1}^{n} w_i x_{ir}^2} \qquad (4-6)$$

式中，w_i 为 x_i 轴的权重。

4.3.1.5　生态承载力综合评价法

生态承载力概念可通俗地理解为承载媒体对承载对象的支持能力。如果要确定一个特定生态系统承载情况，首先必须知道承载媒体的客观承载能力大小，被承载对象的压力大小，其次才可了解该生态系统是否超载或低载。

（1）生态承载指数与压力指数表达模式

1）生态系统承载指数表达模式。根据生态承载力定义，生态承载力的支持能力大小取决于生态弹性能力、资源承载能力和环境承载能力3个方面，因此生态承载指数也相应地从这3个方面确定，分别称为生态弹性指数、资源承载指数和环境承载指数。

生态弹性指数表达式为

$$\text{CSI}^{\text{eco}} = \sum_{i=1}^{n} S_i^{\text{eco}} W_i^{\text{eco}} \qquad (4-7)$$

式中，S_i^{eco} 为生态系统特征要素；$n=1，2，…，5$，分别代表地形地貌、土壤、植被、气候和水文要素；W_i^{eco} 为相应的权重值。

资源承载指数表达式为

$$\text{CSI}^{\text{res}} = \sum_{i=1}^{n} S_i^{\text{res}} W_i^{\text{res}} \qquad (4-8)$$

式中，S_i^{res} 为资源组成要素；$n=1，2，3，4$，分别代表土地资源、水资源、旅游资源和矿产资源；W_i^{res} 为要素 i 的相应权重值。

环境承载指数表达模式为

$$\text{CSI}^{\text{env}} = \sum_{i=1}^{n} S_i^{\text{env}} W_i^{\text{env}} \qquad (4-9)$$

式中，S_i^{env} 为环境组成要素；$n=1，2，3$，分别代表水环境、大气环境和土壤环境；W_i^{env} 为要素 i 的相应权重值。

2）生态系统压力指数表达模式。生态系统的最终承载对象是具有一定生活

质量的人口数量，所以生态系统压力指数可通过承载的人口数量和相应的生活质量来反映。其表达式为

$$\text{CSI}^{\text{pop}} = \sum_{i=1}^{n} P_i^{\text{pop}} W_i^{\text{pop}} \tag{4-10}$$

式中，CSI^{pop} 为以人口表示的压力指数；P_i^{pop} 为不同类群人口数量；W_i^{pop} 为相应类群人口的生活质量权重值。

（2）生态系统承载压力度表达模式

生态承载压力度的基本表达模式为

$$\text{CCPS} = \text{CCP}/\text{CCS} \tag{4-11}$$

式中，CCS 和 CCP 分别为生态系统中支持要素的支持能力大小和相应压力要素的压力大小。

4.3.2　生态安全评价方法

当前，生态安全评价方法广泛吸取各相关学科和领域的研究成果，生态评价方法经历了从单一因子到多因子、由简单定性到综合定量、由静态评价到动态评价的发展趋势。各种评价方法仍处在探索之中，各种评价方法都有各自的优点但也有一定的局限性。定量评价方法常用的有暴露-响应分析法、综合指数评价法、生态承载力分析法、生态模型法和景观生态学法。

（1）暴露-响应分析法

暴露-响应分析法是以生态风险和生态健康为主要内容进行的生态安全评价，开始于 20 世纪 80 年代，随后国外几个环境机构相继提出了定量与定性的评价方法，较具代表性的评价模式为问题抽象-暴露分析-响应分析-风险识别与管理。这种模式的评价可分为四部分，一是问题抽象，确定评价对象、目标的定义，生态风险评价的范围，描述系统压力/风险特征、生态系统自身特征和生态影响特征等，选择关键生态因子并量化；二是暴露分析；三是响应分析，暴露分析与响应分析相互关联，可建立激励-响应关系，进行生态系统的响应研究；四是风险识别，包括风险评价、风险管理。该模式是目前区域生态安全评价研究中常用的概念性框架模式。

（2）综合指数评价法

在生态风险或生态健康定量评价中，较常用的简易方法是临界指标综合评价法，该方法通过指标权重的距离来进行综合评价，包括综合指数法、模糊综合评判法和基于层次分析法（analytic hierarchy process，AHP）的综合评价法。近年来，一种基于模糊决策分析原理的生态安全和环境风险评价方法在国际上兴起，并被广泛运用到区域尺度许多典型的地理区域或生态系统。这种方法的基本原理

是将模糊综合评判法与 AHP 相结合，并通过主成分分析（principal component analysis，PCA）引导 AHP 层次结构的建立，由模糊评判给出评价指标对目标的距离，用 AHP 完成评价。环境风险评价方法的最大优点在于评价过程的完全定量化和评价指标的优化归类，在不损失任何指标信息的基础上简化指标要素，从而使评价过程简易，结果定量和相对客观可信。

（3）生态承载力分析法

在资源环境承载力基础上发展起来的生态承载力概念是近年来在区域可持续发展领域备受关注的问题，其研究方法分为状态空间法和生态经济学法两大类。状态空间法利用空间中的原点和系统状态点所构成的矢量模数表示区域承载力的大小，考虑到资源环境各要素和人类活动影响对区域生态承载力的作用不同，且生态系统间复杂的相互作用使得矢量模数比较复杂，近年来状态空间法与系统动力学和综合指数法相结合成为该方法的发展趋势。生态经济学法是国内外目前分析生态承载力最为热门的方向，其中以生态足迹法和能值分析法最具代表性。生态足迹可直接分析某国家或地区在给定时间所占用的地球生物生产率的数量，通过国家或地区的资源与能源消费同自己所拥有的资源与能源的比较，判断一个国家或地区的发展是否处于生态承载力范围内，其生态系统是否安全。基于生态经济系统的热力学特征提出的能值分析法，把生态经济系统中不同种类、不可比较的能量转换成同一标准的能值来衡量生态系统运行和发展的可持续性。生态承载力分析法定量化程度较高，可用较少的因素定量测算生态承载力状况，但因无法考虑影响生态承载力复杂因素间的作用，且单纯以人类对自然资源的占有与利用角度分析复杂生态系统的承载力水平，显然有失偏颇，尤其是生态足迹法和能值分析法过于强调了社会经济发展对环境的影响而忽略了其他环境影响因素的作用。

国外的生态安全评价研究的重点是生态风险和生态系统的健康评价，主要的指标为 OECD 提出的"压力–状态–响应"评价体系，其中，压力指标指人类活动对环境的直接压力因子，如废弃物排放、废弃物处理、公路网的密度、煤矿开采等；状态指标指环境当前的状态或趋势，如污染物浓度、物种多样性，在这种状态下，生态安全评价研究关注植被盖度、生物丰度等方面的内容；响应指标指环境政策措施中的可量化部分，它在社会处理环境问题过程不断发展。

（4）生态模型法

数学模型逐渐成为生态安全评价和管理的有效工具。在风险评价中，生态模型可用于设计或预测未来潜在风险（如气候变化等），管理者可借助生态模型重建过去的生态影响；在生态健康评价中，生态模型可模拟健康突变的毒害界限和某一环境下系统健康要素的变化过程。近 30 年来，生态模型的研究突飞猛进，许多综合性复杂的多功能生态模型已成为现实可能,将一些成熟的生态模型运用到生态安全问题的研究也成为近年来生态安全评价最具活力的方向。Barnthouse 等(1988)曾对生态风险评价中数学模型的作用与发展进行了较为全面的综述,强调了个体和区域两种尺度上用于生态风险评价与管理的生态模型。随着生态安全问题研究的不断深入,生态数学模型在生态安全评价研究中所起的作用越来越重要,生态模型法评价不同尺度的生态安全问题将是未来重要的发展方向。未来生态风险或生态健康评价模型的开发与应用关注的关键问题是只要能充分满足生态安全评价目标的需要,简单化的模型更具有广泛应用价值。任何单一的生态模型都不可能实现跨越不同空间与时间尺度的生态安全评价,但实际的生态风险或生态健康评价与管理需要模型能适应不同时空尺度的量度。模型结果的可信度是生态模型法进行生态安全评价的关键,对模型本身可信度与准确性的评价是生态模型法应用过程中不可或缺的环节。

(5)景观生态学法

通过空间异质性分析景观生态空间稳定性的理论逐渐成为区域生态安全研究的重要手段,景观生态学法主要分为景观生态安全格局法和景观空间邻接度法。景观空间邻接度法在空间尺度上特别适应生态安全研究,其主要着眼于相对宏观的要求。景观生态安全格局法可以从生态系统结构出发综合评估各种潜在生态影响类型(俞孔坚,1999),可以有效地揭示 LUCC 对生态空间稳定性的作用,并将空间格局变化与全球变化相联系,在充分利用 GIS 技术和遥感影像数据的基础上,有效地将过程与状态相结合,并通过把空间结构与功能、格局与生态流的结合分析生态安全涉及的许多问题,如生态系统功能、生物多样性等。生态安全的预测与预警分析,既是近年来生态安全研究的主要内容之一,也是生态安全的主要研究手段。

4.4　土地资源承载力及其生态安全评价

土地资源承载力为研究区域土地安全的一种视角,主要从土地的各类承载对象来分析,包括土地资源人口承载力、土地资源建筑承载力、土地资源经济承载力、土地资源生态承载力四个方面,其与可持续发展思想相一致。土地资源生态安全是也一个综合性概念,是自然、经济和社会安全的统一。本节对土地资源承载力的定义、分类及土地生态安全的定义、评价方法进行了归纳总结,丰富了土地生态安全的内涵,更为区域未来土地低碳高效利用提供了参考。

4.4.1　土地资源承载力

土地资源承载力是指在一定时期，一定空间区域和一定的经济、社会、资源、环境等条件下，土地资源所能承载的人类各种活动的规模和强度的限度。土地资源不仅是指耕地，还包含建设用地等在内；承载对象不仅包括人口，还包括人类的各种经济、社会活动，如承载的城市建设规模、经济规模、生态环境质量等。土地资源承载力包括土地资源人口承载力、土地资源建筑承载力、土地资源经济承载力、土地资源生态承载力四个方面。对土地资源承载力进行生态安全评价与分析，掌握土地资源对于人口增长、经济建设、生态平衡等的支撑程度及土地开发利用潜力，可以为建立协调、稳定、持续发展的人地关系提供科学的理论依据。

4.4.2　土地资源生态安全评价

随着经济快速发展和土地资源的不断开发利用，土地生态问题日益突出，土地生态系统是整个生态系统可持续利用的核心基础，没有土地生态系统的安全，生态系统就不可能持续发展，土地生态安全研究正成为可持续发展研究的热点问题之一。土地资源生态安全评价是土地生态安全研究的重要组成部分，定量测度土地资源生态安全是进行生态安全研究的重要内容之一。由于土地生态安全研究开展时间较短，尚未形成成熟的理论体系与技术方法，普遍存在理论基础不足和评价标准不统一的问题。

4.4.2.1　土地生态安全及其评价

土地生态环境问题的凸显使得土地生态安全研究成为必然选择，土地生态安全是指由各种有机物和无机物构成的土地生态系统的结构不受破坏，同时该生态系统为人类提供服务的质量和数量能够持续满足人类生存和发展的需要的状态。土地生态安全为土地可持续利用提供了理论基础。土地生态安全评价是指对土地生态系统的结构、功能、价值及其生态环境质量所进行的评价，它必须在一般的土地评价的基础上，选择对研究对象最有意义的若干生态特征进行专项评价，进而查明土地生态类型与土地利用现状（或将来的利用方向）之间的协调程度及其发展趋势，诊断土地生态系统的健康程度和土地利用的生态风险。土地生态安全评价主要是将不涉及社会意义的自然生态系统质量评价与涉及人类社会生活、社会经济生活或社会经济过程的经济评价相互结合起来，对土地生态系统的退化、破坏程度或潜在危险进行评价（郑荣宝，2006）。

4.4.2.2 土地生态安全评价方法

土地生态安全是对生态系统完整性及各种风险下维持健康的可持续能力的识别与研判。根据郑荣宝（2006）对土地资源生态安全评价方法述评，土地生态安全现状评价方法如下。

（1）生态承载力分析法

目前国内外对承载力的研究方法主要有生态足迹法、生态力估算法、资源与需求差量法、状态空间法及生态承载力综合评价法。生态足迹法简单明了，在短期内就已应用于各种尺度的研究中，该方法具备系统性、发展性和公平性的综合指标，测算结果形象，容易理解，但生态足迹法中存在没有考虑技术因素、土地退化和生态足迹的关系等缺陷。生态力估算法常用的计算方法包括分类统计、比较密度、趋势外推法、限制因子法、线性规划法和系统动力学法，这些应用数学的方法能提高生态承载力研究的定量化水平和精确程度，促使生态承载力研究的综合与深入。资源与需求差量法简单有效，但存在不能计算出未来年份的确切生态承载力值，也无法表现出研究区域内的社会经济发展状况及人类的生活水平的缺点。状态空间法有很多优点，适用面广，很适合用数字电子计算机来计算，也能揭示系统内部变量和外部变量间的关系，但状态空间法并不直观，对数学模型要求很高。生态承载力综合评价法包括生态承载指数与压力指数、生态系统承载压力度及承载压力度，该方法得出的评价结果明了准确，具有针对性，但难以对生态系统各要素间的复杂性进行探讨。

（2）生态经济学法

此法以生态足迹法、生态服务价值功能和能值分析法最具代表性。生态足迹通过国家或地区的资源与能源消费同自己所拥有的资源与能源的比较，判断一个国家或地区的发展是否处于土地的生态承载范围内，其生态系统是否安全。由于生态足迹法紧扣可持续发展的本质，同时又相对简单易行，自提出以来在世界范围内发展迅速。但现有的生态足迹分析中，只对地球生物土地资源和石化能源物质功能供给平衡进行了测算，没有反映生态环境供需平衡的测算模型，没有全面反映出人类生存活动与生态环境的关系，不利于从生态循环的角度对生态足迹准确计量和科学评价。生态服务价值功能的计算比较简单，将区域内各土地利用类型面积乘以该类土地生态服务功能的单位价值便可得到该区域生态服务功能的总价值量。生态服务价值功能法定量化程度较高，但因无法考虑复杂因素间的相互作用，且单纯以人类对自然资源的占有与利用角度分析复杂生态系统的承载力水平，显然有失偏颇。能值分析法把生态系统中不同种类、不可比较的能量转换成同一标准的能值来衡量生态系统运行和发展的可持续性。能值分析法的优势是自然资源、商品、劳务等都可以用能值衡量真实价值，能值分析法使不同类别的能量可以转换为同一客观标准，从而可以进行定量的比较，另外能值分析法把生态系统与人类社会经济系统统一起来，有助于调整生态环境与经济发展的关系，为人类认识世界提供了一个重要的度量标准。能值分析法的局限性也较为明显，它只能反映物质产生过程中所消耗的太阳能，不能反映人类生态系统所提供的服务的需求性。

（3）生态模型法

随着土地生态安全评价的进一步深入，运用各种抽象的、反映本质的数学模型去刻画和揭示具体的、复杂的生态安全系统，尤其是区域土地生态安全系统是近几年生态安全评价呈现出的一种新局面，其评价方法可归结为数学模型法（如灰色关联分析法、层次分析法）和数字地面模型法（RS与GIS相结合，采用栅格数据结构进行特定的叠加、逻辑等运算对土地资源开展评价）。运用数学模型易将复杂系统简单化，体现生态安全评价的综合性，直观性较好，但其对权重或分辨系数的确定带有一定的主观性，易出现确定的权重与实际重要程度相悖的情况，从而影响评价结果的精确性。运用数字地面模型法可以实现对生态安全影响因子进行动态监测并对区域生态安全的综合特征进行动态评价，但在具体理论与方法上还要进一步的创新。

（4）识别暴露-响应分析模式

这种模式的评价过程可简单归纳为四个过程，即问题抽象-暴露分析-响应分析-风险识别与管理。最为典型的是欧洲环境署（European Environment Agency，EEA）1998年提出的驱动力-压力-状态-影响-响应概念模型，在土地生态系统健康评价中取得了较好的效果。EEA建立DPSIR概念模型的初衷是描述人类与环境之间相互作用的因果关系，即人类的社会经济活动驱动力导致废弃物排放量或干扰增加，产生压力，压力迫使环境系统状态发生改变，状态的改变对人类或生态系统产生影响，影响促使人类做出直接或间接的响应，响应作用于驱动力、压力、状态或直接作用于影响，以使此反馈保持稳定与平衡。在土地资源生态安全评价中，驱动力是指人类社会经济活动（如工业生产和农业生产）和生态环境恢复与建设（如防护林建设、园地绿地建设、湿地修复等）；压力指各部门对土地资源需求；状态指的是土地质量的变化；响应措施指社会经济、管理与工程措施；影响指对社会经济发展的影响。DPSIR概念模型是目前国内外区域生态安全评价研究最为常用的概念性框架模式，其优点在于能表达各元素之间的信息联系，说明它们的动力学特点，以生态风险为主线，兼顾生态系统健康评价（土地生态系统内部恢复力和压力响应特征），不仅可以直接获得区域生态安全状况,还可以输出相应的生态风险管理对策与安全维护策略。但 DPSIR 模型中的线性因果关系过度简化了实际情况,仅代表了传统的"响应式"环境保护观念,压力指标、状态指标和响应指标之间没有明确的界线。在分析应用过程中,必须把压力指标、状态指标和响应指标结合起来考虑,而不能仅仅依赖某一项指标,孤立地考虑一项指标往往出现不正确的结论。

(5)景观生态学法

近年来,景观生态学法以其通过空间异质性分析景观生态空间稳定性的理论逐渐成为区域生态安全研究的重要手段。景观生态学法的优点在于:①空间尺度适应生态安全的研究主要着眼于相对宏观的要求;②土地利用/土地覆盖变化是区域生态安全的主要影响因素,而景观格局分析可以有效揭示土地利用/土地覆盖变化对生态空间稳定性的作用,并将空间格局变化与全球变化相联系;③在充分利用 GIS 技术和遥感影像数据的基础上,有效地将过程与状态相结合,并通过把空间结构与功能、格局与生态流相结合,可分析生态安全涉及的许多问题,如土地生态系统功能、生物多样性等。景观生态学法缺点是受技术与方法的限制,目前对景观元素的判定还很不成熟。

(6)综合指数评价法

该方法需要建立所有评价指标的临界值或等级评价准则,依据指标权重的距离来综合评价,包括综合指数法、模糊综合评价法(含单因素模糊和多因素模糊评价)和基于 AHP 的综合评价模式法。利用综合指数评价法的最大优点在于评价过程的完全定量化和评价过程简易,结果定量相对客观,具有较好的操作性;缺点是综合指数评价法是侧重于变化过程的评价方法,不仅对评价指标的数据采集具有较高的要求,而且对指标临界值的确定较为困难,增加了人为因素对评价结果的影响。

4.5 本章小结

本章在了解生态承载力和生态安全由来及其发展的基础上,归纳总结了生态承载力和生态安全的评价方法,对生态承载力和生态安全的关系进行研究,探讨二者之间的内在联系,并对土地资源承载力及其生态安全评价进行了深入分析,研究结果表明:生态承载力是生态学研究的重要组成部分,更是自然资源定量研究的关键概念之一。生态承载力的扩展研究,如土地资源承载力、森林资源承载力、矿产资源承载力及环境承载力等概念相继出现,这不仅补充了生态承载力研究的空白,也为整个生态学的发展奠定了坚实基础。生态安全一词从正式提出至今仅有十多年的历史,是指人类在生产、生活和健康等方面不受生态破坏与环境污染等影响的保障程度。生态承载力的研究方法主要包括生态足迹法、生态力估算法、资源与需求差量法、状态空间法及生态承载力综合评价法，生态承载力具有客观性、可变性和层次性。生态安全的评价方法包括暴露−响应分析法、综合指数评价法、生态承载力分析法、生态模型法、景观生态学法。生态安全研究作为当前基础性科学研究的一个重要内容，反映了人类生存环境或人类生态条件的一种状态，具有综合性、整体性和动态性等特点。生态承载力与生态安全都是生态学研究中的两个重要概念，两者关系密切，相互影响。生态承载力是生态安全评价的有效工具，提高生态承载力，将生态承载力低的生态系统改造为生态承载力高的生态系统，能够保证生态安全，实现区域的可持续发展。土地生态安全评价是指对土地生态系统的结构、功能、价值及其生态环境质量所进行的评价，其有效的评价方法是土地资源承载力分析法。

第 5 章　喀斯特山区土地资源的开发利用

喀斯特山区是脆弱生态环境区，耕地较少，多岩石裸露，水土流失严重，土地石漠化等现象较普遍，再加上人类不合理的开垦活动，引起土地退化、环境恶化等问题，土地资源开发利用更是受到严重的制约。因此，对该区域土地资源的开发利用进行研究十分必要，有利于政府提出解决特殊地区人地矛盾的对策，促进喀斯特典型地貌区域土地资源的可持续利用。因此，本章在了解喀斯特山区土地资源开发利用特征和优势的基础上，对土地资源开发利用过程中存在的问题及影响因素进行深入剖析，从而为喀斯特山区的土地可持续开发利用提供参考，实现生态和社会经济持续稳步发展。

5.1　喀斯特山区土地资源的特征

喀斯特地貌是具有溶蚀力的水对可溶性岩石进行溶蚀等作用所形成的地表和地下形态的总称，又称岩溶地貌，它以溶蚀作用为主，还包括流水的冲蚀、溶蚀及坍陷等机械侵蚀过程，这种作用及其产生的现象统称为喀斯特（全斌，2010）。该地貌的发现者是 19 世纪南斯拉夫学者司威治，他在南斯拉夫和意大利的交界处的亚得里亚海、迪纳尔、阿尔卑斯山西北部的一个叫喀斯特的高原上发现此种地貌，并将这个地貌归为喀斯特地貌（袁道先，1991）。喀斯特地貌在全世界都有分布，我国喀斯特地貌分布广、面积大，若按碳酸盐岩的分布面积计（含埋藏在非可溶岩之下），可达 346.3 万 km^2；按含碳酸盐岩地层出露的面积计，可达 206 万 km^2；按碳酸盐岩出露的面积计，可达 90.7 万 km^2。尤其是中国西南地区的岩溶以其连续面积最大、发育类型最齐全和生态环境最脆弱而著称（Sweeting，1993），其中又以广西壮族自治区、贵州省和云南省东部所占的面积最大，是世界上最大的喀斯特地区之一，西藏自治区和北方一些地区也有分布。广西主要是热带和亚热带喀斯特，贵州省、云南省、西藏自治区多为高原喀斯特，高山喀斯特多分布在四川省、云南省和西藏自治区等高海拔地区。在喀斯特山区所形成的土地资源是由资源、生态、经济与社会等要素相互作用、相互影响形成的喀斯特土地生态经济系统，亦是由某一种土地利用方式作用于一个土地单元所形成的喀斯特自然-社会-经济复合生物生产系统，喀斯特山区的土地资源具有以下特征。

5.1.1 土壤贫瘠缺地表水，生态系统脆弱

土地是人类最宝贵的自然资源，然而人们在通过土地开发利用取得巨大成果的同时，也带来了土地生态环境恶化和人地矛盾激化等问题，这些问题已成为喀斯特山区经济与社会发展的重要限制因素，对土地利用的可持续性构成了极大的威胁。

首先，喀斯特土地资源的生态环境十分脆弱，它是一种富钙的环境，土壤贫瘠，溶蚀率高，表现出稳定性差、变异敏感度高、抗干扰能力弱、异质性强、系统功能低下、环境生态容量低等一系列脆弱性本质特征。其次，喀斯特山区土壤贫瘠，土地生产力低，喀斯特山区虽然有湿润亚热带的良好水热条件，但由于喀斯特环境这一基本因素产生的巨大负效应，水、土、光、热等要素组合不协调、不优化，导致环境整体功能差，植物生产量低、生长速度慢，自然生产潜力低。最后，地表水缺乏，水土环境要素缺失，使得土地资源系统结构简单，喀斯特成土物质少，成土速度慢，土壤易于流失，供应植物的营养元素不平衡，加上土壤水分亏缺、生境干旱，导致土地资源结构简单。因此，喀斯特山区土地利用水、土环境要素的缺失是其生态环境系统脆弱的重要原因之一。

5.1.2 土地绝对量大，人均相对数量少

喀斯特山区人口多和山高坡陡的地貌特征，导致其土地面积绝对量大而人均相对数量少，尤其是可耕地数量逐年减少。据统计，在喀斯特地貌分布最广的广西壮族自治区、贵州省和云南省（喀斯特地貌分别占38%、73%、27%）土地总面积约为80万 km^2，占我国陆地总面积的8.3%，总人口约为9789.66万人。其中，贵州省土地总面积为17.62万 km^2，2014年人口为3508.04万人；广西壮族自治区土地总面积为23.67万 km^2，人口为1685.00万人；云南省土地总面积为39.40万 km^2，人口为4596.62万人，但除去山川、冰雪地、不能利用的土地，贵州省人均耕地面积为0.11hm^2，云南省人均耕地面积为0.14hm^2，广西壮族自治区人均耕地面积为0.09hm^2，明显低于世界人均耕地面积0.23hm^2。

5.1.3 山地多平地少，耕地质量差

喀斯特山区地质结构复杂，虽然土地绝对量多，但由于地形破碎，高山及大面积陡坡较多、平地少导致其耕地比例低。根据第二次全国土地调查结果，贵州省、广西壮族自治区、云南省耕地分坡度面积见表5-1。

表 5-1　云南省、广西壮族自治区、贵州省耕地分坡度面积

地区	项目	合计	平地 ≤2°	坡耕地 2°~6°	6°~15°	15°~25°	>25°
云南省	耕地面积/万 hm²	624.39	92.58	69.95	181.4	189.7	90.76
	比例/%	100	14.83	11.20	29.05	30.38	14.54
广西壮族自治区	耕地面积/万 hm²	443.0	160.6	129.2	98.6	30.8	23.8
	比例/%	100	36.2	29.2	22.2	7.0	5.4
贵州省	耕地面积/万 hm²	456.25	23.10	54.57	162.52	134.22	81.85
	比例/%	100	5.1	12.0	35.6	29.4	17.9

由 5-1 可知，云南省全省耕地面积为 624.39 万 hm²，其中有 90.76 万 hm² 耕地位于 25°以上陡坡；全省耕地按坡度划分 2°以下耕地面为 92.58 万 hm²，占 14.83%；2°~6°耕地面积为 69.95 万 hm²，占 11.20%；6°~15°耕地面积为 181.4 万 hm²，占 29.05%；15°~25°耕地面积为 189.7 万 hm²，占 30.38%；25°以上耕地面积为 90.76 万 hm²，占 14.54%。

广西壮族自治区耕地面积为 443.0 万 hm²，其中 2°以下耕地面积为 160.6 万 hm²，占 36.2%；2°~6°耕地面积为 129.2 万 hm²，占 29.2%；6°~15°耕地面积为 98.6 万 hm²，占 22.2%；15°~25°耕地面积为 30.8 万 hm²，占 7.0%；25°以上（含陡坡耕地和梯田）耕地面积为 23.8 万 hm²，占 5.4%。全区耕地按灌溉条件划分：有灌溉设施耕地面积为 198.1 万 hm²，占 44.7%；无灌溉设施耕地面积为 244.9 万 hm²，占 55.3%。

贵州省耕地面积为 456.25 万 hm²，2°以下耕地面积占 5.1%；2°~6°耕地占 12.0%；6°~15°耕地占 35.6%；15°~25°耕地占 29.4%；25°以上（含陡坡耕地和梯田）占 17.9%。分析表明贵州省耕地总体表现出坡耕地多、坝区耕地少，中低产耕地多、优质耕地少的"两多两少"特点。坡耕地在农业用地中所占比例过大，水土流失危害严重。喀斯特山区山高坡陡，土层浅薄，土壤保水保肥能力较低，生产效益较差，再加上降雨量相对丰沛，水分和土壤条件不相匹配[①]。

5.1.4　后备耕地资源不足，供需矛盾尖锐

后备耕地资源是指尚未直接用于农业生产而通过开发、复垦及整理后可直接用于农业生产的各类土地资源（王丕章和李庆春，1997）。依据土地类型可分为

---

① 中国南方岩溶区生态环境建设对策研究调查组.2004.中国南方岩溶区生态环境建设对策研究（续）.中国水土保持，（3）：1-3.

滩涂、撂荒地、荒坡地、闲置地、砖瓦窑用地、待整理潜力地、其他土地等。依据其开发的程度可分为两个类型：一是已开发但开发深度不够的中低产田；二是尚未开发利用的宜农荒山荒地。伴随着经济增长的是绿洲人口的迅猛增长，一方面，由于农业人口所占比例较大，耕地资源的承载压力与日俱增；另一方面，经济增长和当地产业结构调整所带动建设用地面积的大幅增长，以及部分地区土地盐渍化、沙化加重等现象使得已有耕地资源逐渐减少（范卓斌，2010）。喀斯特山区耕地后备资源不足，人口密集，人口增长、经济发展及基础设施建设对耕地尤其是城镇附近的优质耕地产生了巨大的压力，导致人地矛盾日益激化，许多县（市）人均耕地面积低于 0.057 hm^2。喀斯特山区未利用土地数量虽占全区土地面积的 18.53%，但真正能作为宜农特别是宜耕的后备土地资源却非常少。土地资源供需矛盾日益尖锐，耕地资源日益匮乏，2014 年贵州省人口达到 3508.04 万人，密度为 200 人/km^2，是全国平均人口密度的 1.43 倍，大大超出了喀斯特山区生产技术水平下的合理人口承载容量。随着城镇化进程的加快，耕地不断地被占用，耕地的非农建设转用使其生态功能逐渐弱化。杜雪莲和陈树（2016）对贵州耕地资源可持续发展研究结果表明，贵州省人均土地面积为 0.5 hm^2，远低于全国 0.78 hm^2 的水平，人均耕地面积为 0.1115 hm^2，仅是世界人均耕地面积的 44.6%，减去不适宜耕作的土地，实际人均耕地面积仅为 0.11 hm^2，不断增加的人口与有限的耕地之间的关系日益紧张。据贵州省国土资源公报数据显示，贵州省总耕地备用资源不满 10 万 hm^2，基本接近枯竭状态，根据土地利用适用性评价，各种用地的后备资源：水稻田为 0.11 万 hm^2，旱地为 7.13 万 hm^2，林地为 263.70 万 hm^2，牧草地为 32.28 万 hm^2，园地为 22.17 万 hm^2，全省耕地的后备资源已基本枯竭，难利用的土地多。

5.1.5　土地分布不均，耕地比例低

喀斯特山区的地形地貌和人为因素，使得区内土地分布不均，耕地、林地比例低。贵州省人口压力大，导致全省土地垦殖率较高，坡耕地比例大。郜红娟等（2015）基于地形梯度对贵州省土地利用时空变化分析研究，结果表明 1990~2010 年，贵州省土地利用类型分布表现出明显的梯度性。在坡度、地形起伏度和地形梯度上，耕地、建设用地和水域主要分布于低梯度带，林地、草地和未利用地集中于高梯度带。在高程梯度带上，高海拔梯度带是耕地、草地和未利用地的优势区，低海拔梯度带是建设用地、水域和林地的优势区。1999~2010 年各地形梯度带的耕地和未利用地面积降低，而林地、草地、建设用地和水域面积增加，主要表现为大量耕地和未利用地转为林地和建设用地。其中，耕地、草地、

林地和未利用地变化集中于中等及以下梯度带，建设用地和水域变化主要分布于中等高程带及其他低梯度带。贵州省土地利用变化地形梯度差异突出，自然因素、社会经济因素及退耕还林还草政策因素是主导因素。我国西南喀斯特山区山地众多，耕地、林地相对于东北、华北等其他地区来说面积较小，根据全国第二次土地调查资料，喀斯特典型山区贵州省、云南省、广西壮族自治区的耕地在国土面积中的比例分别为25.90%，18.75%和15.85%，均低于山东省、河南省、河北省、内蒙古自治区和黑龙江省等，在全国各省耕地面积排名中，贵州省位于第6名，云南省位于第13名、广西壮族自治区位于第15名。

5.2 喀斯特山区土地资源的优势

土地资源指可供农业、林业、牧业或其他各利用类型的土地，是人类生存的基本资料和劳动对象，包括质和量两个方面。在其利用过程中，可能需要采取不同类别和不同程度的改造措施。土地资源具有一定的时空性，即在不同地区和不同历史时期的技术经济条件下，所包含的内容可能不一致。例如，大面积沼泽因渍水难以治理，在小农经济的历史时期，不适宜农业利用，不能视为农业土地资源，但在已具备治理和开发技术条件的今天，即为农业土地资源。喀斯特山区土地资源总量极为丰富，土地类型也较为齐全，水热条件好。例如，四川盆地，水热条件充沛，呈现以农耕地为主的土地利用结构，是中西部地区乃至全国极为重要的棉粮油生产农业区。喀斯特山区土地资源优势如下。

5.2.1 土地资源总量丰富

岩溶山区是我国特殊的地理环境区域之一，主要分布于云南省、四川省、广西壮族自治区、湖南省、湖北省、广东省、重庆市等省（自治区、直辖市），面积约62万km^2，占我国陆地面积6.5%，地处长江、珠江分水岭地区，集老、少、边、山、穷于一体。具体分布范围包括广西壮族自治区的河池市、柳州市、南宁市、百色市、桂林市等地；贵州省除黔东南锦屏县、天柱县、黎平县、从江县、榕江县等少数县外的广大地区（岩溶山区占全省面积的63%）；云南省的文山壮族苗族自治州、红河哈尼族彝族自治州、曲靖市、玉溪市、昆明市、昭通市等地；四川省的宜宾市、泸州市；重庆市的涪陵区、黔江区、万州区等地，喀斯特山区土地资源总量极为丰富（裴建国等，2008）。

5.2.2 土地类型丰富多样

由于土地组成要素的性质及其组合形式的不同，陆地表面形成了各具特色的土地地段。土地类型的划分就是为了更为深刻地认识和掌握这些土地地段的性质，并对这些地段按照其相似性和差异性进行归类和划分。从科学原理上说，土地类型是气候、地表物质、地形、土壤、水文、动植物等自然因素与人类活动长期作用的产物，这些因素互相作用，最终形成了有规律的、不同地域组合的、相对均一的地域单元划分（倪绍祥，1999）。喀斯特山区土地类型丰富多样，其中有耕地、林地、草地、城镇村、工矿用地、交通运输、水域及水利设施用地8个一级地类，水田、旱地、果园、有林地、灌木林地、天然牧草地、人工牧草地、建制镇、村庄等38个二级地类，根据第二次全国土地调查资料，贵州省、云南省、广西壮族自治区一级地类面积统计见表5-2。

表5-2 贵州省、广西壮族自治区、云南省一级地类面积 （单位：万 hm²）

地区	耕地	园地	林地	草地	城镇及工矿用地	水域及水利设施用地	其他用地
贵州省	456.25	15.78	900.86	164.13	45.40	24.26	154.99
广西壮族自治区	443.00	110.30	1334.90	112.50	82.50	86.50	197.30
云南省	624.39	165.37	2306.93	302.83	76.04	67.06	397.38

从表5-2中可以看出，在一级土地利用分类中，贵州省耕地占25.90%，园地占0.90%，林地占51.14%，草地占9.32%，城镇及工矿用地占2.58%，水域及水利设施用地占1.38%，其他土地占8.80%；广西壮族自治区耕地占18.71%，园地占4.66%，林地占56.39%，草地占4.75%，城镇及工矿用地占3.49%，水域及水利设施用地占3.65%，其他土地占8.34%；云南省耕地占15.85%，园地占4.62%，林地占64.50%，草地占8.47%，城镇及工矿用地占2.13%，水域及水利设施用地占1.87%，其他土地占11.11%。统计分析表明贵州省、云南省、广西壮族自治区的喀斯特山区土地类型多样。在不同土地利用类型中，林地所占的比例最高，均在50%以上，其次是耕地所占的比例。表明研究区退化喀斯特生态系统的恢复与重建取得了一定的成效。

5.3 喀斯特山区土地开发利用的影响因素

喀斯特山区地形复杂，山地、丘陵、高原、盆地、峡谷及河谷平原交错分布，局部地形差异大。目前研究区土地资源的现状特征主要表现为以下几个方面：一是土壤贫瘠、地表水贫乏、土壤生态系统脆弱，喀斯特环境本身而产生的负效应使得水、土、光、热等要素组合不和谐，环境整体功能差，土地资源结构简单；二是绝对量大，人均相对数量少；三是山地多、平地少、耕地林地比例低；四是分布不均，后备耕地资源不足，难利用的土地多。这些特征使得使土地资源的高效永续利用失去了基本保证条件和必要的内在、外在动力。根据喀斯特山区土地资源现状特征，深入分析其影响因素，主要表现在以下几个方面。

5.3.1 自然因素

地理区位条件能综合反映某地区与其他地区的空间联系。喀斯特山区面积最广、地貌特征最典型的地区（云贵川）属湿润热带与亚热带常绿阔叶植被类型区，但由于有喀斯特地貌存在，仍然有大面积的少林少草地区，绿色植被与土壤不协调，常有水土流失发生，虽然有成都平原、四川盆地，土地类型多样，但还是以山地为主，为农业的分层立体布局提供了有利条件。然而山区坡地上的水土物质容易受到外界的影响而发生变化，导致土地性质的全面改变。例如，在茂盛的原生植被覆盖下，一般缓坡和中等坡等山地是良好的农业用地，但当坡地被开垦或植被遭到大规模破坏后，暴雨可以引起严重的水土流失，并最终成为裸岩等难以利用的土地。

喀斯特山区大多山势陡峭、河谷纵横，地形极为复杂，导致耕地分布极为分散，农业生产极为困难。喀斯特山区岩溶地貌分布广泛，地表、地下岩溶不均匀发育，岩溶水、降水与地表水"三水"之间转化迅速，加上山地坡度大，土层浅薄，基岩裸露，土被不连续，岩溶水系统调蓄功能差，雨季时快速径流的岩溶水常常成为废水而排泄，旱季时可利用的岩溶水资源量却十分有限。西南喀斯特山区因"三水"转化迅速，降雨往往渗入地下而不是进入地表径流系统，每年仅人畜饮水的水资源短缺量就达到约 $7 \times 10^8 \mathrm{m}^3$（邹胜章等，2006）。岩溶地下水历来是岩溶地区重要的供水源，因环境退化和降雨量无明显变化，从 20 世纪 80 年代以来，云、贵、桂、湘四省（自治区）地下水补给量减少了 10% 左右（蒋忠诚等，2006）。喀斯特山区是石漠化极为严重的地区，土地石漠化指的是在湿润气候条件下，受喀斯特作用及人类不合理活动的干扰，喀斯特地表土层流失殆尽、基岩大面积裸露，呈现出一种无土无水无林、类似于荒漠化的景观现象与过程（苏维词，1995）。原生植被破坏后，土壤极易遭受侵蚀，演变为裸露的石质山地，草木难以生长，地表土层流失殆尽，植被生长困难，地表土壤植被系统的贮水保水功能大幅降低，溪河水系水量减少，季节性干枯时间延长，导致地表可方便利用的水资源极度匮乏，大部分石漠化地区都不同程度地存在人畜饮水困难。此外，岭谷相间、丘陵盆地交错的特殊地表结构导致喀斯特山区缺乏水资源，源流短少、土层薄、蓄水能力差、缺少大型蓄水性控制工程，既不具备建高坝的条件，也不利于水利工程建设，水资源匮乏。因此，在地理位置、地形地貌、气候等自然因素的影响下，喀斯特山区土地资源缺水少土。

5.3.2 社会经济因素

经济是区域发展的物质基础，而土地是经济活动的空间载体，因此，区域的土地利用与经济发展有着密切的联系。喀斯特山区地广人稀，土地资源、生物资源、林草资源、矿产资源都相对丰富，但是社会经济资源流入迟、流入少，社会经济发展缓慢，经济水平较低，是我国最贫穷、最落后的地区之一，农业投入能力严重不足。西南喀斯特山区的人均工农业总产值、财政收入、社会商品零售总额等主要经济指标均低于西南地区和全国平均值，属于我国几个经济十分落后的成片区域之一（周性和温琰茂，1990）。因此，在长期的经济发展过程中人们理性地选择了一条资源置换式的经济发展道路，依靠资源来求得经济发展，甚至提出了以资源换资产、以资源换资金、以资源换技术的发展思路。这种通过消耗自然资源而取得经济效益的生产经营方式，由于在生产活动中主要依靠自然活动的参与，生产劳动成本相对较低，短期内经济效益很好，但是长此以往的取而不投，使自然资源受到了很大的破坏，直至导致经济系统产出功能减弱，区域经济相对落后。喀斯特山区面临贫困与环境恶化的双重压力，贫困是导致环境恶化的根源，环境恶化又加剧了贫困，环境恶化与贫困形成了一个恶性循环，喀斯特山区普遍存在人口增长速度高于经济增长速度，"越穷越生，越生越穷"使人地矛盾成为十分突出的问题。

政策能够决定土地的利用方式、方向，以及土地利用的内部结构调整，土地利用涵盖着政策的导向性。喀斯特山区大部分位于比较贫困的西部地区，从秦朝开始，秦始皇为了巩固统一多民族国家开始实施向西部移民戍边的政策，而历朝历代执行这一政策长达2000年，给西部地区带来的是草资源的毁灭、土地荒漠化的出现、水土流失加重，同时历朝历代出军驻守西部，进行屯垦戍边，不断扩大中华民族的生存空间，降低了中国其他地区的人口密度和土地承载负荷。此外，西部地区还为全国及东部地区的发展提供水资源、矿产资源及能源，但是在长期的发展政策中，东西部不均衡发展的政策，使区域经济发展不平衡，东西部经济差距拉大，西部的资源环境矛盾加剧。西部地区投入不足，经济发展落后，基础设施建设不完善，水利化建设滞后，耕地资源的整治（修水平梯田、石坎梯田）和保护（造林、种草、护坡和封沟）不到位，林草植被资源的破坏加剧，限制了喀斯特山区土地资源的合理开发利用，影响经济社会的可持续发展。

5.3.3 技术因素

技术是土地资源节约高效合理利用的影响因素之一。喀斯特山区岩多土少，坡度陡峭，道路崎岖，机械化生产实现程度低甚至完全无法实现，长时间以来，农民只能采用牛耕、马驮、锄头挖等传统耕作方式，一些缺乏牛、马等生产资料的特困户只能靠人工操作，还有一些农民甚至采用刀耕火种的原始耕作方式，土地瘠薄和机械化生产程度低成为农村经济发展的主要障碍。由于历史原因和民族落后意识的影响，民族聚居区农村文盲、半文盲居多，相当一部分农民看不懂报刊或读不懂科技书籍，加上交通不便，人们订阅的报刊常常晚到数天乃至数周，不能及时了解新闻，特别是科技新闻。同时部分农民不懂汉话，听不懂普通话，一些陈旧的观念和行为造成了农民文化素质低，乡土人才尤其是科技人才奇缺，影响了科技在农业生产中的运用。

5.3.4 空间因素

喀斯特山区人口增长快，可耕土地少，土地承载力低。土地承载量是指一定技术水平、投入强度下，一个国家或地区在不引起土地退化，或不对土地资源造成不可逆负面影响，或不使环境遭到严重退化时，能持续稳定支持的，具有一定消费水平的最大人口数量，或具有一定强度的人类活动规模。人口在增加、耕地在减少是一个不容辩驳的事实，喀斯特山区落后的生产方式对自然生态系统破坏极大，这固然与当地农民的素质和环境意识低下密切相关，但更主要的是人口增长超过了土地的承载能力。喀斯特山区土地资源人口承载力低、人口增长过快、可耕地资源少、有效水分相对较少、水土资源不匹配及土地生态环境脆弱强，导致人均土地资源拥有量不断下降，土地超载严重。巨大的生存压力导致该区农业生产的首要任务是不断提高粮食总产量以满足人口日益增长的需要，由此形成以单一种植业为主体，种植业又以粮食作物为主的农业土地利用结构。粮食增产的压力又迫使人们不惜以牺牲生态环境为代价，毁林开荒，陡坡耕种，由此导致的水土流失，使耕层变薄、土质下降、石漠化面积不断扩大、土壤涵养水源的能力下降、抵御自然灾害的能力减弱、旱涝灾害频繁、人地关系日趋恶化，这些地区因此陷入了人口增加—过度垦殖—生态环境恶化—经济落后—人口贫困—文化教育水平低—环境意识和人口意识淡薄—人口增长的恶性循环，如图5-1所示。

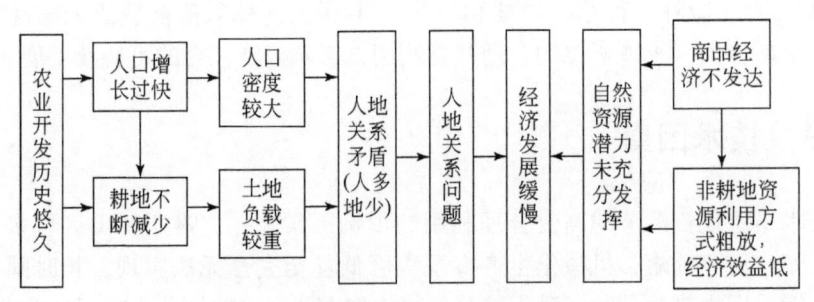

图 5-1　喀斯特山区人地关系恶性循环

5.3.5　文化因素

　　喀斯特山区传统文化因素也是其土地限制性因素之一。喀斯特山区是我国少数民族聚居的地区，自古以来依山而居，靠山吃山，生产和生活的各项资源都依赖山区供给，形成木棺、木居、木器、薪柴、土葬等传统生活方式，但由于社会发育程度相对较低，加之贫困和社会系统封闭，该地区科技文化落后，人口素质较低。因为人口快速增加、素质较低，为了满足生活基本需要和生存需要，人们只能加速开发坡地。这种模式不仅破坏了植被，而且使坡地表面土层松弛，加速了水土流失和土地资源的破坏。再加上他们落后的生产方式，水平耕作的投入大，人们普遍采用顺坡耕作、火肥、移地耕作等生产方式，导致植被破坏和水土流失加剧。此外，近年来随着喀斯特山区农民经济意识的增强，越来越多的农民选择外出务工，依靠劳务收入的人数逐年递增，由于农村基层组织制度建设不完善，行政体制改革不到位，给耕地捆绑负担摊派渐多，农产品价格下跌，农业灾害频发，耕种土地成本与收益差距太大，喀斯特山区的弃耕抛荒现象也越来越严重，造成耕地资源的人为流失和浪费。由于农村青壮年劳动力和有文化、有技术的劳动力被农业劳动外的高收入所吸引，纷纷弃农从事非农业劳动，而耕地顺理成章地交给了仍然滞留在农村的老、弱、病、残劳动力和妇女、儿童耕种，这些劳动力既缺乏技术又体力不支，投在耕地上的劳动量严重不足，加之无资金投入，使耕地种而不收或者种而少收，形成了隐性浪费和流失。

　　综上所述，气候、地形、土壤等自然因素，以及人口、经济社会、城市化、政策等人文因素是影响喀斯特山区土地资源开发利用的主要驱动力。其中，地形地貌对土地资源利用格局的形成起基础作用，而在经济快速发展的西南喀斯特山区，人类活动是更为活跃的因素。

5.4 喀斯特山区土地开发利用存在的主要问题

喀斯特山区土地资源总量大且类型丰富，蕴藏着丰富的生物、矿产、水能和旅游资源，但特殊的地貌条件及脆弱的生态环境使得当地水土流失严重，水资源短缺，环境破坏，人口过多，耕地减少，土地承载力低，人地矛盾突出，山地多陡坡多、平地少，机械化程度低，土地利用方式粗放，对土地破坏程度大，再加上喀斯特山区农民文化程度低，接受外来新事物过程慢，这些都导致喀斯特山区土地利用存在如下问题。

5.4.1 土地利用粗放，利用率和产出率低

土地利用方式的不合理主要体现在土地利用结构不合理和生产方式不合理等方面。喀斯特山区山地多、平地少，由于气候、地貌地形、土壤、地质、水文等条件的影响，农业生产大多沿用传统的刀耕火种、陡坡耕种、广种薄收的方式，再加上由于缺乏必要的水土保持措施和科学的耕种方式，喀斯特山区的生态屏障弱化，土地开发利用程度偏低且不合理。此外，由于长期以来对土地缺乏宏观调控和计划管理，微观行为得不到有效约束，非农建设和农业内部结构调整过多占用耕地，耕地面积急剧减少。尤其是近年来各地无论条件如何都在大搞开发区，城镇新建扩建用地过多，而这种扩建是以农用地尤其是高产田地的减少为代价的，各种用途的土地没有在农业生态经济系统中发挥应有的作用，导致土地资源浪费。有些企业、机关受利益驱使，多征少用，早征迟用，甚至征而不用，造成土地浪费。喀斯特山区土地资源及其利用形势十分严峻，土地与人口、环境和发展的矛盾异常突出。除了受自然条件的制约外，造成有关问题的根本原因在于长期以来落后的土地利用方式，它是以牺牲土地资源数量和综合生产能力为代价，走的是以掠夺开发、粗放经营、低效浪费和生态破坏为特征的不可持续发展道路。由此可见，对于喀斯特山区来说，土地节约高效利用，提高其产出率有研究和执行的必要性。

5.4.2 土地利用不合理，退化和损毁严重

土地退化是土地经受内在质量的损失或其容量的衰减（UNEP，1992），包含两个主要内容，一是整个土地系统的生产力下降，二是这种下降的原因是人类主观活动或客观外界不利因素。造成土地退化的直接原因，一方面是退化的土地生

态系统本身比较脆弱，抗干扰能力、稳定性和自我调节能力差；另一方面是不合理的人类活动，如毁林开荒、陡坡开垦、过度放牧等（蔡运龙等，1999）。土地退化过程包括人类活动和居住方式所引起的风蚀和水蚀作用，土壤物理、化学、生物和经济特性的恶化，大量长期不合理的开发利用自然植被，导致土地生态系统的严重退化。

喀斯特山区生态环境十分脆弱，碳酸盐风化残积而成的喀斯特土壤质地黏重，通透性差，土壤结构密实，具有强烈的涨缩性，脱水则干裂成柱状等物理性质的劣化、土层薄、与母岩接触界面分明是土壤退化重要因素（陈晓平，1997），人为因素也是喀斯特山区土地退化严重的主要原因之一。例如，贵州省在人口压力与不完善的相关政策的引导下经历过三次大规模的垦殖高潮，开山造田和围湖造田导致为数不多的平坝被毁坏殆尽，当地人们就只好开垦坡地，使得土地退化越发严重；同时，贵州省矿产资源丰富，采矿、土法炼铝、炼汞盛行，但矿产分布分散、地表崎岖、交通不便，小规模的土法采矿炼矿在当地普遍分布，这种采矿方式不仅直接破坏地表覆盖、对土地造成损坏，而且浪费矿产资源，污染大气和水环境等。喀斯特山区特别是经济欠发达的地区，农村能源种类少，群众生活能源主要靠薪柴，特别是在一些缺煤少电、能源种类单一的地区，人们过度樵采也对土地产生一定程度的破坏，其他诸如乱砍滥伐、乱放牧等都是人为造成土地退化损毁的主要原因。

5.4.3 未利用地开发难度大，后备土地资源不足

一般而言，可利用土地资源来源于三个方面：一是未利用土地中可被用作建设用地的土地，称为剩余可利用土地资源；二是对利用低效、不集约的已有建设用地进行高效和集约利用改造，进而提高人口、产业和城镇集聚的承载能力，这部分土地称为挖潜可利用土地资源；三是在政策法规允许的范围内，将部分林地、草地和耕地转换为建设用地，这部分土地称为调整可利用土地资源。喀斯特山区可开发利用土地资源不足，由于其地形地貌的特殊性，可开发土地资源的难度较大，加上资金投入和科技水平的限制，土地利用方式较为粗放，致使原本可以用的土地资源也变为未利用或难利用土地。贵州省草地资源比较丰富，多为天然草场，但大多位于土层贫瘠的砂石上，开发极为困难，而且很容易引起水土流失，一旦开发后再要恢复就极为困难。云南省山区和半山区面积极广，平坝耕地稀少，虽然土壤和水热条件很优越，但人地矛盾尖锐，后备资源很少，全省未利用土地中尚有开发潜力的荒草地为453.4万 hm²，但是适宜开发利用土地的已经很少。因此，喀斯特山区由于各方面的特殊性，可开发利用的土地资源少，后备

土地资源不足。

5.4.4 水土流失严重,土地资源质量低

土地质量是指维持生态系统生产力和动植物健康而不发生土壤退化及其他生态环境问题的能力(Dumanski and Pieri,2000),包括与人类需求有关的土壤、水及生物特性,关系到以生产、保护及环境管理为目的的土地环境条件,也可以理解为维持土地资源具有长期、持续和稳定生产能力的土地质量水平。喀斯特山区土地资源质量问题的主要原因之一就是水土流失,致使其缺水少土,由于该区脆弱的生态环境及特殊地貌影响,土地整体质量不高而且每年还呈现下滑趋势,土地质量下降是人类活动耗损土地资源的结果,不合理的土地利用方式不但导致土壤肥力下降、抗旱能力减弱,而且还深刻地影响着作物的产量和品质。喀斯特山区水土流失状况极为严重,耕地土壤瘠薄,是土地质量下降的主要原因之一。贵州省2000年完成的第二次水土流失遥感调查结果显示(表5-3),2000年全省水土流失面积为73 179.01 km^2,占土地总面积的41.54%,其中轻度水土流失面积为41 415.3 km^2,中度水土流失面积为22 424.24 km^2,强烈水土流失面积为8016.86 km^2,极强烈水土流失面积为1322.41 km^2。2013年5月发布的《贵州省水土保持公告》显示(表5-3),2010年全省水土流失面积55 269.4 km^2,占土地总面积的31.37%,其中轻度水土流失面积为27 700.4 km^2,中度水土流失面积为16 356.32 km^2,强烈水土流失面积为6011.53 km^2,极强烈水土流失面积为2960 km^2,剧烈水土流失面积为2241.15 km^2。此外,对土地的重用轻养,土壤结构性恶化也是土地质量下降的主要原因。张慧等(2016)对贵州省耕地质量等别更新调查评价结果表明,2013年贵州省耕地质量平均等别为11.29等,比2011年提高0.01等,与全国相比处于中等偏下水平,2012~2013年全省耕地面积共减少11 696.48 hm^2,高、中、低等地均减少,中等地减少量最大。全省耕地质量等别集中在7~15等(高、中等地),无优等地。高等地集中分布在遵义,低等地集中分布在黔西南布依族苗族自治州和毕节市。分析结果表明喀斯特山区土地资源和耕地总体质量低。

表5-3 2000年、2010年贵州省水土流失面积及强度

年份	水土流失面积/km^2	比例/%	土壤侵蚀模数/[t/(km^2·a)]	不同强度水土流失面积/km^2				
				轻度	中度	强烈	极强烈	剧烈
2000	73 179.01	41.54	1 432	41 415.3	22 424.44	8 016.86	1 322.41	0
2010	55 269.4	31.37	1 361	27 700.4	16 356.32	6 011.53	2 960	2 241.15

5.4.5 人均土地占有量少，分布不均

喀斯特山区人口众多且基数大，导致土地人均占有量少，且该区受地形地貌影响，耕地地块小而分散，成片、完整土地较少，集约利用极为困难。尤其是西南喀斯特山区，除桂北地区以外，其他地区成片的土地不多，即使是连片的坝地，规模也都很小。喀斯特山区的土地资源呈现出两个特征，一是人均占有量很少，喀斯特山区的山地、丘陵、高原面积就占据了土地总面积的90%左右，平原和盆地约占10%，岩溶面积超过30%以上的县共有215个，超过50%的县约占53.4%；二是时空分布不均，喀斯特山区中的四川省、重庆市和云南省的耕地面积最为丰富，广西壮族自治区和贵州省次之，西藏自治区居后。贵州省人均土地面积为0.5 hm^2，大大低于全国0.78 hm^2的水平，人均耕地面积为0.1115 hm^2，仅是世界人均耕地面积的44.6%，减去不适宜耕作的土地，实际人均耕地面积仅为0.11 hm^2，不断增加的人口与有限的耕地之间的关系日益紧张。云南省耕地按照地区划分，滇东北区耕地面积为97.61万 hm^2，占云南耕地面积的15.63%；滇中区耕地面积为199.11万 hm^2，占云南耕地面积的31.89%；滇东南区耕地面积为128.71万 hm^2，占云南耕地面积的20.61%；滇西北区耕地面积为30.92万 hm^2，占云南耕地面积的4.95%；滇西南区耕地面积为168.02万 hm^2，占云南耕地面积的26.92%。

5.4.6 土壤污染严重，耕地质量退化

依据《贵州统计年鉴》数据，近年来全省农药用量1.0万 t，已经成为土壤最大的污染源。1998~2013年，化肥施用量增长率达到48%。化肥的不合理使用，直接导致耕地保肥保水能力降低，土地产能下降。据贵州省土壤肥料研究所测定，贵州省城镇和工业垃圾污染的耕地分别达到0.67万 hm^2 和1.34万 hm^2，而且主要污染在地势相对平坦肥沃的优质耕地区，致使耕地质量更差。贵州省矿产资源丰富，含煤土壤达36.68万 hm^2，由于开采技术低、投入少，开采时除了使土壤酸化外，还产生大量有毒有害气体，对耕地造成严重污染。同时，由于化肥、农药的广泛使用及重金属的污染造成耕层变薄、耕性变差、耕地退化。

5.5 本章小结

本章在充分了解喀斯特山区土地资源现状的基础上，深入分析了喀斯特山区

土地资源的特征和优势，探讨喀斯特山区土地资源在开发利用过程中的限制因素和存在的问题。研究结果表明喀斯特山区属于典型的生态环境脆弱区，虽然土地资源总量大且类型丰富，但人均相对量少，平地少、坡地多且耕地林地比例低，土地分布不均，后备耕地资源不足，加上其特殊的地貌、传统文化因素、空间因素、技术因素及社会经济因素等限制条件，使得本区土地利用粗放、利用率和产出率低、土地退化和损毁严重、可开发利用土地资源不足、土地资源总体质量不高、土地分布不均，易产生水土流失、石漠化等生态环境问题，从而造成生产力低下、人口密度大、人口承载力低，人粮矛盾、人地矛盾突出，进而加剧岩溶石山地区生态环境的脆弱性，不但影响土地的质量，而且对农、林、牧、副、渔业的发展也有影响。土地资源承受自然灾害能力低，旱涝自然灾害频发，严重威胁当地居民和珠江中下游地区人民的生存，岩溶山区的社会经济发展和生态环境的协调性差，可持续发展能力弱。一直以来，喀斯特山区走的是一条资源换置式的经济发展道路，提出了以资源换资产、以资源换资金、以资源换技术的发展思路，为了扩大种植面积以满足不断增长的人口对农产品的需求，滥伐森林、翻耕草地等导致水土流失、河流泛滥、土地石漠化严重，不少草地因过牧而退化，大量施用化肥、农药、生长调节剂，超过土壤的自净能力，造成土壤污染、土壤结构破坏和肥力下降。近年来随着城镇化和工业化的发展，人口数量激增、人类活动范围的扩大和活动强度的加剧，土地资源经济供给的稀缺性与其社会需求增长性之间的矛盾日益尖锐，不仅使大量坝地的良田好土被占用，耕地面积逐年萎缩，耕地土壤质量不断下降，耕地利用率和产出率显著滑坡，而且带来大量生活污水及生活垃圾等造成了环境及水土的污染，工业化的发展造成区域内的土壤质量退化、水土污染等。因此，要深入对喀斯特山区生态脆弱性、稀有性和难以恢复性的认识，改变该区传统的对土地资源的粗放经营模式，优化土地利用规划，健全和完善保护利用改造方面的法律法规，为提高研究区土地资源可持续利用奠定基础。

第6章 贵州省土地利用现状、特点及其变化

贵州省位于中国西南地区的东南部，位于东经103°26′~109°35′、北纬24°37′~29°13′，东毗湖南省、南邻广西壮族自治区、西连云南省、北接四川省和重庆市。辖贵阳市、六盘水市、遵义市、安顺市、铜仁市、毕节市六个地级市，黔西南布依族苗族自治州、黔东南苗族侗族自治州和黔南布依族苗族自治州三个少数民族自治州。贵州省地貌属于中国西南部高原山地，地势西高东低，自中部向北、东、南三面倾斜，平均海拔在1100m左右，全省地貌可概括分为高原、山地、丘陵和盆地四种基本类型，高原山地居多，素有"八山一水一分田"之说，是全国唯一没有平原支撑的省份。贵州省属于亚热带湿润季风气候，四季分明、春暖风和、雨量充沛、雨热同期，是世界上岩溶地貌发育最典型的地区之一，有绚丽多彩的喀斯特景观。贵州省土地资源平地较少，主要以山地、丘陵构成，山地面积为108 740km^2，占全省土地总面积的61.7%，丘陵面积为54 197km^2，占全省土地总面积的31.1%，而山间平地面积为13 230km^2，占全省土地总面积的7.5%。岩溶地貌发育非常典型，喀斯特（出露）面积为109 084km^2，占全省土地总面积的61.9%。2014年全省土地总面积为1760.99万hm^2，其中，农用地面积为1477.38万hm^2，建设用地面积为65.72万hm^2，未利用地面积为217.89万hm^2，分别占土地面积的83.90%、3.73%、12.37%。同年贵州省常住人口为3508.04万人，比上年末增加5.82万人，按城乡分，城镇人口为1403.57万人，增加78.68万人，乡村人口为2104.47万人，减少72.86万人，城镇人口占年末常住人口比例为40.01%，比上年提高2.18个百分点。贵州省完成地区生产总值9251.01亿元，人均地区生产总值达26 393元。

6.1 贵州省土地利用现状及特点

贵州省喀斯特地貌显著，地表崎岖，山地和丘陵占全省总面积92.5%，地表水下渗严重，地表干旱，地面坡度大，不利于水田灌溉。实施西部大开发战略以来，土地资源利用效率有了明显的提高，为新一轮快速发展奠定了基础，本节对贵州省土地资源利用现状、构成和特点进行分析，为进一步加强耕地保护、优化

土地利用结构、提高土地节约和集约利用水平、合理配置土地资源、转变土地利用方式、保护土地生态环境、保障土地资源的可持续利用提供参考依据。

6.1.1 土地利用的现状

根据 2014 年土地变更调查数据，贵州省土地利用现状统计结果见表 6-1。从表 6-1 中可以看出，贵州省土地总面积为 1760.99 万 hm^2，其中，农用地面积为 1477.38 万 hm^2；耕地面积为 454.39 万 hm^2；建设用地面积为 65.72 万 hm^2；未利用地面积为 217.89 万 hm^2。与 2013 年相比，农用地面积有少量减少，建设用地面积有一定幅度的增加。

表 6-1　2014 年贵州省土地资源利用现状

土地类型	面积/万 hm^2	比例/%	分类	面积/万 hm^2
农用地	1477.38	83.90	耕地	454.39
			园地	16.63
			林地	894.59
			牧草地	7.27
			其他农用地	104.50
建设用地	65.72	3.73	城镇村及工矿	52.40
			交通运输	9.20
			水利设施	4.12
未利用地	217.89	12.37	未利用地	217.89

贵州省土地资源丰富，位于云贵高原地区，2000 年以后，贵州省开始实行退耕还林政策，林地面积占到了农用地面积的一半以上，但耕地面积在不断减少，贵州省生态环境脆弱，耕地容易被建设用地所占用，随着西部大开发和城镇化的不断深入，贵州省急需进行耕地保护。与农用地相比，建设用地的面积呈现上升趋势，且上升幅度较大，特别是交通运输用地的变化较大，2015 年贵州省为实现"县县通高速"的目标导致建设用地不断增长。未利用地面积下降，贵州省由于喀斯特地形分布广泛，很多土地资源没法得到充分利用，但近年来随着城镇化的快速推进，加快了全省对未利用地的利用。

6.1.2 土地利用的构成

土地构成指一个国家、地区或生产单位的土地面积中各种用地之间的比例关系或组成，也称土地利用结构，2014年贵州省土地利用构成如图6-1所示。

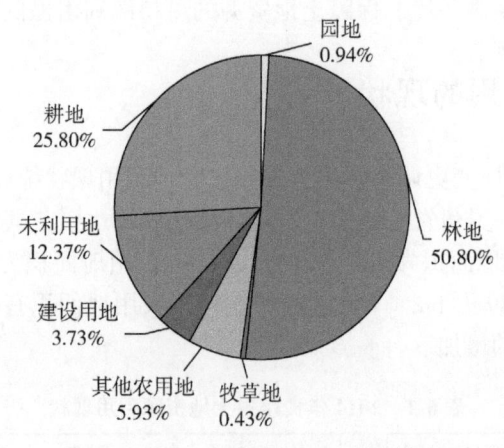

图6-1 2014年贵州省土地利用构成

从图6-1中可以看出，2014年贵州省耕地面积占土地总面积的25.80%，园地面积占土地总面积的0.94%，林地面积占土地总面积的50.80%，牧草地面积占土地总面积的0.43%，其他农用地面积占土地总面积的5.93%，建设用地面积占土地总面积的3.73%，未利用地面积占土地总面积的12.37%，不同类型土地面积比例由大到上的顺序依次为林地>耕地>未利用地>其他农用地>建设用地>园地>草地。

6.1.3 土地利用的特点

贵州省是典型的喀斯特山区，气候、地貌、土壤、植被等自然条件都有特定的发生发展规律。人为活动的影响，致使土地利用不合理、水土流失、地力下降，耕地后备资源短缺。深入分析贵州省土地利用的特点，为了合理利用和保护土地，促进土地资源的低碳高效利用提供参考。

（1）土地类型多样，适宜综合经营

贵州高原属中亚热带的范围，从纬度地带来看，由南部高原斜坡南、北盘江红水河谷地南亚热带过渡到高原中亚热带；从经度地带来看，地处东、西季风环流的交替地带；从大地貌结构来看，处在江南低山丘陵红层盆地向云南高原的过渡区域。由于土地水热条件组合的差异和特殊的地质地貌条件，以及开垦较久的农业历史和多样的土地利用方式，形成了贵州省极其丰富的土地类型。据黔中地区清镇市土地类型的初步研究和划分，划分出三大土地系列、12个土地组、47个土地型。不同的土地类型具有不同的土地自然属性、土地生产力、复原能力和合理的土地利用方向。贵州省丰富的土地类型，适宜农林牧副渔综合发展。

（2）山地多平地少，农业发展受限

由于构造抬升与流水强烈侵蚀的结果，贵州省地貌结构具有山丘广布、平地狭小的特点。据贵州省农业地貌图量算统计，全省山地、丘陵面积占全省土地总面积的92.50%，山间平地仅占土地总面积的7.50%。与云南高原比较，云南省山地占土地总面积的84%，高原占土地总面积的10%，平地占土地总面积的6%。山地多、平地少是贵州省土地构成的一个显著特点。高原切割密度和切割深度较大，地表破碎、高低悬殊、山地坡度陡、土层薄，与平地比较，土地的适宜性单一，宜耕性差，农业发展受到较大限制，而且生态系统一般比较脆弱，一旦利用不当，极易引起水土流失和资源的破坏。贵州省山地多，宜建立大林业生态和经济体系，是合理开发和保护贵州省山区土地资源的有效途径。

（3）土地资源分布不平衡，土地生产力地区差异较显著

贵州高原地处中亚热带季风气候区，纬度较低，但海拔较高，地形地势复杂，在地带性和非地带性因素的综合影响下，土地的水、热、肥等因素的组合和土地生产力在地区之间具有很大的差别。贵州省西南部南、北盘江红水河谷地，地处高原向南斜坡，地势和纬度偏低，是贵州省热量资源最丰富的地区，农作物一年两熟至三熟，适宜喜热作物甘蔗和亚热带果树的栽培和发展，林木的经济生产量高，牧草四季常青，发展农、林、牧业的生态条件优越，土地的生产潜力大。西部滇黔边境大部分地区海拔在2000m以上，气候寒冷，农作物一年一熟或两年三熟，林木和牧草经济生产量较低，土地的复元能力较弱。其余广大地区，热量资源较丰富，农作物一年两熟，林木和牧草经济生产量较高，土地资源潜力较大。贵州高原石灰岩出露面积大，约占全省土地总面积的73%，在人为不合理的利用下，导致岩溶山丘缺土少水，水、土条件不良，土地质量差，土地的复原能力弱。岩溶洼地和槽形区域，是岩溶山丘重要的农耕区，有雨易涝，无雨易旱，产量不高不稳。总之，贵州省土地资源地区分布不平衡，地区差异大，这一特点对农业布局来说上必须予以充分的考虑。

6.2　贵州省土地利用过程中存在的问题

自西部大开发战略实施以来，贵州省经济快速发展，土地利用结构不断优化，但与东部、中部地区相比，仍然存在一定的差距。本节在分析贵州省土地资源利用现状和特点的基础上，指出当前贵州省土地利用存在的主要问题。

6.2.1 土地资源人均数量少,土地供需矛盾尖锐

截至2014年末,贵州省常住人口为3508.04万人,比2013年末增加5.82万人,其中城镇人口为1403.57万人,比2013年增加78.68万人,乡村人口为2104.47万人,比2013年减少72.86万人。与此同时,贵州省土地面积虽然较大,但土地资源人均占有量少、土地供需矛盾尖锐。贵州省土地人均占有量仅0.50hm^2,低于0.78hm^{2}的全国人均水平。人均耕地面积(包含不宜作耕地)为0.14hm^2,仅是世界人均耕地面积0.25hm^{2}的56%,除去现有耕地中不宜作耕地部分,人均耕地实际上仅0.11hm^2。全省现有耕地中83.5%为中低产田土,90%以上位于山区丘陵地区,耕地总体质量差、生产力低。目前,贵州省人口仍以20万人/a左右的速度增长,而耕地却以0.7万hm^2/a的速度减少,人地矛盾日益突出,若解决不好将直接制约贵州省国民经济的发展和人民生活水平的提高。

6.2.2 建设用地率低,不能满足经济发展需要

贵州省山地多平地少,地面崎岖破碎,是全国唯一没有平原支撑的省份。全省坡度大于25°、相对高度大于200 m的山地占61.7%,丘陵面积占30.8%,二者合计占土地总面积的92.5%。由于长期经受强烈的内外营力作用,地貌类型复杂,地形切割度和坡度都比较大。全省平均水平切割度为17 km/100 km^2,垂直切割度深,中部、东北部为300~500 m/km^2,西部、南部和北部为500~700 m/km^2,个别地区可达到1000 m/km^2。由于切割深,地形起伏大,土地的自然坡度大,全省平均地表坡度为21.5°,耕地总面积中坡度小于6°、6°~15°、15°~25°和大于25°的耕地分别占23.11%、38.32%、36.15%和2.42%。这种特点决定了贵州省林业和牧业有广阔的开发前景,而种植业的发展不能依赖扩大耕地面积,要寄希望于集约化经营,提高单位面积产量。长期以来,贵州省城镇发展滞后,非农建设用地水平偏低,全省建设用地率为3%,较全国平均水平低0.39%;交通用地和水利设施用地仅占全省土地面积的0.52%和0.23%;城镇及工矿用地占全省土地面积的2.97%,不能满足国民经济发展的需要。

6.2.3 土地利用粗放,生产力水平低

贵州省大部分土地都处于粗放利用状态。土地利用粗放,生产力水平低,经济效益差,浪费较严重。农用地方面,中低产田比例较大,稳产、高产农田较

少,大部分园地集约化程度低,林业用地依然是粗放式经营,疏林地、未成林地比例较大,产出率低,集约化经营度不高。城镇建设用地呈外延式发展,贵州省很多县市的老城区改造仍有很大潜力,农村居民点建设用地指标过大。土地利用自然限制因素多,土地生产力水平低,1993年农业区划办公室"四低三荒"资源调查评价结果表明,贵州省中低产田土占耕地总面积的82.14%。其中,中产田和低产田土分别占36.76%和45.38%;水田中,上、中、下等田分别占33.65%、45.60%、20.75%;旱作土中,上等土仅占10.97%,中、下等土分别为32.91%和56.12%。茶、桑、果园中低产园地各占52.42%、57.31%、40.98%。有林地中,低产林占40.63%,其中,低产用材林占用材林面积的43.91%,低产经济林占经济林面积的52.54%。全国第二次土地调查结果显示,全省实有中低产田土约410万 hm^2、低产园地2.85万 hm^2、林地103万 hm^2,分别占当年耕地、园地、有林地总面积的83.7%、38.8%和25.3%。牧草地基本上都是天然草地,草质差,产草量低,载畜量少,可以说都是低产牧地。

6.2.4 土地污染严重,可持续利用潜力低

随着我国工业化和城市化特别是乡镇工业的发展,大量的"三废"通过大气、水和固体废弃物的形式进入土壤。同时农业生产技术的发展、人为施用化肥和农药及污水灌溉等,使土壤污染日益加重。土壤污染不仅对农作物及农田生态环境造成危害,而且污染物通过食物链最终进入人体会为害人体健康。到目前为止还没有关于已经遭受污染耕地面积的准确统计数字,但有人估计环境污染而导致农作物减产数量每年大约100亿kg,这一数字约为我国粮食产量的3%,相当于我国近年来每年进口的粮食总量。造成农田土壤污染的原因主要有工业和乡镇企业排放的各类废弃物、农用化学物质的过量使用及畜禽粪便和生活垃圾的不适当堆放等。贵州省现今也面临着同样的问题,随着贵州省工矿企业的发展,排放的废气、废渣、废水日益增多,而治理工作跟不上,严重污染了土地资源。据估算,其中被城镇垃圾和工业"三废"污染的耕地分别达0.67万 hm^2 和1.33万 hm^2,乡镇企业废弃耕地在0.2万 hm^2 以上。土地污染伴随着农业自身的化学化而日益严重,成为土地可持续利用的重要障碍因素。

6.2.5 思想观念落后,违法占地现象严重

思想观念的先进与落后直接作用于人们的社会实践活动。贵州省实施西部大开发战略、建设小康社会是一场及时的战略行动,其具体实践效果与人们思想观

念有较大的关系，先进的观念对经济发展起着积极的推动作用，落后的观念则对经济发展起着消极的阻碍作用。虽然贵州省一些贫困地区与东部发达地区差距仍然很大的原因很多，但观念滞后、思想保守是其中重大而关键的原因。具体落实到土地上，土地资源的科学利用同样也需要科学的思维和观念，长期以来，贵州经济较为落后，地处高原地区带来的交通不便使得贵州省土地利用的观念或多或少落后于东部地区，甚至是一些周边省份。尽管有《中华人民共和国土地管理法》，但由于执法力量不足，贵州省的一些地方从局部眼前利益出发进行开发利用土地，滥占滥用土地现象严重。许多基础设施建设项目用地不报请批准或先用后报，宽打宽用，少征多用，早征晚用，多征少用，征而不用，劣地、空地、荒地占用良田现象普遍。

6.2.6 土地后备资源有限，开发利用难度大

贵州省可利用的后备土地资源缺乏，质量极差，利用难度大。2014年全省未利用土地为217.89万hm^2，占土地资源总量的12.50%，人均未利用土地面积为0.062hm^2，低于全国人均0.18hm^2的水平。其中沼泽地和裸岩砾石地、荒草地占绝大多数，且多分布在交通闭塞、远离村寨的陡峭山坡，土壤贫瘠，农业开发利用所需投入多，难度较大。在当前经济和技术条件下可开发利用的后备土地资源中，适宜开垦为园地、林地和畜牧用地的分别有17万hm^2、40.25万hm^2和73.41万hm^2。适宜开垦为耕地的仅8.08万hm^2，加上工矿废弃地和自然灾毁地中有1.2万hm^2可复垦为耕地及0.02万hm^2农村闲置土地，全省后备耕地资源共计9.3万hm^2，占现有耕地面积的2%，远低于全国6%的平均水平。后备耕地资源不仅稀少且分布零散，开发利用成本高，极易诱发水土流失，生态环境代价巨大。

6.3 贵州省土地利用的动态变化

土地利用/土地覆盖变化是国际地圈生物圈计划与全球环境变化的人文因素计划的核心研究计划之一，是全球环境研究的热点和前沿问题。土地利用与土地覆盖变化是所有与可持续发展相关问题的核心，可以说是可持续发展理论的开拓计划，土地利用与土地覆盖变化的作用是全球变化的关键，是自然与人文科学领域的"桥梁工程"。根据贵州省土地利用变更数据，对2000~2014年的耕地、林地、园地、草地、水域、建设用地和其他用地的动态变化情况进行分析。

6.3.1 耕地

耕地指种植农作物的土地，包括熟地，新开发、复垦、整理地，休闲地（含轮歇地、轮作地），临时种植药材、草皮、花卉、苗木等的耕地，以及其他临时改变用途的耕地。贵州省2000~2014年耕地面积动态变化统计结果如图6-2所示。

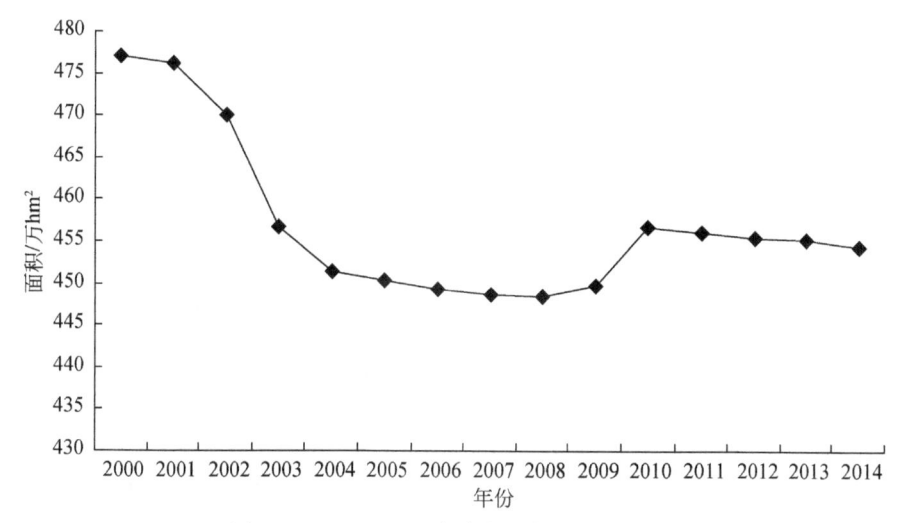

图6-2　2000~2014年贵州省耕地面积变化

从图6-2中可以看出，贵州省2000~2014年耕地面积变化起伏较大，总体上表现出下降的趋势。贵州省山地面积较大，多林地，耕地质量普遍较低，20世纪末，由于大规模的垦荒，不少林地被改造成为耕地，耕地面积达到峰值。进入21世纪后，为了改善生态环境，响应"退耕还林"政策的号召，全省耕地面积开始逐步下降，由2000年的477.02万hm^2下降到了2008年的448.48万hm^2，在这期间，由于经济的发展、城市的扩张等因素也推动了耕地面积的收缩。2008年后，全省的耕地面积有所上升，2009年至今，由于国家实行严格的耕地保护政策，耕地面积变化较小，仅有少量减少。

6.3.2 林地

林地是指成片的天然林、次生林和人工林覆盖的土地，包括用材林、经济林、薪炭林和防护林等各种林木的成林、幼林和苗圃等所占用的土地。贵州省是个森林资源丰富的省份，林地种类繁多，林地面积占全省土地面积的50%以上，贵州林地面积的变化也能有效地反映出全省经济发展与生态保护的关系。贵州省2000~2014年林地面积动态变化统计结果如图6-3所示。

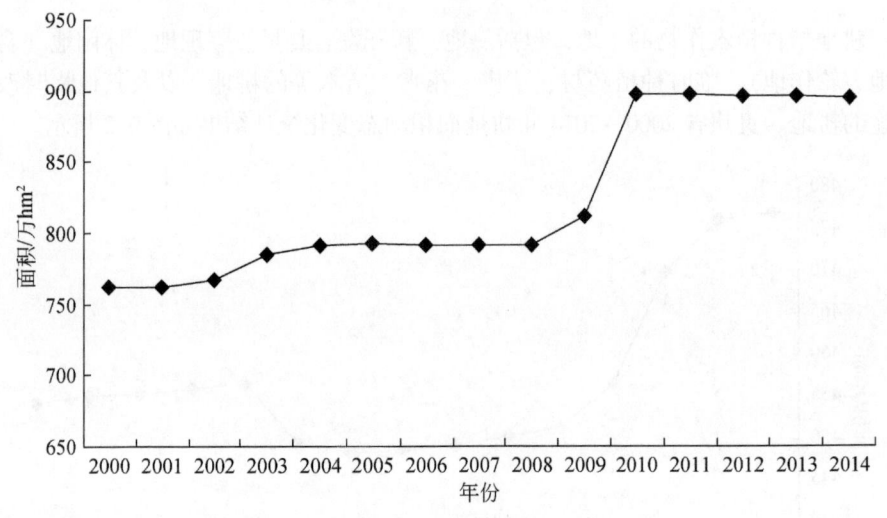

图6-3　2000~2014年贵州省林地面积变化

图6-3统计结果表明，2000~2014年，随着"退耕还林"政策的大力实施，自2000年以来，林地面积一直处于持续上升的态势，尤其是在2009~2010年，林地面积大幅度增加，增加了86.84万 hm^2，与2000年相比，这10年内共增加了135.71万 hm^2，其中有一部分来自原有耕地或者草地，这也从侧面反映出"退耕还林"政策取得了较好的效果，全省的生态环境状况得到了一定的改善。2010~2014年，林地面积变化进入了一个比较稳定的阶段，林地面积增减不大，保持在894.59万~897.33万 hm^2。

6.3.3　园地

园地是农业用地的重要组成部分，主要以果园、茶园为主。贵州省2000~2014年园地面积动态变化统计结果如图6-4所示。

图6-4中显示，2000~2014年，贵州省园地表现出逐渐上升的趋势，由2000年的10.04万 hm^2 增加至2014年的16.63万 hm^2，共计增加6.59万 hm^2，上升幅度为65.64%。园地面积的增加能反映出贵州省山地立体农业的发展趋势，贵州省绝大部分处于高原地区，地势起伏明显，传统农业的耕作模式难以发展，但山地垂直地形却适合发展山地立体农业，尤其是有利于果园、茶园等经济作物的种植，近年来，贵州省湄潭茶叶、都匀茶叶知名度逐渐提高，这都归因于农业用

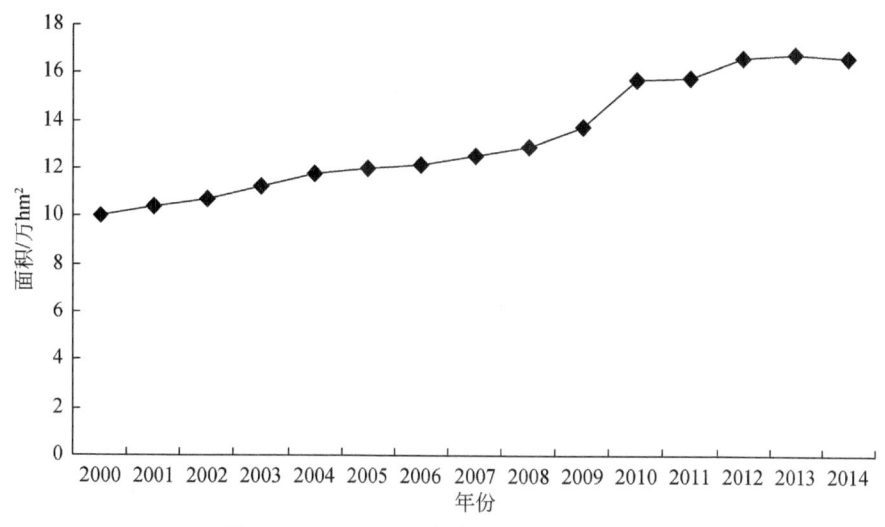

图 6-4　2000~2014 年贵州省园地面积变化

地面积的内部调整和对园地种植的重视，从面积变化趋势分析，全省的园地面积还存在较大的增长空间。

6.3.4　草地

草地是以生长草本和灌木植物为主并适宜发展畜牧业生产的土地。它具有特有的生态系统，是一种可更新的自然资源，是发展草地畜牧业最基本的生产资料和基地，主要包括牧草地及人工草地等。贵州省 2000~2014 年草地面积动态变化统计结果如图 6-5 所示。

贵州省的草地多分布于海拔较高的平坦区域，从图 6-5 可以看出，2000~2014 年，贵州省草地面积总体上表现出下降的趋势，由 2000 年的 168.05 万 hm² 下降至 2014 年的 109.05 万 hm²，共计下降了 59 万 hm²，下降幅度为 35.71%，这主要是建设用地的扩张和林地面积的增加所致。

6.3.5　建设用地

建设用地是指建造建筑物、构筑物的土地，是城乡住宅和公共设施用地，工矿用地，能源、交通、水利、通信等基础设施用地，旅游用地，军事用地等；是付出一定投资（土地开发建设费用），通过工程手段为各项建设提供土地的用地；是利用土地的承载能力或建筑空间，不以取得生物产品为主要目的的用地。贵州省 2000~2014 年建设用地动态变化统计结果如图 6-6 所示。

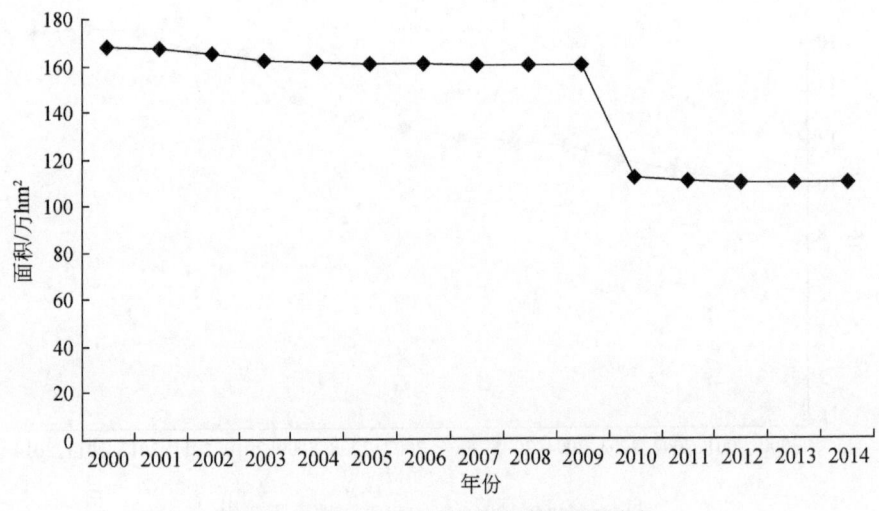

图 6-5　2000~2014 年贵州省草地面积变化

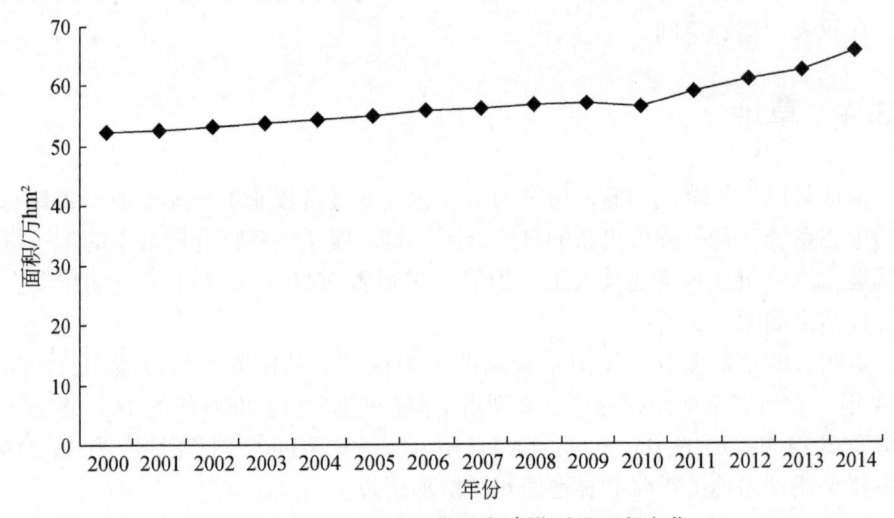

图 6-6　2000~2014 年贵州省建设用地面积变化

随着贵州省工业化和城镇化进程的快速推进，建设用地不断扩张，从图 6-6 中可以看出，2000~2014 年贵州省建设用地面积表现出持续上升的趋势，从 2000 年的 52.14 万 hm² 上升至 2014 年的 65.72 万 hm²，共计增加 13.58 万 hm²，上升幅度为 26.05%。建设用地的增加直接反映了贵州省工业化和城镇化速度的明显加快，贵州省的经济发展水平在这 15 年间也得到了较大提升，逐渐开始扭转贫穷落后的面貌。近年来，不管是交通设施的完善，还是城镇居民点、城市工厂的增加，都极大促使了建设用地规模的不断扩大，可以预料的是，随着贵州省经济社会的不断发展，建设用地面积在未来几年还会呈现增加的趋势。但是贵州省建设用地增加也带来了一些土地利用问题，包括土地浪费严重、违法占用耕地及土地利用缺乏科学合理的城市规划等，对于贵州省来说，土地资源的节约高效利用、土地利用结构的优化及建设用地的控制显得越来越重要。

6.3.6 水域

水域指有一定含义或用途的水体所占有的区域，包括陆地水域和水利设施用地，不包括泄洪区和垦殖3年以上的滩地、海涂中的耕地、林地、居民点、道路等，是指江河、湖泊、运河、渠道、水库、水塘及其管理范围。贵州省2000~2014年水域的动态变化统计结果如图6-7所示。

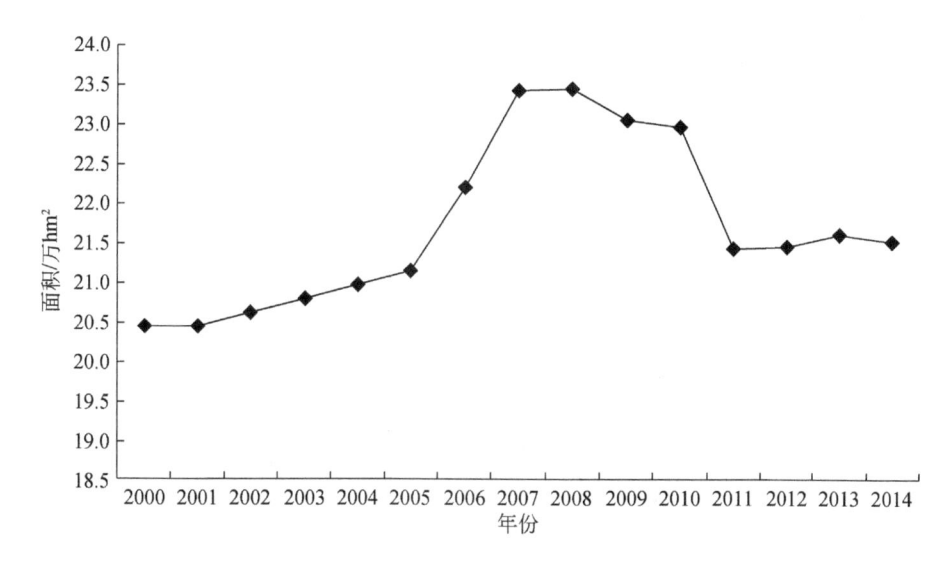

图 6-7　2000~2014 年贵州省水域面积变化

从图 6-7 中可以看出，2000~2014 年贵州省水域面积波动较大，表现出先升后降的趋势，2000~2008 年表现出上升的趋势，从 2000 年的 20.43 万 hm² 上升至 2008 年的 23.46 万 hm²，共计增加 3.03 万 hm²，上升幅度为 14.83%，2008~2014 年表现出下降的趋势，与 2008 年相比，2014 年水域面积下降了 1.95 万 hm²，下降幅度为 8.30%。

6.3.7 其他用地

其他用地以未利用地和难利用地为主，贵州省 2000～2014 年其他用地的动态变化统计结果如图 6-8 所示。

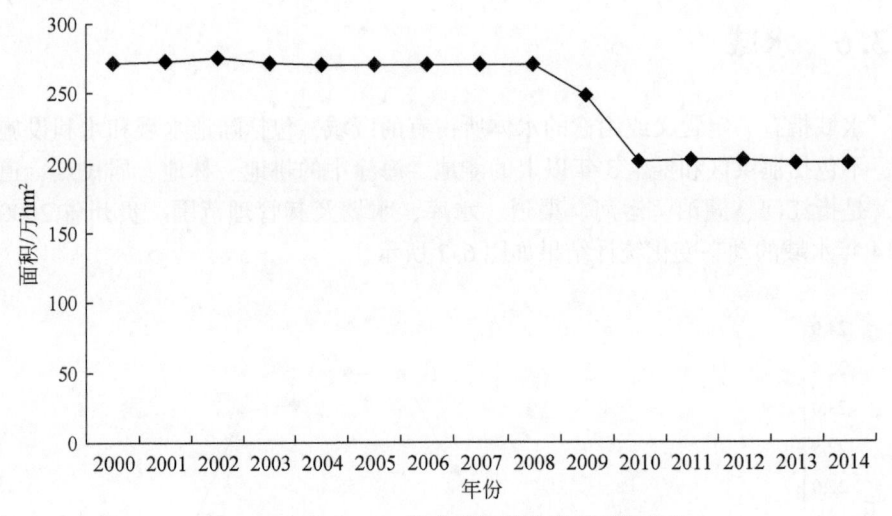

图 6-8　2000～2014 年贵州省其他用地面积变化

从图 6-8 统计结果可以看出，贵州省 2000～2014 年其他用地的面积呈现波动减少的趋势。2000～2008 年，其他用地面积表现出缓慢下降的趋势，从 2000 年的 271.98 万 hm² 下降至 2008 年的 269.69 万 hm²，共计减少了 2.29 万 hm²，下降幅度为 0.84%，2008～2014 年表现出下降的趋势，其中 2008～2010 年快速下降；2010～2014 年缓慢下降。与 2008 年相比，2014 年其他用地面积下降了 69.8 万 hm²，下降幅度为 25.88%。出现这一变化的原因可能是 2008～2014 年贵州省对其他用地中的未利用土地的开发强度加大，用于满足城市发展和农业生产，近些年，贵州省人口的增加超过了原有土地的承载力，所以不得不大量开发以未利用地为主的其他用地。但由于贵州省地貌特殊，处于云贵高原喀斯特山区，土地资源利用的难度往往大于其他省份，因此，以未利用地和难利用地为主的其他用地很难满足经济发展和粮食生产的需要。

6.4　本章小结

本章分析了贵州省土地利用的现状和特点，在此基础上，对其土地资源开发利用过程中存在的问题进行研究，探寻贵州省土地利用/土地覆盖的动态变化规律，研究结果表明：贵州省土地类型多样，适宜综合经营，山地多、平地少，土地资源分布不平衡，土地生产力地区差异较显著。随着贵州省工业化和城镇化的发展，贵州省的土地资源利用也表现出很多问题，包括人口多、人均土地占有量少的问题，建设用地不适应经济发展需要，土地利用的生产力水平低，土地污染严重，土地利用的观念落后、浪费严重、违法占地及可利用的后备资源缺乏等。这些问题的出现一方面是由于贵州省自然条件的制约，另一方面是人为因素的作用，这些土地利用问题的出现都极大地制约了贵州省经济的发展。因此，需要掌握贵州省土地利用变动态化规律。

贵州省土地利用动态变化情况分析结果表明，2000~2014年，贵州省耕地、草地和其他用地类型的土地面积总体上表现出下降的趋势，下降幅度分别为7.34%、35.71%和25.93%。林地、园地、水域和建设用地面积总体上表现出上升的趋势，上升幅度分别为18.55%、124.78%、10.01%和26.05%，不同类型土地面积增长幅度由大到小顺序依次为园地>建设用地>林地>水域。建设用地的扩张是耕地、草地面积减少的主要原因。不同土地利用类型面积比例由大到小顺序依次为林地>耕地>其他用地>草地>建设用地>水域>园地，林地比例最高，为50.78%，园地比例最少，为0.94%。贵州省土地资源利用动态变化情况受多方面的因素影响，其中经济因素、人口因素、技术因素是促使贵州省土地面积变化的主要因素。因此，找出影响贵州省土地利用变化的关键因素，调整并优化土地利用结构，可促进喀斯特山区土地资源持续高效利用。

第 7 章 土地利用变化及生态安全评价实证研究

本章通过对典型喀斯特山区土地利用变化、生态安全现状进行系统调研，运用 3S 技术和相关的计量方法对土地利用变化及土地利用变化与生态安全评价进行实证研究，探索如何调整优化土地利用结构、降低生态足迹和土地利用碳排放、提高生态承载力和土地资源利用效率、促进土地低碳高效生态化调整利用，保障土地利用生态安全。

7.1 土地利用变化的实证研究

土地利用变化是引起喀斯特生态系统演变的最主要影响因素之一，随着城镇化的快速推进，城市土地利用发生了较大的变化。本节运用 RS 与 GIS 技术对贵阳市二环内 2001 年和 2013 年两期的遥感影像进行处理，提取其土地利用信息，并对该区土地利用动态变化规律进行研究。同时，为了解决城市土地利用结构不合理问题，采用计量模型对喀斯特贫困山区贵阳市土地利用动态度变化、生态可持续发展状况进行定量分析和预测，运用多目标线性规划模型对其土地利用结构进行优化，以期为研究区土地资源可持续利用及生态环境建设提供一定的参考依据。

7.1.1 基于 GIS 与 RS 的喀斯特山区土地利用动态变化研究

土地是人类活动的基本场所，是人类赖以生存的自然资源，其在人类社会经济活动中起着不可替代的重要作用。十八大报告指出，要加快建立生态文明制度，健全资源节约、国土空间开发和生态环境保护的体制机制，推动人与自然和谐的新发展模式。生态文明制度建设要求在法律制度体系的监督下，对生态平衡、土地资源合理利用进行系统建设，将生态文明建设的重要载体——土地进行合理、科学开发利用，优化土地结构，促进土地资源的可持续发展。近年来，在国家西部大开发战略带动下，贵阳市经济发展迅速，城市化进程加快，大量的农业人口流入城市，转化为非农业人口，城市建设用地不断增加，耕地、林地不断减少,脆弱的喀斯特生态环境遭受破坏。为快速、客观、准确掌握贵阳市土地利用变化情况,及时提出土地利用规划和喀斯特生态环境相适应的策略,本节采用RS和GIS技术,选取2001年和2013年贵阳市二环内两期TM影像[①],通过遥感监督分类方法提取土地利用现状图,利用GIS技术进行图像处理和数据提取。依据处理的图像、数据并结合现状,对贵阳市土地利用动态变化特征进行分析,为贵阳市制定科学合理的土地利用规划、提高城市土地利用率、实现土地的优化配置提供依据,以促进贵阳市生态文明城市建设和区域喀斯特生态环境的可持续发展。

7.1.1.1 研究范围的界定与研究方法

(1) 研究范围的界定

本章以贵阳市二环高速公路作为研究区域界线,研究范围是贵阳市二环以内区域,原因是贵阳市二环以内区域是贵阳市城市化进程最快的地区,土地利用类型的变化速度最快、最明显,对生态系统服务价值的影响最大。对其进行土地利用及生态系统服务价值动态研究的目的是促进贵阳市区域的土地集约利用和生态系统服务价值最大化。

(2) 研究方法

本节运用RS和GIS技术方法,利用2001年和2013年贵阳市二环内二期TM影像,通过遥感监督分类方法得到土地利用现状图,运用GIS技术进行图像处理并提取数据,运用土地利用变化综合指数和土地利用变化动态度对研究区内土地利用变化特征进行分析,有效揭示贵阳市二环内土地利用变化现状。具体方法如下。

1) 图像处理与信息提取:主要包括图像的波段组合、校正与剪切,图像的增强处理,图像分类和信息提取,具体如下。

图像的波段组合、校正与剪切:选取的数据分别为2001年Landsat-7影像和2013年Landsat-8影像。波段组合是将各波段数据转换为ERDAS IMAGINE的IMG文件,利用软件添加同地区图像的各个波段,合成一幅多波段的图像。本节在多波段组合选择方面为了突出水体、植被等土地利用类型,选择543波段合成标准假彩色图像,运用多项式模型对处理后的图像进行几何校正,并对校正后图像进行AOI多边形不规则剪裁,作为研究区域并保存。

图像的增强处理:增强的目的是改变图像灰度等级,提高图像对比度,针对给定图像的不同应用,强调图像的整体或局部性,将图像变得清晰或增强区域特

---

① TM影像,指美国陆地卫星4~5号专题制图仪(thematic mapper)所获取的多波段扫描影像。

征，扩大不同物体特征差距，满足分析需要。本节采用辐射增强中的直方图均衡化对图像进行增强处理，通过灰度变换将随机分布的图像直方图变换为成均匀分布的直方图，即在每个灰度级上都具有相同的像元点数，使得分类的视觉效果更加明显。

图像分类和信息提取：首先建立研究区影像判读解译标志，通过影像特征（色调、纹理和形状等）与研究区土地利用类型特征（表7-1）和自然景观的比较分析（张红红等，2016），建立土地利用类型的遥感影像判读解译标志（表7-2）作为室内判读的依据；其次建立分类模板，两期遥感影像的分类模板有五个土地利用类型，包括水域、建设用地、林地、未利用地和耕地；再次根据解译标志和分类模板进行进行监督分类；最后提取贵阳市二环内土地利用变化信息。

表7-1　贵阳市二环内土地利用分类

类别名称	具体类型
建设用地	商业、工矿、仓储、公用设施、公共建筑、住宅、交通、水利设施、特殊用地等
耕地	水田、旱地
水域	河流、水库、鱼塘
林地	林地、草地、苗圃、疏林地、未成林地、造林地、迹地
未利用地	建筑空旷地、待建造用地

表7-2　贵阳市二环内土地利用分类解译标志

年份	建设用地	耕地	水域	林地	未利用地
2001					
2013					

应用GIS的地统计模块，对修改合并后的土地利用矢量数据进行统计分析，以提取2001年和2013年两期图像的建设用地、林地、耕地、水域、未利用地等土地利用信息，统计分析结果见表7-3和表7-4。

表 7-3　2001 年贵阳市二环内各土地利用类型信息　（单位：m²）

项目	建设用地	林地	耕地	水域	未利用地
最小地类面积	1.36	1.82	0.46	500.76	597.34
最大地类面积	31 443 300	8 307 780	6 189 040	218 829	140 524
总面积	39 759 875.78	37 402 359.31	39 098 085.48	981 411.36	1 772 043.63
土地总面积	\multicolumn{5}{c}{1.19×10^8}

表 7-4　2013 年贵阳市二环内地区各土地利用类型信息　（单位：m²）

项目	建设用地	林地	耕地	水域	未利用地
最小地类面积	1.36	2.55	14.04	225	2 475
最大地类面积	31 443 300	9 158 530	1 856 900	257 929	16 200
总面积	65 264 643.94	33 996 339.50	18 662 871.34	1 015 690.71	74 249.99
土地总面积	\multicolumn{5}{c}{1.19×10^8}

2）土地利用变化分析：主要包括土地利用数量变化、土地利用程度综合指数、土地利用变化量和土地利用变化速度，具体如下。

土地利用数量变化：土地利用变化幅度是指土地利用在面积方面的变化，反映不同类型土地在总量上的变化（龙花楼和李秀彬，2001）。其公式为

$$R_L = \frac{U_b - U_a}{U_a} \times 100\% \tag{7-1}$$

式中，R_L 为土地利用类型的变化幅度；U_a 为期初单一土地利用面积；U_b 为末期单一土地利用面积。

土地利用程度综合指数：土地利用程度综合指数能够有效地反映出土地利用的集约化程度（摆万奇等，2004），其公式为

$$L = 100 \times \sum_{i}^{n} A_i C_i \tag{7-2}$$

式中，L 为研究区域土地利用程度综合指数；A_i 为研究区域内第 i 级土地利用程度的分级指数；C_i 为研究区域内第 i 级土地利用类型面积的比例；n 为土地利用类型数。土地利用程度综合指数的值域范围 $L \in [100, 400]$。

土地利用变化量：土地利用变化量可以有效地体现出土地利用所处的发展阶段（王秀兰和包玉海，1999），其表达式为

$$\Delta L_{b-a} = L_b - L_a = 100 \times \left(\sum_{i=1}^{n} A_i \times C_{ib} - \sum_{i=1}^{n} A_i \times C_{ia} \right) \tag{7-3}$$

式中，ΔL_{b-a} 为土地利用变化量；L_a 为 a 时间段土地利用的综合指数；L_b 为 b 时间

段的土地利用程度综合指数;A_i为研究区域内第i级土地利用程度的分级指数;C_{ib}和C_{ia}分别为时间b和时间a第i级土地利用类型面积的比例。

土地利用变化速度:土地利用变化速度可以用土地利用动态度来表示。土地利用动态度分为单一土地利用动态度和综合土地利用动态度。

单一土地利用动态度是指在某一区域固定时间内某一土地利用数量的速度变化情况(王秀兰和包玉海,1999;凌侠和王丹秋,2013)。其计算公式为

$$LD_T = \frac{U_b - U_a}{U_a} \times \frac{1}{T} \times 100\% \tag{7-4}$$

式中,LD_T为研究时段某类土地利用类型的动态度(%);U_a和U_b分别为某类土地利用类型在研究时段内初期与末期的面积(hm^2);T为研究时段(年)。

综合土地利用动态度指在一定时期范围内某一研究区域的土地利用变化的强度,它反映了人类与土地之间进行物质、能量、信息交流的强度(张丽等,2014),其表达式为

$$LC = \left| \frac{\sum_{i=1}^{n} \Delta LU_i}{2 \sum_{i=1}^{n} LU_i} \times \frac{1}{T} \times 100\% \right| \tag{7-5}$$

式中,LC 为研究区域内所有土地利用类型面积变化的年综合变化率(张丽等,2014);LU_i为监测起始时间第i类土地利用类型面积,ΔLU_i为监测时段内第i类土地转为其他类土地利用面积的绝对值;n为土地利用类型数,T为研究时段。

7.1.1.2 结果与分析

(1)土地利用变化总量分析

人类活动与自然界的互动最直接地表现为土地利用类型面积变化(Liu et al.,2014)。土地利用面积的整体变化情况在对土地利用变化的研究中有着非常重要的作用,通过对土地利用面积的变化状况分析,可以有效地反映出各种土地类型和土地面积在总量上的变化情况。贵阳市二环内 2001~2013 年土地利用现状分类如图 7-1 所示。根据式(7-1)计算出 2001 年、2013 年研究区土地利用变化情况(表7-5),根据表 7-3 和表 7-4 的分析结果得出研究区土地利用面积对比情况(图7-2)。

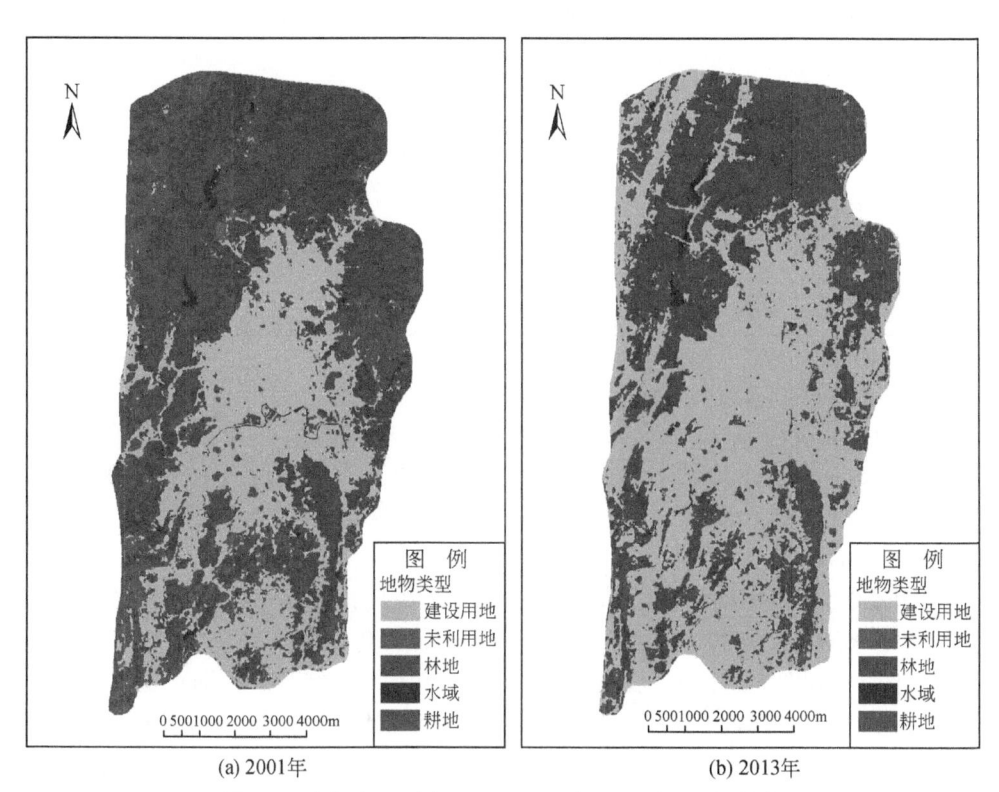

第 7 章 | 土地利用变化及生态安全评价实证研究

(a) 2001年　　　　　　　　　　(b) 2013年

图 7-1　贵阳市二环内 2001～2013 年土地利用现状分类

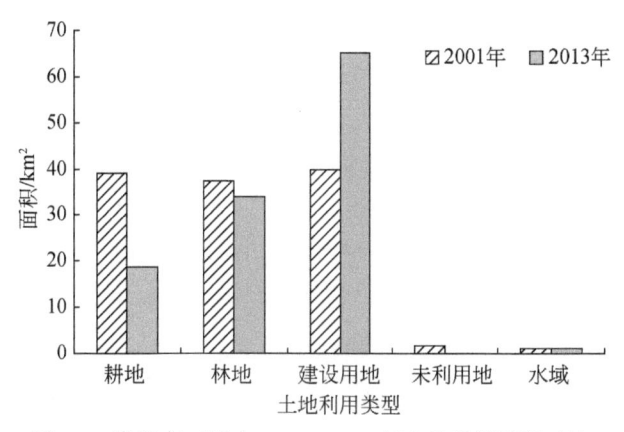

图 7-2　贵阳市二环内 2001～2013 年土地利用面积对比

表 7-5 2001~2013 年贵阳市二环内土地利用数量变化

土地利用类型	2001 年 面积/km²	2001 年 比例/%	2013 年 面积/km²	2013 年 比例/%	2001~2013 年 变化面积/km²	2001~2013 年 变化率/%
耕地	39.098	32.853	18.661	15.680	-20.473	-52.363
林地	37.402	31.427	33.995	28.565	-3.407	-9.109
建设用地	39.760	33.409	65.265	54.839	25.505	64.147
未利用地	1.770	1.487	0.074	0.063	-1.696	-95.819
水域	0.981	0.824	1.016	0.853	0.035	3.568

表 7-5 分析结果表明，研究区土地利用类型以耕地、林地和建设用地为主，三者总和大于 97%，占绝对优势。2001~2013 年研究区土地利用变化显著，2001 年研究区各类土地利用面积占总面积的比例由大到小依次为建设用地>耕地>林地>未利用地>水域，建设用地面积最大，占总面积的 33.409%，水域面积最小，占总面积的 0.824%。2013 年研究区各类土地利用面积占总面积的比例由大到小依次为建设用地>林地>耕地>水域>未利用地，建设用地面积最大，占总面积的 54.839%，未利用地面积最小，占总面积的 0.063%。

从图 7-1 和图 7-2 中可以看出，2001~2013 年研究区各类利用面积发生了明显了的变化。耕地、林地、未利用地面积下降，其中耕地面积的减少得最多，2001~2013 年一共减少了 20.473 km²，年均递减 1.706 km²，年变化率为 4.364%；林地面积减少 3.407 km²，年变化率为 0.759%；未利用地面积一共减少 1.696 km²，年变化率为 7.985%。建设用地面积和水域面积增加，其中建设用地面积增加了 25.505 km²，年均递增 2.13 km²，年变化率为 5.346%；水域面积增加了 0.035 km²，年变化率为 0.297%，2001~2013 年，研究区土地利用变化以耕地和建设用地的变化最为显著，这与毛腾（2015）、李丽等（2015）的研究结果相似，建设用地的增加量超出了耕地面积的减少量，说明研究区建设用地的扩张除了占用了大量的耕地外还导致林地面积、未利用地面积的减少（魏媛等，2015）。

（2）土地利用程度综合指数分析

土地利用程度综合指数能够有效地反映出土地利用的集约化程度，根据 Liu 等（2014）提出的土地利用程度的综合分析方法，进行土地利用分级（表7-6）。

表 7-6 土地利用类型及分级指数

分级	未利用土地级	林、草、水域用地级	农业用地级	城镇聚落用地级
类型	未利用地	林地、草地、水域	耕地、园地、人工草地	城镇、居民点、工矿、交通用地
分级指数	1	2	3	4

根据式（7-2）和表7-6中的不同土地利用类型分级指数计算得出贵阳市二环内的土地利用程度综合指数，2001年和2013年分别为298.18和325.30，计算结果表明2001～2013年研究区土地利用程度综合指数在不断提高，说明随着贵阳市社会经济的快速发展，土地利用集约化程度在不断提高。

（3）土地利用变化量分析

土地利用变化量可以通过土地利用程度指数表示，其可以有效地体现出土地利用所处的发展阶段，并衡量城市土地利用发展水平，促进城市土地利用可持续发展。当$\Delta L_{b-a}<0$时，则表示该区域的土地利用处于调整或衰退时期，当土地利用程度变化量$\Delta L_{b-a}>0$时，表示该区域土地利用处于发展时期（余嘉琦等，2015）。

根据式（7-3）和土地利用程度综合指数，2001～2013年研究区土地利用变化量为27.12，说明贵阳市二环内的土地正处于发展期，并且由于土地利用程度最高值为400，可见贵阳市二环内土地发展和开发程度属于中、高速开发状态。

（4）土地利用变化动态度分析

1）单一土地利用动态度。单一土地利用动态度可以分析某一区域内某种土地利用类型的数量变化，动态度表示土地利用类型相对的稳定度，即数值越大，对应的土地利用类型越不稳定；反之，数值越小，对应的土地利用类型越趋于稳定。2001～2013年贵阳市二环内土地利用动态度见表7-7。

表7-7　2001～2013年贵阳市二环内土地利用动态度

土地利用动态度	耕地	林地	建设用地	未利用地	水域
单一土地利用动态度/%	-4.364	-0.759	5.346	-7.985	0.297
综合土地利用动态度/%	10.14	1.90	0.33	733.33	7.18

由表7-7分析可得，单一土地利用动态度数值由大到小的顺序依次为未利用地>建设用地>耕地>林地>水域，表明研究区未利用地变化速度最显著，土地类型不稳定，其次是建设用地，水域面积变化不大，在5种土地利用类型中最稳定。

2）综合土地利用动态度。综合土地利用动态度侧重于土地利用类型变化的速度和年变化率，计算结果见表7-7。从表7-7中可以看出，综合土地利用动态度数值由大到小的顺序依次为未利用地>耕地>水域>林地>建设用地，说明2001～2013年研究区域的未利用地的变化强度最大，反映了人类与土地之间进行物质、能量、信息交流的强度也最大，其次为耕地，建设用地变化强度最小，表明建设用地转为其他类土地利用面积的绝对值最小，建设用地的增加是耕地、林地、未利用地面积的减少主要原因。

7.1.1.3 结论与讨论

（1）结论

本节运用 RS 与 GIS 技术方法对贵阳市 2001 年和 2013 年两期的遥感影像进行处理，提取贵阳市二环内土地利用变化信息，运用土地利用动态度、土地利用程度等分析方法，对研究区土地利用数量变化及利用程度进行分析，得出以下主要结论。

1）2001~2013 年研究区土地利用类型以耕地、林地和建设用地为主，三者总和大于 97%，占绝对优势。2001~2013 年研究区耕地、林地、未利用地面积下降，其中耕地面积减少得最多，一共减少了 20.473 km^2；林地面积减少了 3.407 km^2；未利用地面积一共减少了 1.696 km^2。建设用地面积和水域面积增加，其中建设用地面积增加了 25.505 km^2，水域面积增加了 0.035 km^2。2001~2013 年，研究区土地利用变化以耕地和建设用地的变化最为显著，建筑用地增加的量超出了耕地面积减少的量，说明研究区建设用地的扩张除了占用了大量的耕地外还导致了林地面积、未利用地面积的减少。

2）贵阳市二环内的土地利用程度综合指数由 2001 年的 298.18 上升到 2013 年的 325.30，说明 2001~2013 年随着贵阳市社会经济的快速发展，其利用方式逐渐由粗放型向集约型转变，土地利用集约化程度在不断提高。2001~2013 年研究区土地利用变化量为 27.12，说明贵阳市二环内的土地正处于发展期，进入了利用方式逐渐由粗放型向集约型转变土地开发利用的新阶段。

3）土地利用变化动态度研究结果表明研究区未利用地变化最显著，从单一土地利用动态度来看，各地类变化速度从快到慢依次为未利用地>建设用地>耕地>林地>水域，说明未利用地土地类型数量不稳定，其次是建设用地，水域面积变化不大，在 5 种土地利用类型中最稳定；就综合土地利用动态度而言，速度从快到慢依次为未利用地>耕地>水域>林地>建设用地，表明建设用地转为其他类土地利用面积的绝对值最小，建设用地快速增加是耕地、林地、未利用地面积的减少主要原因。

（2）讨论

随着喀斯特生态脆弱区经济社会的不断发展，快速推进的城镇化必然带来建设用地不断增加，耕地、林地、未利用地面积下降，人地矛盾日趋紧张，影响城市的绿色可持续发展。因此，研究区必须协调城市发展与土地利用之间的关系，缓解人地矛盾。首先，适度控制人口数量，提高人口素质，确保土地的集约化程度和利用效率的提高；其次，以土地集约高效利用为目标，加强林地、耕地和基本农田保护，减少建设用地的扩张；最后，科学规划和开发利用土地，加强土地资源的宏观调控和用途管制，优化土地资源配置。在区域宏观政策与喀斯特生态脆弱区发展政策的指导下开发与保护并重，使土地利用格局变化与研究区的社会经济发展相适应（陈瑜琦等，2015）。

喀斯特生态脆弱区土地利用变化是一个复杂、综合的动态过程，驱动因素很多，本节只对两期的遥感影像数据进行分析，运用遥感影像数据对土地利用动态变化信息进行提取和预测，并对其土地利用驱动因素进行全面深入分析。

7.1.2 喀斯特贫困山区土地利用结构优化研究——以贵阳市为例

十八大提出优化国土空间开发格局。国土是生态文明建设的空间载体，必须珍惜每一寸国土，调整空间结构，有序扩大城市的居住空间、公共设施和绿色空间，保持农业生产空间，逐步、适度地减少农村的生活空间。生态足迹法是评价研究对象可持续发展状况的方法之一（周涛等，2015；魏媛和吴长勇，2011）。目前对土地利用结构优化的研究主要是从理论和方法两方面着手，在理论方面主要有不确定理论、土地适宜性评价理论、景观生态学理论，方法方面主要有线性规划法、灰色预测法等。李鑫等（2014）基于不确定理论，对土地利用结构优化进行研究。余光英和员开奇（2014）将碳平衡引入土地适宜性评价研究中，并选取在适宜性评价的基础上对城市圈的碳排放权进行优化配置研究，得出各城市2020年土地利用结构的优化结果。李晓丹和刘学录（2009）采用景观生态学中"斑块–廊道–基质"模式和景观指数对甘肃省土地利用结构进行了研究，得出相应结论并对研究区土地利用结构进行了优化。曲艺等（2013）引入生态优先的概念，用碳氧平衡法分析规划目标年区域用地生态约束，以经济效益最大化为目标，构建基于生态用地约束的土地利用数量结构优化模型，并以南通市为例进行案例研究，优化后可保证区域生态安全。魏媛等（2016）运用 GIS 与 RS 技术方法对贵阳市喀斯特山地城市土地利用动态变化进行了研究。综上所述目前国内外已运用不同方法对土地利用结构优化进行研究，但对喀斯特贫困山区城市的研究较少，贵阳市是喀斯特地貌极为显著的地区，近年来由于经济快速发展带来了城市不合理的土地利用结构，本节对喀斯特贫困山区城市土地利用结构优化进行研究，以期为喀斯特贫困山区土地优化配置及集约高效利用提供参考。

7.1.2.1 研究方法与数据来源

(1) 研究方法

研究方法主要包括生态足迹计算、生态承载力计算、生态盈余/赤字、生态压力指数、土地利用动态度计算、灰色预测模型、线性规划模型，具体如下。

1）生态足迹计算。生态足迹是在土地面积量化的基础上，首先在需求层面上计算生态足迹大小，在供给层面上计算生态承载力大小，其次将二者进行比较，最后对生态赤字/盈余进行判断并对生态状况进行评价（杨屹和加涛，2015），计算方法为

$$EF = \sum_{i=1}^{n} \frac{(P_i + I_i - E_i) \times EQ_i}{EP_i \times N} \quad (7\text{-}6)$$

式中，EF 为人均生态足迹；P_i 为资源生产量；I_i 为资源进口量；E_i 为资源出口量；i 为生物生产性土地类型；n 为土地利用类型数；EQ_i 为均衡因子；EP_i 为全球平均生物生产力；N 为总人口。

2）生态承载力计算。计算公式为

$$EC = \frac{\sum_{i=1}^{n} A_i}{N} \times EQ_i \times Y_i \quad (7\text{-}7)$$

式中，EC 为人均生态承载力；A_i 为不同类型生物生产性土地面积；EQ_i 为均衡因子；Y_i 为调整系数。

3）生态盈余/赤字。计算公式为

$$ED/ER = EC - EF \quad (7\text{-}8)$$

式中，ED/ER 生态盈余/赤字，当生态承载力大于生态足迹时为盈余，反之则为赤字。

4）生态压力指数。生态压力指数即某一国家或地区可更新资源的人均生态足迹与生态承载力的比值，其代表着该区域生态环境的承载压力的程度，计算公式如下：

$$T = EF/EC \quad (7\text{-}9)$$

式中，T 为生态压力指数；EF 为人均生态足迹；EC 为人均生态承载力。

5）土地利用动态度计算。土地利用变化量是对不同时期土地利用类型的总量进行统计分析，经过分析后得出土地利用变化趋势，同时可以表现出该时期由于人为因素造成的土地变化强弱程度。计算公式如下：

$$C_a = \frac{A_e - A_o}{A_o} \times \frac{1}{T} \times 100\% \quad (7\text{-}10)$$

式中，C_a 为某一土地类型的年变化率；A_e 和 A_o 分别为研究初期和研究末期某一类型土地的总面积；T 为研究时段。

6）灰色预测模型。设 $x^{(0)} = [x^{(0)}(1), x^{(0)}(2), \cdots, x^{(0)}(n)]$ 为原始数列，其 1 次累加生成数列为 $x^{(1)} = [x^{(1)}(1), x^{(1)}(2), \cdots, x^{(1)}(n)]$，其中 $x^{(1)}(k) =$

$$\sum_{i=1}^{k} x^{(0)}(i), \quad k = 1, 2, \cdots, n_{\circ}$$

定义 $x^{(1)}$ 的灰倒数为

$$d(k) = x^{(0)}(k) = x^{(1)}(k) - x^{(1)}(k-1)$$

令 $z^{(1)}$ 为数列 $x^{(1)}$ 的邻值生成数列，即

$$z^{(1)}(k) = \alpha x^{(1)}(k) + (1 + \alpha)x^{(1)}(k-1)$$

于是定义 GM (1, 1) 的灰微分方程模型为

$$d(k) + az^{(1)}(k) = b$$

7) 线性规划模型。把影响土地利用系统的有关因素用一定的参量表示出来，区分可控量（数值有待确定）和不可控量（数值已定）。把可控量当作未知变量，按问题给定的相互关系列出数学方程式或不等式或其他数学表达式，这就是土地利用系统的规划模型。土地利用规划系统的数学模型有很多种类，但其共同点是由目标函数和约束条件两部分组成，规划意味着寻求在给定的约束条件下达到最佳目标的途径。用待定变量函数表示土地利用规划系统的功能目标（即效益目标）称为目标函数。设 $x_1, x_2, \cdots, x_n$ 为待定变量（系统的土地利用类型），目标函数可表示为

$$F = F(x_1, x_2, \cdots, x_n)$$

目标函数反映系统的功能目标与结构、特性之间相互依存和制约的关系。目标函数的极大值或极小值代表系统功能的最优值。结构优化存在人力、物力、财力、时间、生态、经济、社会、技术及土地现状、潜力、需求等多方面不可避免的限制条件，数量上表现为对待定变量做如下形式的约束条件：

$$g_1(x_1, x_2, \cdots, x_n) \leqslant (=, \geqslant) b_1$$
$$g_1(x_1, x_2, \cdots, x_n) \leqslant (=, \geqslant) b_2$$
$$g_1(x_1, x_2, \cdots, x_n) \leqslant (=, \geqslant) b_3$$

$x_1, x_2, \cdots, x_n \geqslant 0$，构成系统土地利用结构的类型，应取非负值，称为非负性条件。

三式一起构成土地利用规划系统的结构优化模型。其中，非负性条件也作为约束条件的一部分。若用向量

$$X = (x_1, x_2, \cdots, x_n)$$
$$B = (b_1, b_2, \cdots, b_n)$$

分别表示待定变量和约束条件，则土地利用规划系统的数学模型为

目标函数 $\max[F(X)]$ 或 $\min[F(X)]$

约束条件 $g \leqslant (=, \geqslant) B$

非负条件 $X \geqslant 0$

根据实际情况，建立模型后，要编制计算机程序或运用相应软件进行调试计算。

(2) 数据来源

用于生态足迹计算的数据来源于 2005~2014 年《贵阳统计年鉴》，为统一数据口径，农产品均采用产量代替消费量，全球平均产量数据来自联合国粮食及农业组织统计数据库，贵阳市各类土地利用面积参考各年贵阳市土地利用变更调查的数据成果。生态足迹法中均衡因子和产量因子的取值见表 7-8（杨屹和加涛，2015）。

表 7-8　土地用途说明及产量因子和均衡因子取值

土地类型	主要用途	均衡因子	产量因子
耕地	提供农产品	2.82	1.66
林地	提供林产品和木材	1.14	0.91
草地	提供畜产品	0.54	0.19
建设用地	人类居住和道路用地	2.82	1.66
化石燃料用地	吸收 CO_2	1.14	0.00
水域	提供水产品	0.22	1.00

7.1.2.2　结果与分析

(1) 贵阳市土地利用动态度分析

土地利用动态度有两种表现形式，包括特定种类单一土地利用动态度和综合土地利用动态度，前者是从局部进行研究，后者是从整体进行研究。单一土地利用动态度描述的是某特定区域内，在某时间段内，某土地利用类型的面积变化。表 7-9 为贵阳市 2004~2013 年土地利用动态度。

表 7-9　贵阳市 2004~2013 年土地利用动态度

土地利用类型	面积/hm² 2004 年	面积/hm² 2013 年	2004~2013 年土地利用动态度/%
耕地	275 629.21	267 047.71	-0.346
林地	280 136.57	351 124.05	2.816
草地	26 998.92	24 300.00	-1.110
水域	15 864.50	18 568.91	1.894
建设用地	57 895.61	67 334.49	1.811

从表 7-9 贵阳市土地利用动态度分析结果中可以看出，2004~2013 年土地利用类型变化最大的是林地，呈现正向变化，增加了 2.816%，其次是水域，也呈现正向变化，增加了 1.894%。从以上分析可以看出，2004~2013 年各种类型土地面积一直处在变化过程中，同一时期不同类型土地动态度不同甚至方向相反。影响动态度变化的因素是多方面的，建设用地动态度年均增加 1.811%，仅次于林地。说明研究区大量耕地、草地转化为了建设用地，经济发展还是建立在资源损耗基础上，林地年均增加 2.816%，说明发展经济、改善民生仍是这一时期的工作重点。

（2）贵阳市生态足迹动态变化分析

根据国际通行标准，贵阳市生态足迹由三大账户组成，分别是生物资源账户、能源消耗账户和贸易调整账户，本节不做贸易调整账户，仅从生物资源账户和能源消耗账户计算贵阳市 2004~2013 年生态足迹。

1）生物生态足迹。贵阳市的生物资料消费包括农产品、动物产品、林产品和水产品等 26 项，根据联合国粮食及农业组织 1993 年有关生物资源的世界平均产量资料（刘红娇和常胜，2008），将贵阳市 2004~2013 年的消费转化为提供这类消费需要的生物生产面积，计算结果见表 7-10。

表 7-10　贵阳市 2004~2013 年人均生态足迹　（单位：hm^2/人）

年份	人均生物生态足迹				人均能源生态足迹			人均总生态足迹
	耕地	草地	水域	林地	化石燃料用地	建设用地	
2004	0.2289	0.7742	0.0182	0.0020	1.0796	0.0101	2.1130
2005	0.2636	0.8381	0.0205	0.0022	1.1829	0.0109	2.3182
2006	0.2216	0.5712	0.0122	0.0025	1.1714	0.0132	1.9921
2007	0.2337	0.5163	0.0140	0.0026	1.1053	0.0129	1.8848
2008	0.2478	0.5557	0.0148	0.0026	1.0399	0.0028	1.8636
2009	0.2595	0.6069	0.0173	0.0026	1.0309	0.0128	1.9300
2010	0.2360	0.6299	0.0161	0.0031	0.9692	0.0140	1.8683
2011	0.2009	0.6197	0.0166	0.0033	0.9692	0.0140	1.8237
2012	0.2265	0.6461	0.0167	0.0038	0.8923	0.0159	1.8013
2013	0.2261	0.6706	0.0169	0.0041	1.0315	0.0155	1.9647

表 7-10 研究结果表明，2004~2013 年人均生物生态足迹表现出波动下降的趋势，从 2004 年的 1.0233 hm^2/人波动下降到 2013 年的 0.9177 hm^2/人，揭示节约高效利用资源取得了一定的成效。各类土地人均生物生态足迹的顺序为草地>耕地>水域>林地，表明在贵阳市经济发展过程中，随着人们生活水平的提高，

肉类、禽蛋类的消耗比例大。

2）能源生态足迹。贵阳市能源足迹计算选择了煤炭、焦炭、燃料油、汽油、煤油、菜油、电力，计算时将能源消费转化为化石燃料生产土地面积，数据以世界上单位化石燃料生产土地面积平均发热量为标准（Wackermagel et al.，1999）。能源生态足迹的计算结果见表7-10。

从表7-10可以看出，2004~2013年人均能源生态足迹表现出波动下降的趋势，但下降幅度小。2004年为1.0897hm²/人，2005年达到最高，随后逐年下降，在2013年为1.0470hm²，说明研究区在经济发展过程中，注重能源的节约高效利用，低碳经济发展取得了一定的成效，但还有很大的提升空间。

（3）贵阳市生态承载力动态变化

通过测度和比较人类社会发展的物质需求与自然生态系统所能提供的生态承载力之间的盈亏状况有助于对贵阳市资源与环境可持续发展能力进行有效评估。表7-11为贵阳市2004~2013年各类土地人均生态承载力及可利用人均生态承载力。

表7-11 贵阳市2004~2013年各类土地人均生态承载力及可利用人均生态承载力

（单位：hm²/人）

年份	耕地	草地	水域	林地	建设用地	均衡面积	生物多样性面积	可利用人均生态承载力
2004	0.3678	0.0008	0.0009	0.0828	0.0772	0.5295	0.0635	0.4660
2005	0.3644	0.0005	0.0009	0.0827	0.0776	0.5261	0.0631	0.4630
2006	0.3619	0.0008	0.0009	0.0823	0.0788	0.5247	0.0630	0.4618
2007	0.3554	0.0008	0.0009	0.0811	0.0793	0.5174	0.0621	0.4553
2008	0.3498	0.0016	0.0008	0.0822	0.0811	0.5147	0.0618	0.4529
2009	0.3492	0.0007	0.0009	0.0964	0.0869	0.5351	0.0642	0.4709
2010	0.3407	0.0007	0.0009	0.0761	0.0902	0.5086	0.0610	0.4476
2011	0.3407	0.0007	0.0009	0.0761	0.0902	0.5086	0.0610	0.4476
2012	0.3370	0.0008	0.0009	0.0758	0.0450	0.4593	0.0551	0.4042
2013	0.3298	0.0007	0.0010	0.0961	0.0831	0.5106	0.0613	0.4494

表7-11研究结果表明，2004~2013年贵阳市人均生态承载力及其构成总体上均呈稳中略降的趋势，在人均生态承载力中，耕地的人均生态承载力最高，占68.10%，其次为林地，约占16.2%，其他草地和水域共占0.33%左右，耕地和林地是生态承载力的主要构成部分，表明耕地和林地在生态平衡中起着重要作

用,这种现象与贵阳市土地利用中耕地和林地比例有关。

(4) 生态可持续性分析

根据表7-10和表7-11中的结果计算出2004~2013年研究区人均生态盈余/赤字及生态压力指数,结果见表7-12。

表7-12 贵阳市2004~2013年各类型土地人均生态赤字/盈余及生态压力指数变化

(单位: hm^2/人)

年份	耕地	草地	水域	林地	化石燃料用地	建设用地	人均生态赤字	生态压力指数
2004	0.1389	-0.7734	-0.0173	0.0808	-1.0796	0.0671	-1.5835	4.5343
2005	0.1008	-0.8376	-0.0196	0.0805	-1.1829	0.0667	-1.7921	5.0069
2006	0.1403	-0.5704	-0.0113	0.0798	-1.1714	0.0656	-1.4674	4.3138
2007	0.1217	-0.5155	-0.0131	0.0785	-1.1053	0.0664	-1.3673	4.1397
2008	0.1020	-0.5541	-0.0140	0.0796	-1.0399	0.0783	-1.3481	4.1148
2009	0.0897	-0.6062	-0.0164	0.0938	-1.0309	0.0741	-1.3959	4.0985
2010	0.1047	-0.6292	-0.0152	0.0730	-0.9692	0.0762	-1.3597	4.1740
2011	0.1398	-0.6190	-0.0157	0.0728	-0.9692	0.0762	-1.3151	4.0744
2012	0.1105	-0.6454	-0.0159	0.0720	-0.8923	0.0291	-1.3420	4.4565
2013	0.1037	-0.6699	-0.0159	0.0920	-1.0315	0.0676	-1.4540	4.3718

从表7-12可以看出,贵阳市2004~2013年,耕地、林地、建设用地为人均生态盈余,草地、水域及化石燃料用地为人均生态赤字,总体上表现出生态赤字的现象,人均总生态赤字表现出波动下降的趋势,在2005年最高,随后总体上呈现出波动下降的态势,从2005的1.7921 hm^2/人下降到2013年的1.4540 hm^2/人,下降幅度为18.87%,研究表明研究区经济发展过程中资源能源的开发利用及排放的废弃物超过了生态环境的承载力,生态环境处于不可持续的状态,但这种情况通过科技水平的提高在逐步缓解。生态压力指数也在2005年达到最高,随后表现出波动下降的趋势,由2005的5.0069下降到2013年的4.3718,下降幅度为12.68%,表明研究区的生态压力得到一定的缓解,可持续发展能力在缓慢增强,但这与绿色低碳发展的目标还有很大的差距。因此,贵阳市应进一步优化土地利用结构、提高土地利用效率、节约高效利用资源能源、减少碳源、增加碳汇,促进土地资源可持续利用。

(5) 贵阳市生态足迹与生态承载力预测

1) 人口预测。采用一元线性回归模型,以2004年为基准年,2020年为目标年,对2014~2020年研究区人口进行预测并建立回归模型为

$$y = -6367.459 + 3.352x$$

模型拟合结果与样本实际值误差较小，拟合优度 $R^2 = 0.969$，说明模型具有统计学意义，故采用此模型对贵阳市人口进行预测，预测结果如图 7-3 所示。

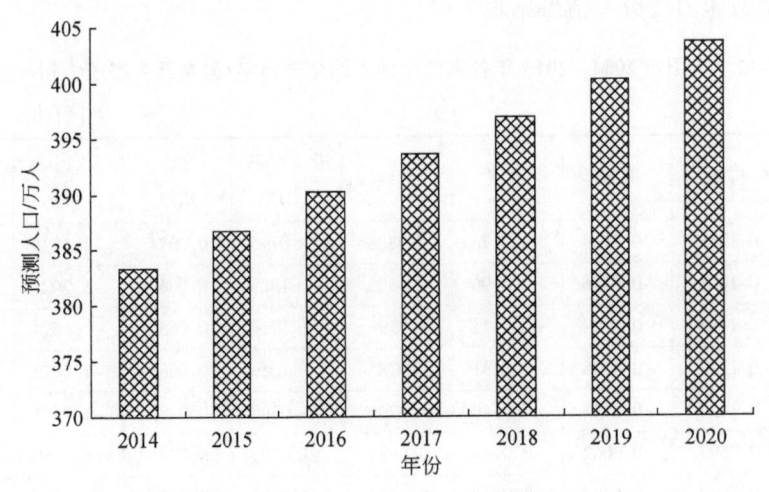

图 7-3 贵阳市 2014～2020 年预测人口

从图 7-3 预测结果可以看出，2014～2020 年贵阳市总人口表现出不断上升的态势，2020 年全市人口将达到 403.545 万人。

2）生态足迹预测。通过灰色系统分析方法预测贵阳市生态足迹发展趋势和状态。通过建立灰色模型 GM（1，1），得到贵阳市生态足迹和生态承载力预测公式如下：

生态足迹公式为 $x(k+1) = -51.425\,993e^{(-0.0912k)} + 51.891\,993$；

生态承载力公式为 $x(k+1) = -108.982\,924e^{(-0.19328k)} + 111.096\,024$。

其中 $k = 1, 2, 3, \cdots, n$，模拟值与实际值对比结果见表 7-13。

表 7-13　贵阳市 2005～2013 年生态足迹与生态承载力模拟值

（单位：hm²/人）

年份	实际生态承载力	模拟生态承载力	残差	实际生态足迹	模拟生态足迹	残差
2005	0.4630	0.4669	0.0039	2.3181	2.3862	0.0680
2006	0.4618	0.4626	0.0008	1.9921	2.0463	0.0542
2007	0.4553	0.4584	0.0031	1.8848	2.0071	0.1223
2008	0.4529	0.4543	0.0014	1.8634	1.9687	0.1051
2009	0.4709	0.4502	−0.0207	1.93	1.931	0.0010

续表

年份	实际生态承载力	模拟生态承载力	残差	实际生态足迹	模拟生态足迹	残差
2010	0.4476	0.4461	−0.0015	1.8683	1.894	0.0257
2011	0.4476	0.442	−0.0056	1.8237	1.8578	0.0341
2012	0.4042	0.438	0.0338	1.8013	1.8222	0.0209
2013	0.4494	0.434	−0.0154	1.9647	1.7873	−0.1770

表 7-13 研究结果表明实际值与模拟值拟合效果较好，因此，可利用生态足迹与生态承载力公式对贵阳市 2014~2020 年生态足迹及生态承载力进行预测，结果见表 7-14。

表 7-14　贵阳市 2014~2020 年人均生态足迹、生态承载力与生态赤字预测

（单位：hm^2/人）

年份	预测生态足迹	预测生态承载力	生态赤字
2014	1.7531	0.4301	−1.3230
2015	1.7196	0.4262	−1.2934
2016	1.6866	0.4223	−1.2643
2017	1.6544	0.4185	−1.2359
2018	1.6227	0.4147	−1.2080
2019	1.5916	0.4109	−1.1807
2020	1.5612	0.4072	−1.1540

表 7-14 预测结果表明 2014~2020 年贵阳市人均生态足迹、生态承载力及生态赤字均表现出逐年下降的趋势，分别下降了 10.95%、5.32% 和 12.77%，表明贵阳市在土地开发利用过程中仍然处于不可持续的状况，人均生态足迹下降幅度是生态承载力 2.06 倍，表明研究区在经济发展的同时资源环境保护取得了一定的成效，但效果不是很明显，因此研究区在未来的发展中需要对土地利用结构进行优化调整。

（6）贵阳市土地利用结构优化

1）模型构建。本节所采用的线性规划为多目标线性规划。为了保证贵阳市土地资源利用的可持续性，模型在把追求经济效益最大化作为决策目标的前提下，同时将社会效益和生态效益作为约束条件。土地利用变量设置说明见表 7-15。

表 7-15 贵阳市土地利用变量设置说明

变量	地类	2013 年面积/hm^2
x_1	耕地	267 047.71
x_2	林地	351 124.05
x_3	草地	24 300
x_4	水域	18 568.91
x_5	建设用地	67 334.49
x_6	其他用地	75 024.85

以生态赤字最小为目标,根据生态足迹计算模型,构建生态赤字的目标函数为

$$\min(ED) = \min(EF - EC)$$

式中,ED 为生态赤字;EF 和 EC 分别为生态足迹和生态承载力,根据生态足迹计算模型得到生态承载力计算公式为

$$EC = 2.82 \times 1.66x_1 + 1.14 \times 0.91x_2 + 0.54 \times 0.19x_3 + 0.22x_4 + 2.82 \times 1.66x_5$$

由此得到生态足迹目标函数为

$$\min(ED) = 6\ 299\ 987.16 - 4.6812x_1 + 1.0374x_2 + 0.1026x_3 + 0.22x_4 + 4.6812x_5$$

以经济效益最大为目标,构建函数为

$$B(x) = \sum_{i=1}^{7} K_i W_i X_i$$

式中,K_i 为各类用地效益系数;W_i 为各类用地相应权重;X_i 为各类用地面积。

首先,运用 AHP 确定各类用地的响应权重集为

$$W = (0.0042,\ 0.0009,\ 0.7438,\ 0.0088,\ 0.2341,\ 1)$$

其次,通过耕地效益确定权益系数 K 为 $V_{x_1} = W_{x_1} \times K_{x_1} = 1.2455$ 万/hm^2,由此得到 K 值,并据此求得其他各地类的 K 值,然后乘以相应的权重值,从而求得相应用地类型单位面积上的产出效益为

$$K \times W = (2.4318,\ 0.5407,\ 305.8397,\ 9.6653,\ 107.8578,\ 0)$$

由此得到的经济效益目标函数为

$$B(x) = 2.4318x_1 + 0.5407x_2 + 305.8397x_3 + 9.6653x_4 + 107.8578x_5$$

2)构建约束条件。根据上述研究结果构建土地利用结构优化约束条件,结果见表 7-16。

第 7 章 | 土地利用变化及生态安全评价实证研究

表 7-16　贵阳市土地利用结构优化约束因素　　　　　（单位：hm²）

约束因素	表达式
人口约束	按照规划期 2020 年的人口上限，根据农用地及城镇人口密度，得出人口的土地承载约束力为：$3.03 \times (x_1+x_2+x_3) +418 \times 0.070\ 2 \times x_5 \leqslant 4\ 035\ 450$
土地供给约束	土地总面积约束为 $x_1 + x_2 + x_3 + x_4 + x_5 + x_6 = 803\ 400$，用地面积之和等于全市总面积
	基于耕地面积和基本农田保护面积不能减少的规划原则：$x_1 \geqslant 267\ 047.71$
	总农业用地不能减少：$x_1 + x_2 + x_3 \geqslant 642\ 471.75$
	贵阳市总体规划中到 2020 年安排新增水利设施用地 2991hm²：$x_4 \leqslant 21\ 559.91$，$x_6 \leqslant 75\ 024.85$
	建设用地约束：$67\ 334.49 \leqslant x_5 \leqslant 84\ 600$
生态约束	$x_2 \geqslant 351\ 124.05$，$x_3 \geqslant 24\ 300$
非负约束	$x_i \geqslant 0 (i = 1, 2, \cdots, 6)$

对多目标线性规划求解大致分为直接算法和间接算法，间接算法是指将多目标问题在某种意义下转化成单目标问题进行求解；直接算法是对多目标规划本身直接求解或寻求多目标优化问题整个（或部分）有效解集的算法，多目标线性规划的直接算法主要有单纯形法、目标规划法和模糊规划法等。这些方法的实现有一定的困难，因此本节采用间接算法对土地利用结构进行优化，优化结果如图 7-4 所示。

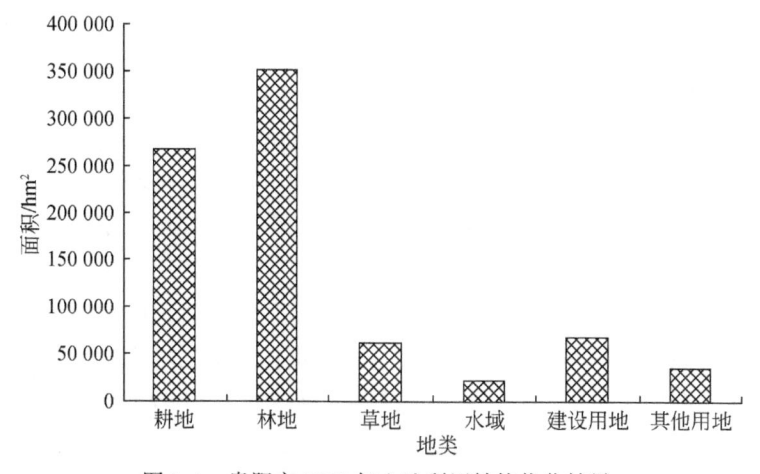

图 7-4　贵阳市 2020 年土地利用结构优化结果

从图 7-4 优化结果可以看出，2020 年贵阳市土地利用结构优化大致呈现了耕地、林地、建设用地保持不变，草地、水域增加，其他用地减少的趋势，同时根据 2020 年优化结果对贵阳市 2020 年人均生态足迹和人均生态承载力进行重新计算，得出的人均生态足迹为 1.0803 hm²/人，较之于 2020 年的预测结果减少了 0.4809 hm²/人；人均生态承载力为 0.4809 hm²/人，较之于 2020 年预测结果增加了 0.0737 hm²/人，达到了土地利用结构优化的目的。研究结果为土地利用规划和可持续利用相关政策措施的制定提供参考。

7.1.2.3 结论与讨论

（1）结论

1）从贵阳市土地利用动态度分析结果得出，2004~2013 年各种类型土地面积一直处于动态变化过程中，同一时期不同类型土地动态度不同甚至方向相反，林地、水域、建设用地呈正向变化，动态度变化由大到小依次为：林地>建设用地>水域；耕地和草地呈负向变化。从以上分析可以看出，2004~2013 年贵阳市林地动态变化量最大、其次为建设用地，揭示研究区在经济快速发展的同时注重生态环境建设，有利于推进低碳绿色生态文明城市的建设；但耕地、草地动态变化表现出下降的趋势，说明经济发展的过程中，部分耕地转化成了建设用地，耕地的保护力度有待于进一步加强。

2）通过对贵阳市 2004~2013 年可持续发展评价分析结果表明，贵阳市人均生态足迹表现出先升后降的趋势，人均生态承载力表现出波动下降的态势，生态足迹远远高于生态承载力，经济发展处于不可持续的状态。研究区在城镇化进程中，工业发展对生态造成了一定的压力，经济发展消耗了大量的化石能源，生态经济系统的发展超出其本身拥有的潜力，最终导致生态环境污染等一系列问题；人均生态足迹、生态承载力、生态赤字预测结果表明 2014~2020 年贵阳市人均生态足迹、生态承载力及生态赤字分别下降了 10.95%、5.32% 和 12.77%，分析得出目前贵阳市土地利用结构不合理，因为研究区是典型的喀斯特山区，特殊的地形地貌导致当地土地利用结构存在一定问题，土地利用效率很低，处于不可持续发展态势，急需对土地利用结构进行优化。

3）土地利用结构优化结果表明，2020 年研究区土地利用结构总体呈现了耕地、林地、建设用地保持不变，草地、水域增加，其他用地减少的趋势，人均生态足迹为 1.0803 hm²，比 2020 年的预测结果减少了 0.4809 hm²；人均生态承载力为 0.4809 hm²，与 2020 年预测结果相比增加了 0.07370 hm²，表明研究结果达到了土地利用结构优化的目的。经过优化调整后，提高各类用地的生态经济效益，有利于促进研究区经济社会绿色可持续发展的实现。

（2）讨论

本节采用计量模型对喀斯特贫困山区贵阳市土地利用动态度变化、生态可持续发展状况进行定量分析和预测，运用多目标线性规划模型对其土地利用结构进行优化。优化调整结果基本上可达到经济效益、社会效益和生态效益的有机统一。但本研究还存在有待于深入研究之处，对于生态足迹的计算，虽然参照了前人较为有权威性的研究，不同地区生态状况不同，其影响因子的界定也应当适合于该地区的情况，本研究在影响因子的确定方面由于受数据可获得性等诸多原因限制，仍然参照学者的研究结果。因此，根据研究区实际对影响因子进行调整有待于进一步研究。

7.2 土地利用变化及生态安全评价实证研究

土地利用变化将引起生态系统服务价值、土地资源承载力、土地利用碳排放及生态可持续性的变化，从而对生态安全产生一定的影响。本节运用计量方法对喀斯特贫困山区贵州省和贵阳市土地利用变化对生态系统服务价值的影响、生态可持续性动态分析、土地资源承载力动态分析与预测、土地利用碳排放效应及风险进行实证研究，在此基础上，对城市土地利用生态冲突诊断及影响因素、土地利用与生态环境保护协调发展进行深入研究，以期为实现贵州省土地资源可持续利用与生态安全提供思路和对策。

7.2.1 贵阳市土地利用变化对生态系统服务价值的影响

党的十八大报告要求大力推进生态文明建设，努力建设美丽中国，实现中华民族永续发展。而生态文明建设的空间载体是土地，合理利用土地、优化土地利用，对维持生态平衡、促进区域经济与环境的协调发展及生态文明建设有着重要的推动作用。土地利用变化是全球环境变化的重要组成部分，与生态服务互相影响、互相制约，与人类的未来生存息息相关（黄羽等，2013）。土地利用结构变化决定着生态系统结构和功能（生态系统服务价值）的变化，生态服务价值反映了土地利用结构的生态优劣（欧阳志云等，1999；李馨等，2011）。因此，研究土地利用变化对生态系统服务价值变化的影响，对于了解土地利用变化的生态环境效应具有重要意义（王佼佼等，2012；Jansen and Di，2002；Scmwal et al.，2004；叶延琼和章家恩，2008；熊鹰等，2008；徐超平和夏斌，2010；Yang et al.，2013）。贵阳市是全国重要的生态旅游休闲度假城市、中国森林之城、避暑之都、生态文明示范城市，是贵州省生态文明先行示范区建设的主要城市和国家级国际性高端论坛"生态文明贵阳国际论坛"举办城市，辖六区一市三县，市域总面积 8034 km²，2013 年全市年末总人口 452.19 万人，地区生产总值

2085.42亿元。贵阳市属于典型的喀斯特山地城市,生态环境脆弱,人多地少,人地矛盾突出。

近年来,随着贵阳市经济的快速发展和城市化水平的不断提高,林地面积不断增加,但大量耕地被建设用地所占用,城市土地利用格局发生了显著变化。生态文明城市建设要求守住"生态红线"范围,优化用地结构,提高土地集约利用水平,强化林地、耕地和基本农田保护,提高生态系统服务价值,协调人地矛盾。在这种背景下探索贵阳市土地利用变化对生态系统服务价值的响应尤为必要。因此,本节定量评价贵阳市2000~2011年土地利用变化引起的生态系统服务价值的变化情况,探索城市土地利用对生态服务价值影响的一般规律、生态服务可持续的区位土地利用调整措施,以期为贵阳市土地可持续利用、生态环境保护、生态文明城市建设提供参考。

7.2.1.1 研究方法与数据来源

(1)研究方法

1)土地利用动态度计算。土地利用类型动态度指某研究区一定时间范围内某种土地利用类型的数量变化情况,可定量测度土地利用变化的幅度和速度。计算公式如下(高妍和毕如田,2011):

$$\mathrm{LD}_T = \frac{U_b - U_a}{U_a} \times \frac{1}{T} \times 100\% \tag{7-11}$$

式中,LD_T为研究时段某类土地利用类型的动态度(%);U_a和U_b分别为某类土地利用类型在研究时段内初期和末期的面积(hm^2);T为研究时段(年)。

2)生态系统服务价值评价方法。基于Costanza等(1997)的生态系统服务价值理论,结合谢高地等(2003)制定的我国平均状态生态系统服务价值表(表7-17),采用Costanza等提出的估计研究区生态系统服务价值变化的估算公式(谢高地等,2003;王秀丽等,2007),研究贵阳市生态系统服务价值的变化,计算公式如下:

$$\mathrm{ESV} = \sum_1^n A_k \times V_k \tag{7-12}$$

式中,ESV为研究区域所有生态系统的服务总价值(元);k为研究区域土地利用类型的数目;A_k为研究区域第k种土地利用类型的面积;V_k为第k种土地利用类型单位面积的生态服务价值[元/($hm^2 \cdot a$)]。

表7-17　中国不同陆地生态系统单位面积生态服务价值

[单位：元/(hm²·a)]

生态服务功能	耕地	林地	草地	水域	建设用地	未利用地
气候调节	442.4	3 097.0	707.9	0.0	0.0	0.0
气体调节	787.5	2 389.1	796.4	407.0	0.0	0.0
水源涵养	530.9	2 831.5	707.9	18 033.2	0.0	26.5
土壤形成与保护	1 291.9	3 450.9	1 725.5	8.8	0.0	17.7
废弃物处理	1 451.2	1 159.2	1 159.2	16 086.6	0.0	8.8
生物多样性保护	628.2	2 884.6	964.5	2 203.3	0.0	300.8
食物生产	884.9	88.5	265.5	88.5	0.0	8.8
原材料	88.5	2 300.6	44.2	8.8	0.0	0.0
娱乐文化	8.8	1 132.6	35.4	3 840.2	0.0	8.8
合计	6 114.3	19 334.0	6 406.5	40 676.4	0.0	371.4

3）人均生态服务价值占有量变化计算。为揭示生态系统的价值和人类的关系，引入了人均生态服务价值占有量 Ave（ESV）这一系数（喻建华等，2005）。计算公式为

$$\text{Ave}(\text{ESV}) = \frac{\text{ESV}}{N} = \sum_{1}^{n} \frac{V_k}{N} \times A_k \tag{7-13}$$

式中，Ave（ESV）为人均生态服务占有量；N 为人口总数。

(2) 数据来源

基础数据来源于《贵阳统计年鉴》《贵州统计年鉴》《中国城市统计年鉴》、贵阳市国民经济和社会发展统计公报、贵阳市土地利用变更调查资料。

7.2.1.2　结果与分析

(1) 土地利用变化分析

土地利用变化反映在各类土地的面积变化上，通过分析土地利用类型面积变化，可分析出土地利用变化的总体趋势和变化速度，揭示土地利用结构之间的转变。根据研究需要数据收集的情况，将贵阳市土地利用类型主要划分为五大类，即耕地、林地、草地、水域和建设用地，2000~2011年贵阳市土地利用类型变化速度见表7-18。

表 7-18　2000～2011 年贵阳市土地利用类型的变化速度　　（单位:%）

土地利用类型	2000～2005 年 变化率	2000～2005 年 动态度	2005～2011 年 变化率	2005～2011 年 动态度	2000～2011 年 变化率	2000～2011 年 动态度
耕地	-2.45	-0.20	-1.64	-0.14	-4.04	-0.34
林地	5.62	0.47	18.14	1.51	24.78	2.07
草地	-14.69	-1.22	-0.40	-0.03	-15.03	-1.25
水域	3.95	0.33	-3.19	-0.27	0.64	0.05
建设用地	17.80	1.48	15.57	1.30	36.14	3.01

表 7-18 结果表明，贵阳市各类土地利用类型动态变化差异明显，2000～2005 年贵阳市土地利用变化趋势是耕地和草地的变化率及动态度为负数，说明耕地和草地面积在减少，林地、建设用地及水域土地利用变化率及动态度为正数，说明其面积在增加。2005～2011 年土地利用变化趋势是耕地、草地和水域面积的变化率及动态度为负数，说明耕地、草地及水域面积在减少，林地、建设用地变化率及动态度为正数，说明其面积在增加。2000～2011 年的贵阳市土地利用的变化趋势与 2000～2005 年的一致，耕地和草地的变化率及动态度为负数，说明耕地及草地面积在减少，分别减少了 4.04% 和 15.03%，林地、建设用地及水域变化率及动态度为正数，说明其面积在增加，分别从 2000～2011 年增加了 24.78%、0.64% 及 36.14%。贵阳市各类土地利用总体变化特征为耕地面积减少，林地面积稳步增加，建设用地扩张明显，水域基本上保持平稳，草地面积波动较大。这主要是因为贵阳市注重生态环境建设与保护，但随着城市化和工业化的进程的加快，大量农用地被建设用地占用。

（2）生态系统服务价值变化分析

1）生态系统各项服务功能的价值变化见表 7-19。

表 7-19　2000～2011 年贵阳市生态系统各项服务功能的价值变化

生态服务功能	2000 年 EVS/(元·a)	2000 年 所占比例/%	2011 年 EVS/(元·a)	2011 年 所占比例/%	EVS 变化量/(元·a)
食物生产	282.60×10^6	3.67	277.11×10^6	3.12	-5.48×10^6
原材料	639.50×10^6	8.31	790.22×10^6	8.90	150.72×10^6
气候调节	972.14×10^6	12.64	1168.29×10^6	13.17	196.15×10^6
气体调节	889.70×10^6	11.56	1034.79×10^6	11.66	145.09×10^6
水源涵养	1200.17×10^6	15.60	1379.52×10^6	15.55	179.35×10^6
废弃物处理	998.46×10^6	12.98	1054.56×10^6	11.88	56.10×10^6

续表

生态服务功能	2000 年 EVS/(元·a)	所占比例/%	2011 年 EVS/(元·a)	所占比例/%	EVS 变化量 /(元·a)
土壤形成与保护	1337.88×10⁶	17.39	1542.92×10⁶	17.39	205.04×10⁶
生物多样性保护	1009.40×10⁶	13.12	1188.41×10⁶	13.39	179.01×10⁶
娱乐文化	363.71×10⁶	4.73	438.61×10⁶	4.94	74.90×10⁶
合计	7693.56×10⁶	100.00	8874.43×10⁶	100.00	1180.88×10⁶

表 7-19 研究结果表明, 2000~2011 年贵阳市生态系统的各项服务价值除食物生产下降外, 其余各项均表现出上升的趋势。由于耕地及草地面积在研究时段内在减少, 且林地单位面积生态系统服务价值最高, 食物生产生态系统服务价值减少, 由 2000 年 28 260 万元下降到 2011 年 27 110 万元。2000~2011 年研究区内生态系统各项服务价值从大到小的顺序依次为土壤形成与保护>水源涵养>生物多样性保护>废弃物处理>气体调节>气候调节>原材料>娱乐文化>食物生产, 各项服务价值的结构顺序没有发生变化。其中土壤形成与保护及水源涵养在总生态服务功能价值中占有较大比例, 分别为 17.39-17.38% 和及 15.60%-15.54%, 16.61%, 这与王佼佼等 (2012) 研究结果相似, 分析结果表明贵阳市不同土地利用类型的生态系统具有强大的土壤形成与保护和水源涵养的能力, 这主要是因为林地和水域有强大的土壤形成与保护和水源涵养的能力。

2) 不同生态系统服务功能的价值变化见表 7-20。

表 7-20 2000~2011 年贵阳市不同生态系统服务功能的价值变化

土地利用类型	2000 年 EVS/(元·a)	比例/%	2011 年 EVS/(元·a)	比例/%	EVS 变化量 /(元·a)	年变化率/%
耕地	1722.81×10⁶	22.39	1653.12×10⁶	18.63	-69.69×10⁶	-0.37
林地	5151.99×10⁶	66.97	6428.83×10⁶	72.44	1276.84×10⁶	2.25
草地	201.08×10⁶	2.61	170.86×10⁶	1.93	-30.22×10⁶	-1.37
水域	617.68×10⁶	8.03	621.61×10⁶	7.00	3.93×10⁶	0.06
建设用地	0	0	0	0	0	0
合计	7693.56×10⁶	100.00	8874.42×10⁶	100.00	1180.86×10⁶	1.40

从表 7-20 可以看出, 2000~2011 年贵阳市生态系统服务总价值总体上呈增加趋势, 由 2000 年的 769 356 万元增加到 2011 年的 887 442 万元, 净增加了 118 086 万元, 年均变化率为 0.14%, 总体变化幅度较小。耕地和草地面积减少, 水域和林地面积增加, 特别是森林面积的大幅度增加是研究区生态系统服务总价

值总体呈上升趋势的主要原因。土地利用结构的改变对贵阳市生态系统总服务价值产生了较大影响，其中耕地和草地因面积减少分别损失了生态系统服务总价值6969万元和3022万元。林地和水域面因面积上升分别增加了生态系统服务总价值127 684万元和393万元。林地对研究区生态系统服务总价值的影响最为显著。建设用地面积增加最大，增幅达到原面积的36.14%，占用了大量的耕地、草地等生态用地，致使两类生态系统服务总价值减少（叶长盛和董玉祥，2010）。表7-20分析表明2000~2011年贵阳市各种土地利用类型服务价值的结构比例变化明显，这主要是因为研究区土地利用格局发生了显著变化。

研究区生态系统服务价值的大小主要取决于不同的土地利用类型单位面积的生态系统服务价值及土地利用结构，不同土地利用类型单位面积的生态系统服务价值从大到小的顺序依次水域>林地>草地>耕地>建设用地。从土地利用结构的角度来，2000~2011年贵阳市不同生态系统服务价值的比例从大到小的顺序依次均为林地>耕地>水域>草地>建设用地。2011年，各种土地利用类型中林地产生的生态系统服务价值最大，约为总价值的72.44%，其次是耕地和水域，这3种生态系统产生的服务价值超过了总价值的95%。这说明贵阳市的耕地、林地、水域3种不同生态系统价值的变化对总体价值的变化起到关键的作用，从而使其在生态系统服务价值构成中占据主要地位，表明研究区应加强林地、耕地和基本农田保护，减少建设用地的扩张，进一步加强生态建设和环境保护。

3）不同生态系统人均生态服务价值占有量变化。人均生态服务价值占有量Ave（ESV）可揭示生态系统的价值和人类的关系，2000~2011年贵阳市人均生态服务价值占有量变化分析见表7-21。

表7-21　2000~2011年不同生态系统人均生态服务价值占有量变化

土地利用类型	2000年 Ave（ESV）/元	2011年 Ave（ESV）/元	Ave（ESV）变化量/元	年变化率/%
耕地	510.54	382.26	-128.27	-2.28
林地	1526.74	1486.59	-40.16	-0.24
草地	59.59	39.51	-20.08	-3.06
水域	183.04	143.74	-39.30	-1.95
建设用地	0	0	0	0
合计	2279.91	2052.10	-227.81	-0.91

从表7-21分析结果可以看出，2000~2011年贵阳市人均生态服务价值占有量总体呈下降趋势，由2000年的2279.91元下降到了2011年的2052.10元，11年间净减少了227.81元，年均变化率为0.91%。随着土地利用结构的改变，人

均生态服务价值占有量变化显著,不同土地利用结构人均生态服务价值占有量变化从大到小的顺序依次为耕地>林地>水域>草地>建设用地。分析表明随着贵阳市人口的增长,人均生态服务价值占有量逐渐下降,这主要是因为贵阳市人口增长速度超过了生态系统服务总价值的增长。

7.2.1.3 结论与讨论

通过对贵阳市土地利用变化对生态系统服务价值响应的定量分析,得出以下几点主要研究结论。

1) 2000~2011年贵阳市土地利用结构发生了明显变化,耕地、草地面积减少,建设用地、林地、水域面积增加,建设用地的不断扩张占用大量的耕地、草地。这主要是因为贵阳市城市化进程推进及经济的高速发展等对土地利用格局产生影响。

2) 土地利用结构的变化对贵阳市的生态系统服务总价值产生了显著影响。2000~2011年贵阳市生态系统服务总价值总体呈增加趋势,总体变化幅度较小。水域和林地面积增加,特别是森林面积的大幅度增加是贵阳市生态系统服务总价值总体呈上升趋势的主要原因。贵阳市各种土地利用类型中林地产生的生态系统服务价值最大,其次是耕地和水域。这3种生态系统产生的服务价值超过了总价值的95%。这说明如果林地及耕地面积减少将会导致研究区整个生态系统服务价值的明显下降。因此规划部门在制定土地利用规划时应充分考虑生态服务价值的重要性,更多地保护水域、林地等具备高生态价值的生态用地,优化用地结构,提高生态系统服务价值,促进贵阳市生态文明城市的建设。

3) 随着贵阳市人口的快速增长和城市化水平的不断提高,耕地逐渐减少,建设用地面积逐渐增加,人均生态服务价值占有量逐渐下降,人地矛盾突出。不同土地利用结构人均生态服务价值占有量变化从大到小的顺序依次为耕地>林地>水域>草地>建设用地。因此贵阳市应适度控制人口数量,提高人口质量,加强林地、耕地和基本农田保护,减少建设用地的扩张,提高土地的使用效率和生态系统服务价值,协调人地矛盾。

随着贵阳市经济的快速发展和城市化进程的不断推进,土地利用结构在不断地变化,生态系统服务价值也随之变化,因此在土地开发利用过程中,要综合考虑自然和人为因素对生态环境的影响,在不影响经济社会发展的前提条件下,适度控制人口数量,提高人口质量,保持适量耕地、水域面积,减少建设用地面积,增加林地、草地面积,提高土地的使用效率和生态系统服务价值,协调好人地矛盾,促进喀斯特山区自然生态系统、社会生态系统和经济生态系统的协调可持续发展和生态文明示范城市建设。

7.2.2 基于生态足迹模型的贵州省生态可持续性动态分析

生态足迹法是近年来较为流行的评价区域生态可持续发展的定量方法。20世纪90年代，加拿大生态经济学家 William 提出了生态足迹的概念，1996年 Wackernagel 及其学生对生态足迹理论和方法加以完善。此后，生态足迹研究方法引起了世界各国学者的广泛关注，并应用于全球、国家、地区、城市、产业及商业企业等不同空间尺度及不同社会领域，国内外学者对生态足迹理论进行了广泛的运用和实践，其理论和方法日臻完善（Senbel et al.，2003；Hubacek and Giljum，2003；陈敏等，2005，2006；Wackernagel et al.，2004；van Vuuren and Bouwman，2005；常志华等，2007）。目前，生态足迹评价方法已被广泛应用于区域及城市可持续发展问题的定量研究，可测定在一定社会发展阶段和技术条件下，人们的生态足迹需求与供给之间的差距，测算指标采用生物生产面积，而且容易进行尝试性测算，可操作性强（Lenzen and Murray，2001；Haberl et al.，2004；荆治国等，2010；Luck et al.，2001；赵志强等，2008；韩增林等，2008；李飞等，2010）。

贵州省地处中国西南部，是一个资源富集的省份。奇特的喀斯特地貌占全省总面积的73.8%，是世界上岩溶地貌发育最典型的地区之一，其生态环境脆弱，生态功能显著，经济发展水平较低。丰厚的自然资源与较为发达的工农业生产为贵州省的经济发展做出了巨大贡献，但是由于不合理地利用资源及资源的过度掠夺对生态环境造成了巨大的压力，在一定程度上影响了区域生态系统可持续发展。因此，运用生态足迹理论对研究区可持续发展状况进行分析更符合贵州省现实需要。本节以贵州省为例，运用生态足迹法定量计算并探讨贵州省1999~2008年的生态足迹和生态承载力的变化过程和特征，评价社会经济发展过程中存在的问题及可持续发展现状，以期为研究区正确处理人口、资源、环境与经济社会发展之间的关系，制定相关政策提供科学依据，从而达到协调发展并最终实现生态可持续发展的目标，加快新一轮西部大开发进程。

7.2.2.1 研究方法

(1) 生态足迹的计算

生态足迹的计算是基于两个基本事实，一是人类能够估计自身消费的大多数资源、能源及其所产生的废弃物数量；二是这些资源和废弃物流能折算成生产和消纳这些资源和废弃物流的生态生产性土地面积。在生态足迹指标计算中，各种资源和能源消费项目被折算为生物生产性土地（Wackernagel et al.，1999；杨开忠等，2000）。主要分为六大类型，即耕地、林地、草地、化石燃料用地、建设用地和水域。计算公式如下：

$$EF = N \times ef = N \times \sum_{i=1}^{n}(a_i \times r_j) = N \times \sum_{i=1}^{n}\left(\frac{C_i}{p_i}\right) \times r_j \qquad (7\text{-}14)$$

式中，EF 为总的生态足迹；ef 为人均生态足迹；N 为区域总人口；a_i 为第 i 种物质人均占用的生物生产面积；r_j 为均衡因子；C_i 为第 i 种物质的人均消费量；p_i 为第 i 种物质的世界平均生产能力；i 为消费的物质种类（$i=1, 2, 3, \cdots, n$）；j 为生物生产面积类型（$j=1, 2, \cdots, 6$）。

（2）生态承载力（生态资源供给）的计算

生态承载力是指一个国家或地区所能提供给人类的生态生产性土地面积的总和，即区域内部的生物生产性土地数量，计算公式为

$$EC = N \times ec = N \times \sum_{j=1}^{6} a_j \times r_j \times y_j \qquad (7\text{-}15)$$

式中，EC 为生态承载力（hm²）；N 为区域总人口；ec 为人均生态承载力（hm²）；a_j 为人均实际占有的 j 类生态生产性土地面积；r_j 为均衡因子；y_j 为产量因子。

（3）生态赤字（盈余）及生态足迹强度指数计算

$$ER \text{ 或 } ED = EC - EF \qquad (7\text{-}16)$$
$$EFI = EF/EC \qquad (7\text{-}17)$$

式（7-16）和式（7-17）中，ER 为生态盈余；ED 为生态赤字；EFI 为生态足迹强度指数，EFI>1 表明所研究地区处于生态超载状态，EFI=1 表明处于生态平衡状态，EFI<1 表明处于生态盈余状态，即处于可持续发展状态。

（4）生态足迹多样性指数和社会发展指数的计算

利用香农–维纳指数（Shannon-Wiener index）计算基于消费和生态承载力的生态足迹多样性指数，并利用生态足迹和生态足迹多样性指数计算社会发展指数为

$$H = -\sum p_i \ln p_i \qquad (7\text{-}18)$$
$$D = ef \times H \qquad (7\text{-}19)$$

式（7-18）和式（7-19）中，H 为生态足迹多样性指数；p_i 为第 i 种生态生产性土地类型在总生态足迹或生态承载力中所占比例。香农–维纳指数（Wackernagel et al.，1997）的公式不是一个单调函数，它意味着生态经济系统中生态足迹的分配越接近平等，对给定组分的生态经济系统来说，其多样性就越高，因此，其稳定性也就越高。D 为社会发展指数，表示生态经济系统的发展能力。

(5) 万元 GDP 的生态足迹的计算

$$WEF = （区域人均生态足迹／区域人均生产总值）\times 10\ 000 \qquad (7-20)$$

(6) 数据来源

1) 原始数据。本节的原始数据主要数据来自 2000~2009 年的《贵州统计年鉴》，1999~2008 年的《贵州省国民经济和社会发展统计公报》《贵州省土地利用变更调查资料》《中国能源统计年鉴》，全球平均产量数据来自联合国粮食及农业组织统计数据库。

2) 均衡因子和产量因子。均衡因子是不同类型的生态生产性土地转化为在生态生产力上等价的系数。产量因子是某个国家或地区某种类型土地的平均生产力与世界同类土地平均生产力的比值。生态足迹法均衡因子和产量因子的取值见表 7-22（Wackernagel et al.，1999；徐中民等，2002）。

表 7-22 均衡因子和产量因子

土地类型	均衡因子	产量因子
耕地	2.82	1.66
林地	1.14	0.91
草地	0.54	0.19
水域	0.22	1.00
建设用地	2.82	1.66
化石燃料用地	1.14	0.00

7.2.2.2 结果与分析

(1) 贵州省 1999~2008 年生态足迹计算与分析

1) 生态足迹的构成分析。根据生物生产性土地分类，将贵州省 1999~2008 年可供给生物生产性土地分为 6 类（耕地、林地、草地、水域、建设用地及化石燃料用地）来进行分析。应用生态足迹模型，将贵州省 1999~2008 年的消费情况进行统计并分析生态足迹。根据国际通行标准，生态足迹核算由三大账户构成，分别是生物资源账户、能源消耗账户和贸易调整账户。由于受资料限制未进行贸易调整，本节从生物资源账户和能源消耗账户两个方面进行生态足迹的核算（表 7-23）。

表 7-23 贵州省 1999~2008 年人均生态足迹构成变化 （单位：hm^2）

年份	耕地	林地	草地	水域	建设用地	化石燃料用地	合计
1999	1.360 23	0.008 33	0.077 95	0.011 25	0.002 47	0.634 06	2.094 28

续表

年份	耕地	林地	草地	水域	建设用地	化石燃料用地	合计
2000	1.396 15	0.010 72	0.083 97	0.012 60	0.002 88	0.649 13	2.155 44
2001	1.469 86	0.012 21	0.089 40	0.013 76	0.003 95	0.689 89	2.279 07
2002	1.544 40	0.012 74	0.099 93	0.014 75	0.004 28	0.736 69	2.412 79
2003	1.644 78	0.016 29	0.102 92	0.015 61	0.004 75	0.938 84	2.723 19
2004	1.680 95	0.016 95	0.118 76	0.017 20	0.004 99	1.152 47	2.991 31
2005	1.770 89	0.016 79	0.137 20	0.019 24	0.004 96	1.321 81	3.270 90
2006	1.758 07	0.017 36	0.109 94	0.013 55	0.005 51	1.369 78	3.274 20
2007	1.819 36	0.022 12	0.109 81	0.015 49	0.006 34	1.484 78	3.457 89
2008	1.953 89	0.017 20	0.117 25	0.015 60	0.005 98	1.503 57	3.613 48

表7-23测度与分析结果表明，贵州省人均生态足迹呈明显的增长趋势，由1999年的2.094 28 hm^2增加到2008年的3.613 48 hm^2，净增1.5192 hm^2。10年来不同生产土地类型人均生态足迹均总体呈现出增长的趋势，人均生态足迹年均增长率从大到小依次为建设用地、化石燃料用地、林地、草地、耕地、水域，意味着贵州省建设用地增长最快，其次为能源、林产品、农产品、畜产品，对水产品的消费增长最慢，这表明贵州省对电力和能源的消费需求快速增长，造成生态足迹不断上升。从10年来各组分人均生态足迹的构成可以看出，6类生产性土地类型人均生态足迹在总生态足迹中所占的比例依次均表现为耕地>化石燃料用地>草地>林地>水域>建设用地。由此可见，贵州省对农产品和能源需求量大是造成生态足迹偏高的主要原因。

2) 生态承载力的构成分析。生态承载力是指一个国家或地区所能提供给人类的生物生产性土地面积的总和。在生态承载力的计算中，因为各类生物生产土地生产能力差异很大而且单位面积同类土地在各个地区的生产力差异也很大，所以要使各类土地具有可比性，需要对不同类型的面积进行标准化，即将区域现有各类生物生产性土地面积乘以相应的均衡因子和产量因子。

贵州省1999~2008年10年内的人均生态承载力构成的测度与分析结果见表7-24，从表中可以看出贵州省人均生态承载力呈现出缓慢的先减后增后减的变化趋势。从表7-24可看出，1999~2008年提供贵州省生态承载力的主要部分均为耕地，其次为林地、建设用地及草地，最后为水域。10年来耕地承载力呈总体波动下降趋势，这表明耕地资源提供各类生物资源的能力在下降。随着贵州省经济发展和城市化进程加快，城市不断向周边扩张，耕地被蚕食，耕地数量呈现减少的趋势，同时石漠化和水土流失导致耕地质量有所下降，贵州省能提供的农产品随之减少，造成地区农产品消费在一定程度上依赖外部供应（张群生，2010）。林地人均生态承载力所占比例仅次于耕地，这表明贵州省近年来实施的退耕还林和石漠化治理工程取得了一定的成效（安和平和卢名华，2008）。建设用地人均生态承载力总体呈下降趋势，这表明随着工业化、城镇化步伐加快，对既有耕地占用不断加大，可供建设用地在不断减少。草地和水域的人均生态承载力总体呈现下降趋势，波动性不大，这说明贵州省草地和水域资源提供各类生物资源的能力不断下降。

表 7-24 贵州省 1999~2008 年人均生态承载力构成变化（单位：hm²）

年份	耕地	林地	草地	水域	建设用地	人均生态承载力	生物多样性保护面积（12%）	可利用人均生态承载力
1999	0.605 06	0.212 85	0.004 70	0.000 95	0.068 96	0.892 52	0.107 10	0.785 42
2000	0.594 59	0.210 42	0.004 59	0.000 94	0.068 54	0.879 09	0.105 49	0.773 60
2001	0.586 81	0.208 17	0.004 52	0.000 93	0.068 34	0.868 78	0.104 25	0.764 52
2002	0.573 31	0.207 41	0.004 42	0.001 18	0.063 20	0.849 52	0.101 94	0.747 58
2003	0.552 58	0.210 45	0.004 30	0.001 02	0.063 53	0.831 88	0.099 83	0.732 06
2004	0.541 35	0.210 18	0.004 24	0.000 79	0.062 97	0.819 53	0.098 34	0.721 19
2005	0.565 38	0.220 30	0.004 42	0.000 79	0.067 85	0.858 74	0.103 05	0.755 69
2006	0.559 91	0.219 26	0.004 37	0.000 61	0.068 15	0.852 30	0.102 28	0.750 02
2007	0.558 34	0.219 51	0.004 36	0.000 46	0.068 68	0.851 35	0.102 16	0.749 19
2008	0.553 83	0.208 20	0.004 60	0.000 93	0.067 45	0.835 01	0.100 20	0.734 81

3）生态足迹供需的动态分析。贵州省 1999~2008 年的生态足迹需求与供给进行汇总见表 7-25。

表 7-25 贵州省 1999~2008 年生态足迹供需情况 （单位：hm²）

年份	人均生态足迹	人均生态承载力	人均生态赤字
1999	2.094 28	0.785 42	1.308 86
2000	2.155 44	0.773 60	1.381 84
2001	2.279 07	0.764 52	1.514 55
2002	2.412 79	0.747 58	1.665 21
2003	2.723 19	0.732 06	1.991 13
2004	2.991 31	0.721 19	2.270 12
2005	3.270 90	0.755 69	2.515 21
2006	3.274 20	0.750 02	2.524 18
2007	3.457 89	0.749 19	2.708 70
2008	3.613 48	0.734 81	2.878 67

表7-25研究结果表明，贵州省人均生态足迹呈明显的增长趋势，由1999年的2.094 28 hm²到2008年的3.613 48 hm²，净增1.519 20 hm²。人均生态足迹的增加，一方面反映了人民生活水平的提高，消费各种生物产品、农业资源和享有各类服务的绝对量增加，反映出区域消费需求的增长对自然资源的利用强度加大；另一方面反映出对区域生态系统造成的压力在不断加大。可以预见，随着社会经济的发展、人口的增长和生活水平的不断提高，贵州省生态足迹的需求将继续保持增长态势。

从表7-25可以看出，贵州省人均生态承载力变化不大，但从整体上来看有缓慢降低趋势，由1999年的0.785 42 hm²降低到2008年的0.734 81 hm²。随着社会经济的不断发展，科技的进步，以及人们生态环境保护意识的加强，生态承载力的变化将会由逐渐降低转为上升的变化趋势。

随着贵州省人均生态足迹的不断增加，人均生态赤字也呈直线上升趋势。人均生态赤字由1999年的1.308 86 hm²增加到2008年的2.878 67 hm²，这说明贵州省对自然资源的需求远超出了其生态承载力的范围，单靠本地区的自然资源已经无法支撑经济和社会的发展，贵州省对外部资源的依赖性越来越强，说明人口、资源、环境处于不协调状态，生态压力不断加大。

（2）贵州省生态可持续发展分析

1）万元GDP生态足迹动态分析。人类的任何生产、生活活动都离不开资源的利用，资源利用效率的高低将会对区域的资源可持续利用产生影响。万元GDP生态足迹是一个反映资源利用效率的指标。图7-5为贵州省1999~2008年万元GDP生态足迹变化。

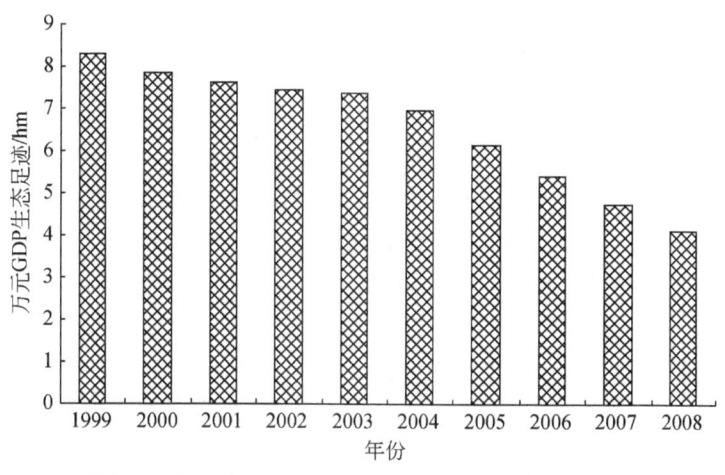

图7-5 贵州省1999~2008年万元GDP生态足迹变化

从图 7-5 可以看出，贵州省万元 GDP 生态足迹值逐年下降，由 1999 年的 8.287 91 hm² 下降到 2008 年的 4.111 70 hm²，下降速度很快，这表明贵州省的资源利用水平随着经济的发展也取得很好的提升，揭示资源利用效率提高较快。伴随着国家西部大开发政策的实施，地区的经济增长方式在逐步向良性发展。

贵州省万元 GDP 生态足迹在 1999~2006 年与全国、东部地区、中部地区和西部地区平均水平相比，差距很大（图 7-6）。从图中可以看出 1999~2006 年贵州省万元 GDP 生态足迹均高于全国、东部地区、中部地区和西部地区。说明贵州省的资源利用水平低于全国、东部地区、中部地区和西部地区平均水平，揭示了贵州省的经济发展是资源粗放型的，在今后的发展中应加快生态经济的发展力度。

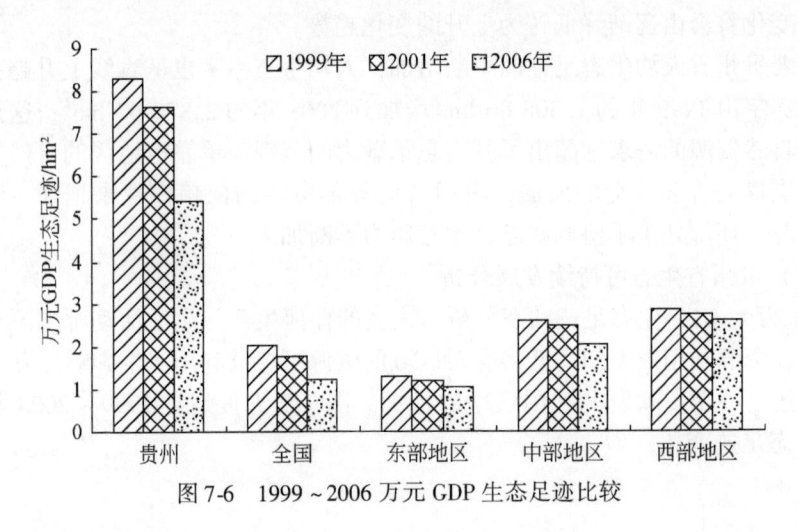

图 7-6 1999~2006 万元 GDP 生态足迹比较

2）生态足迹相关指标分析。从表 7-26 计算结果可以看出，贵州省 1999~2008 年生态足迹强度指数呈现逐步上升的趋势，人均生态足迹的增速明显加快，而人均生态承载力缓慢降低，因此生态足迹强度指数呈现出逐年增大的变化趋势。表 7-26 中结果表明 1999~2008 年生态足迹强度指数均大于 1，表明贵州省生态经济系统处于生态超载和不可持续发展状态。基于生态足迹和生态承载力的生态足迹多样性指数呈现逐步上升的趋势，但总体变化幅度很小，这表明 1999~2008 年贵州省生态足迹的构成没有很好地趋向平均与合理，未来发展仍然要不断优化土地利用结构和加强合理规划，优化产业结构。表 7-26 分析表明，基于生态足迹的社会发展指数呈现逐年上升的趋势，基于生态承载力的社会发展指数与人均生态承载力的变化趋势相同。总体来看，1999~2008 年贵州省区域生态经济系统的发展能力呈现明显上升的趋势，但根据《生命行星报告 2006》的结果（Wackernagel，2006），2006 年贵州省的发展能力低于世界和中国的平均水平,说明贵州省的发展是以耗竭将来的自然资源为代价的。从表 7-26 中还可以看出基于生态承载力的社会发展指数低于基于生态足迹的社会发展指数,说明贵州省的生态经济系统发展程度大大超过了本省的发展潜力,只能从系统外界来输入物质和能量,以维持本系统的稳定性。因此,为了实现区域生态经济系统可持续发展,人类应该减少生态足迹,提高生态承载力。

表 7-26　贵州省 1999~2008 年生态足迹相关指标

年份	生态足迹 强度指数	多样性指数		社会发展指数	
		生态足迹	生态承载力	生态足迹	生态承载力
1999	2.666 46	0.822 53	0.838 11	1.722 61	0.658 27
2000	2.786 25	0.834 44	0.840 39	1.798 58	0.650 13
2001	2.981 03	0.841 52	0.842 07	1.917 89	0.643 78
2002	3.227 47	0.849 76	0.839 45	2.050 30	0.627 55
2003	3.719 93	0.866 75	0.851 34	2.360 34	0.623 23
2004	4.1477 5	0.889 08	0.853 98	2.659 52	0.615 88
2005	4.328 35	0.898 50	0.858 29	2.938 90	0.648 60
2006	4.365 45	0.897 56	0.859 50	2.956 74	0.644 64
2007	4.615 51	0.900 48	0.860 29	3.131 79	0.644 52
2008	4.917 61	0.890 38	0.858 08	3.235 18	0.630 52

7.2.2.3　贵州省生态可持续发展对策

依据生态足迹的分析思路,生态足迹的大小取决于人口规模、消费水平和生态承载力等几方面。因此要降低贵州省对外部生态系统的依赖度,必须适量控制人口规模,建设节约型社会,降低生态足迹需求,提高生态承载能力,尽可能地缩减生态足迹与生态承载力之间的巨大缺口,减少生态足迹和缓解生态环境的压力。

(1) 适度控制人口规模,减轻生态环境压力

控制人口规模,能够有效控制生态足迹的总量,要降低人均生态足迹,减少生态赤字,必须控制人口总量,适度控制贵州省人口的增长显得尤为重要,可通过劳务输出等措施减轻人口压力。

(2) 合理开发利用土地资源,提高生态承载能力

随着经济发展和城镇规模扩大,贵州省大量林地、草地和部分优良耕地被城镇及工矿企业占用,从而出现地表植被破坏、土地生物生产能力下降等环境问题,以致贵州省历年生态足迹总量不断上升的同时,区域生态承载力却缓慢下

降,这必然导致生态赤字不断上升。所以,贵州省必须加强土地利用规划布局,节约城镇建设用地,严格保护现有耕地和林地,特别是保护生产能力较高的耕地,科学利用土地资源,并且通过技术的革新,提高土地的生物生产能力,有效治理石漠化,积极发展高效生态农业,提高生态承载能力。

(3) 建设节约型社会,降低生态足迹需求

通过生态足迹的分析,可以明确生态足迹大小的关键是生活模式。各种消费表面上是在花钱,实际上是在消耗土地、森林、能源和矿产等资源。因此,为了实现贵州生态可持续发展,必须转变消费模式,而消费模式主要取决于人口的素质与社会的道德约束,因而要通过倡导发展低碳经济、提倡绿色消费观念,提高人口素质,积极建设资源节约型、环境友好型社会,使消费与生态环境相协调,从而有效降低贵州省生态足迹的需求。

(4) 优化产业结构,提高资源、能源的利用效率

近年来贵州省经济发展虽然取得了显著的成绩,但现阶段的产业发展总体上还是比较粗放,特别是消耗资源和能源最多、影响环境最大的第二产业,普遍存在资源高消耗、"三废"高排放、产值高增长的发展模式,万元 GDP 的资源消耗是全国的 3~4 倍(图 7-6)。2008 年贵州省三次产业的比例为 16.4:42.3:41.3,第二产业比例仍高于第三产业。由于第三产业消耗的资源、能源少,产生污染少,对生态环境带来的压力明显小于第二产业,贵州省要优化产业结构,首先要大力发展第三产业。同时还要调整第二产业结构,逐步转移或淘汰资源消耗量大、环境污染严重、循环利用率低的产业,大力发展电子信息、生物医药、新材料等高新技术产业,加快对传统产业的技术改造,从技术上、管理上与政策上全面落实提高资源、能源利用效率的措施,如推广使用分布式能源系统等,以提高生态足迹的经济效益,缓解经济发展与生态环境间的矛盾。

7.2.2.4 结论与讨论

贵州省是典型的喀斯特山区,自然资源丰富,经济发展空间大,但因科技水平低,资源利用效率不高,造成了很多浪费。从本节分析结果看,1999~2008 年贵州省人均生态足迹呈明显上升趋势,生态系统承载力整体上表现出缓慢降低趋势,说明资源的供给远远小于需求,资源短缺与社会经济发展的矛盾日益突出。万元 GDP 生态足迹逐年下降,但与全国、东部地区、中部地区和西部地区相比能耗比偏高,表明贵州省的资源利用水平低于全国、东部地区、中部地区和西部地区平均水平,揭示其经济发展是资源粗放型的。生态足迹多样性指数呈现缓慢上升的趋势,社会发展指数总体呈逐年上升趋势,说明发展能力逐年提高,但这是以生态足迹增加为代价的。因此,要实现区域经济的可持续发展,必须减

少生态足迹，提高生态承载以缓解生态环境压力。

生态足迹模型是一种计算人类的生态消费、衡量生态可持续性的测量工具，是测量可持续性的生态底线的标准，将其应用于我国西南部的贵州省，可以更好地分析、评价该地区的生态可持续性。本节计算分析了贵州省 1999～2008 年人均生态足迹、生态承载力及生态足迹相关指标，对贵州省 1999～2008 年的生态可持续性进行动态评估，以检验生态足迹相关指标分析的有效性，丰富并完善生态足迹分析法关于可持续发展的度量指标体系，为实现贵州省资源可持续利用相关政策、措施的研究和实施提供依据，更好地实现研究区经济、社会和人口、资源与环境的协调发展。

7.2.3 喀斯特贫困山区土地资源承载力动态分析与预测

党的十八大报告要求加快建立生态文明制度，健全国土空间开发、资源节约、生态环境保护的体制机制，推动形成人与自然和谐发展的现代化建设新格局。而生态文明建设的空间载体是土地，节约高效可持续利用土地资源，对维持生态平衡、促进区域经济与环境的协调发展及生态文明建设有着重要的推动作用。土地是人类赖以生存和发展的基础，承载着社会经济的各方面。土地承载力可以表示在一定地区、一定环境条件下能够持续供养的人口总数，是揭示人地关系的一个重要的综合性指标（郝汉舟和汪华，2014；刘东等，2011；张红富等，2009；李娜，2012）。我国土地资源绝对数量大，人均占有量少。科学规划土地，实现土地资源的节约高效持续利用对我国的经济社会可持续发展具有重要的意义。贵州省是典型的喀斯特贫困山区省份、是以山地为主的西部欠发达、欠开发省份，经济发展潜力巨大，随着工业化和城镇化的快速推进，人地矛盾日益突出。如何在经济的快速发展和城市化水平的不断推进过程中提高土地的利用效率、正确根据现有资源进行人口分布规划、促进经济发展、缩小东西部差距的同时结合自身实际选择适宜的环境友好型土地利用模式等一系列问题是目前急需解决的问题。目前一些学者对贵州省土地资源承载力评价进行了系统的研究（叶芳芳，2012；韩会庆等，2013），但对土地资源承载力未来动态变化的预测尚属空白。因此，本节在分析贵州省土地利用、人口发展现状的基础上，运用土地承载力评估模型及土地资源承载指数（land resources carrying capacity index，LCCI）模型对 2003～2013 年贵州省土地资源承载力进行动态分析，结合灰色 GM (1, 1) 模型预测对 2014～2023 年的土地资源承载力的发展趋势进行预测，以期为研究区制定土地、农业、人口政策和生产、计划与管理、协调人地关系提供科学的决策依据。

7.2.3.1 研究方法

(1) 土地资源承载力评估模型

土地资源承载力反映的是区域人口与粮食的关系，可以用一定粮食消费水平下，区域粮食生产力所能供养的人口最大规模来度量（封志明等，2008），计算公式如下：

$$LCC = G/G\text{pc} \quad (7\text{-}21)$$

式中，LCC 为土地资源承载力（人）；G 为粮食总产量（kg）；$G\text{pc}$ 为人均粮食消费标准（kg）。国内众多专家根据联合国粮食及农业组织公布的人均营养热值标准，结合中国国情计算并提出中国人均粮食消费 400 kg 即可达到营养安全的要求（封志明，2007；朱小娟等，2013），因此本节把人均粮食消费 400 kg 作为营养安全的标准。

(2) 土地资源承载指数模型

本节运用土地资源承载指数及其相关指数揭示贵州现实人口数量与土地资源承载力之间的关系（刘东等，2011；封志明等，2008），计算公式如下：

$$LCCI = P_a/LCC \quad (7\text{-}22)$$

$$R_p = (P_a - LCC)/LCC \times 100\% = (LCCI - 1) \times 100\% \quad (7\text{-}23)$$

$$R_g = (LCC - P_a)/LCC \times 100\% = (1 - LCCI) \times 100\% \quad (7\text{-}24)$$

式（7-22）~式（7-24）中，LCCI 为土地资源承载指数；P_a 为现实人口数量（人）；R_p 为人口超载率；R_g 为粮食盈余率。根据 LCCI 的值可将不同地区的土地资源承载力划分为粮食盈余区、人口与粮食平衡区和人口超载区 3 种类型区：①人口超载区，LCCI 高于 1.125，粮食严重短缺，人口严重超载；②人口与粮食平衡区，LCCI 为 0.875 ~ 1.125，人口与粮食关系基本平衡，发展潜力有限；③粮食盈余区，LCCI 低于 0.875，粮食平衡有余，具有一定的发展空间。根据盈余或超载的程度差异，可以将土地资源承载力细分为 8 个级别，基于 LCCI 的土地资源承载力分级评价标准见朱小娟等（2013）的文章《甘肃省土地资源承载力格局的时空演变分析》。

(3) 灰色预测模型

灰色预测是根据灰色关联分析，分析各相关因素对系统的影响程度，根据数据树检验的处理结果，建立 GM（1，1）模型，并进行求解。本节根据贵州省 2003 ~ 2013 年的人口与粮食现状，运用土地资源承载力相关模型计算得出 2003 ~ 2013 年土地资源承载力与土地资源承载指数，采用灰色 GM（1，1）模型分别对 2014 ~ 2023 年的土地资源承载力与土地资源承载指数进行预测。

将原始数据序列定为 $x_t^{(0)}(i)$，$x_t^{(1)}(i)$ 就是一次累加生成数序列，则得出

GM（1，1）模型的一阶线性常系数微分方程，其标准型公式可表示为

$$\frac{\mathrm{d}x^{(1)}}{\mathrm{d}t} + ax^{(1)} = u \tag{7-25}$$

式中，GM（1，1）模型对应的标准型解为 $x^{(1)} = \left(x^{(0)}(1) - \dfrac{u}{a}\right)\mathrm{e}^{-at} + \dfrac{u}{a}$，$a$，$u$ 为待确定的未知参数；t 为时间。为提高 GM（1，1）模型预测值的精度和可靠性，采用后验差检验方法进行模型精度检验。后验差比值 C 与小误差频率 P 定义为

$$c = \frac{s_2}{s_1}, \quad p = p\{|\zeta_k - \bar{\zeta}| < 0.6745 s_1\} \tag{7-26}$$

式中，ζ_k 为预测数据误差；s_1，s_2 分别为原始数据标准差和预测数据标准差；$\bar{\zeta}$ 为预测误差的均值；P 为小误差概率，在 0~1 取值范围内，越大越好；C 为模型预测值与实际值之差的离散程度，越小越好（韩会庆等，2013）。

7.2.3.2 结果与分析

（1）贵州省土地利用现状

土地利用现状是自然条件和人类社会经济活动综合作用的结果，受自然因素和人类改造利用行为的影响。社会经济环境、社会需求及生产科技管理水平的不同，形成了不同的土地利用现状。贵州省 2003~2013 年各类土地的利用构成及变化见表 7-27。

表 7-27　贵州省 2003~2013 年各类土地利用构成及变化

土地利用类型	2003 年面积 /万 hm²	比例/%	2013 年面积 /万 hm²	比例/%	变化量/ 万 hm²	变化率 /%
耕地	456.786	25.93	455.256	25.85	-1.53	-0.33
园地	10.98	0.62	16.803 33	0.95	5.82	53.01
林地	785.002	44.56	895.462	50.84	110.46	14.07
牧草地	162.175	9.21	72.833 33	4.14	-89.34	-55.09
建设用地	52.513	2.98	62.557 33	3.55	10.04	19.12
未利用地	249.66	14.17	219.07	12.44	-30.59	-12.25
其他用地	44.6	2.53	39.26	2.23	-5.34	-11.97
合计	1 761.716	100.00	1 761.242	100.00	-0.48	6.58

资料来源：贵州省国土资源公报。

由表 7-27 可以看出，2003~2013 年各类土地利用面积构成的顺序由大到小依次为林地>耕地>未利用地>牧草地>建设用地>其他用地>园地，其中林地和建设用地呈明显上升的趋势，分别从 2003 年的 44.56% 和 2.98% 上升到 2013 年的 50.84% 和 3.55%，变化量为 110.46 万 hm² 和 10.04 万 hm²，变化率为 14.07%、19.12%，其余各类土地利用面积保持平衡或下降的趋势，变化幅度均低于建设用地。贵州省的土地正处在快速城镇化时期，建设用地的不断扩张是导致其他类型土地面积减少、土地资源承载力下降的主要因素。

（2）贵州省人口现状分析

人口迅速增长和城市化进程中建设用地的扩张，导致近年来贵州省土地资源承载力下降，贵州省 2003~2013 年人口变化统计结果见表 7-28。

表 7-28 2003~2013 年贵州人口变化

年份	年末总人口/万人	按农业非农业分/万人		占总人口比例/%	
		农业	非农业	农业	非农业
2003	3786.84	3196.70	590.14	84.4	15.6
2004	3831.19	3224.62	606.57	84.2	15.8
2005	3867.73	3258.05	609.68	84.2	15.8
2006	3921.91	3295.08	626.83	84.0	16.0
2007	3985.04	3346.09	638.95	84.0	16.0
2008	4036.75	3385.66	651.09	83.9	16.1
2009	4090.78	3429.36	661.43	83.8	16.2
2010	4188.99	3512.92	676.07	83.9	16.1
2011	4238.44	3551.18	687.26	83.8	16.2
2012	4249.48	3557.14	692.34	83.7	16.3
2013	4286.15	3584.17	701.98	83.6	16.4

资料来源：2004~2014 年《贵州统计年鉴》。

表 7-28 结果表明，2003~2013 年贵州省年末总人口、农业人口和非农业人口表现了出上升的趋势，2013 年比 2003 年分别增长了 13.19%、12.12% 和 18.95%。农业人口在总人口中的比例下降，2003~2013 年下降了 0.80%，非农业人口在总人口中的比例呈现逐年增长的态势，2003~2013 年上升了 0.80%，人口变化结果表明贵州省土地利用正逐渐转型，人口数量不断增加，可能逐渐趋近甚至超出土地资源承载力的最大阈值。

（3）土地资源承载力的动态变化

土地资源承载力是指在一定生产条件下土地资源的生产能力，以及一定生活水平下所承载的人口限度（Murray，2010），是区域人口、资源与社会经济可持续发展的重要指标之一（祝秀芝等，2014），对土地、人口、环境与发展都有一定的提示和预警作用（李刚等，2015）。2003~2013 年贵州省土地资源承载力动态变化评价结果见表 7-29。

表 7-29　贵州省 2003~2013 年土地资源承载力动态变化

年份	粮食生产总量/万 t	土地资源承载力/万人	土地资源承载指数	人口超载率/%	粮食盈余率/%
2003	1104.30	2760.75	1.37	37.17	-37.17
2004	1149.58	2873.95	1.33	33.31	-33.31
2005	1152.06	2880.15	1.34	34.29	-34.29
2006	1038.00	2595.00	1.51	51.13	-51.13
2007	1100.86	2752.15	1.45	44.80	-44.80
2008	1158.00	2895.00	1.39	39.44	-39.44
2009	1168.27	2920.68	1.40	40.06	-40.06
2010	1112.30	2780.75	1.51	50.64	-50.64
2011	876.90	2192.25	1.93	93.34	-93.34
2012	1079.50	2698.75	1.57	57.46	-57.46
2013	1029.99	2574.98	1.66	66.45	-66.45

资料来源：2004~2014 年《贵州统计年鉴》。

由表 7-29 可知，2003~2013 年贵州省土地资源承载指数、人口超载率总体表现出波动上升的趋势；粮食生产总量、土地资源承载力、粮食盈余率表现出波动下降的趋势。研究表明贵州省所能承载的人口远远低于实际总人口，土地资源承载力一直处于超载态势，其中 2006 年、2010~2013 年的人口超载率超过 50%，2011 年的最高，达 93.34%，这主要是因为受旱灾影响，贵州省 2011 年末粮食总产量比 2010 年减产 21.2%。研究表明较低的粮食生产量无法满足快速增长的人口需求，粮食盈余率表现出负增长，粮食严重不足。土地资源承载力指数表现出波动上升的趋势，变化范围为 1.33~1.93，表明粮食自给率比较低，人口与粮食之间矛盾十分突出。随着人口数量不断增长、工业化和城市化的快速推进，农业产业结构优化升级，贵州省土地资源承载力可能会长期处于超载态势，人地关系紧张现象将日益加剧。

（4）土地资源承载力的预测

1）土地资源承载力的灰色预测模型生成。由表 7-29 可以得出贵州省土地资源承载力的原始序列 $X^{(0)}(k)$ 为

$$X^{(0)}(k) = [2760.75, 2873.95, 2880.15, 2595.00, 2752.15, 2895.00,$$
$$2920.68, 2780.75, 2192.25, 2698.75, 2574.98] \quad (7\text{-}27)$$

累加生成数据序列 $X^{(1)}(k)$ 为

$$X^{(1)}(k) = [2760.75, 5634.70, 8514.85, 11109.85, 13862.00, 16757.00,$$
$$19677.68, 22458.43, 24650.68, 27349.43, 29924.41] \quad (7\text{-}28)$$

2）土地资源承载力的灰色预测系统建模。根据灰色预测模型 GM（1, 1），得出土地资源承载力的预测模型为

$$\hat{a} = [a, u]^T = [0.012\,981\,546, 2\,932.323\,357]^T \quad (7\text{-}29)$$

$$X^{(1)}(k+1) = -223\,123.243\,7 e^{-225\,883.993\,7k} + 225\,883.993\,7 \quad (7\text{-}30)$$

3）土地资源承载指数的灰色预测系统建模。根据相同的原理，得出土地资源承载指数的预测模型为

$$X^{(1)}(k+1) = 47.338\,573\,51 e^{0.027\,667\,729k} + 1.271\,846\,057 \quad (7\text{-}31)$$

将 $k= (0, 1, 2, 3, \cdots, 10)$ 代入式（7-30）和式（7-31），推算出贵州省 2014~2023 年土地资源承载力和土地资源承载指数的预测值（图 7-7）。

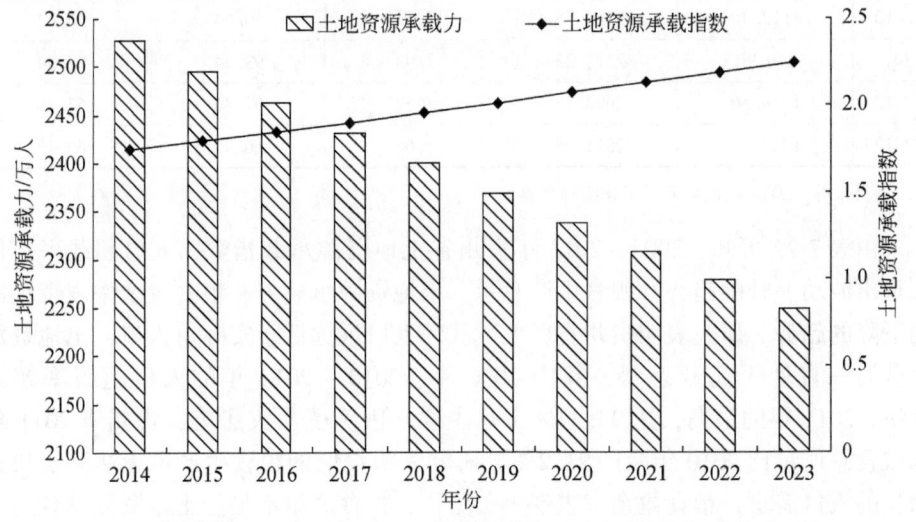

图 7-7 贵州省 2014~2023 年土地资源承载力及土地资源承载指数预测

4）预测结果分析。利用 GM（1, 1）模型建立的贵州省土地资源承载力及土地资源承载指数的预测模型是否满足实际情况，由灰色模型的模拟精度决定。根据后验差检验结果，土地资源承载预测模拟的精度为 2 级，土地资源承载指数预测模拟的精度为 1 级，结合 2014 年现实数据对其进行验证，表明模型预测精度较好，可信度较高。图 7-7 的预测结果显示，2014~2023 年贵州省的土地资源

承载力表现出逐年下降趋势，由 2014 年的 2527.42 万人下降到 2023 年的 2248.73 万人，10 年间下降了 11.03%，表明如果按照当前趋势发展下去，贵州省的土地资源承载力将会严重超载。从图 7-7 中还可以看出，2014～2023 年贵州省的土地资源承载指数表现出逐年上升的趋势，由 2014 年的 1.75 上升到 2023 年的 2.25，10 年间上升了 28.57%，主要是因为贵州省人口数量大且增速快、建设用地的不断扩张占用了大量的耕地、生态环境脆弱、科技水平低、资金短缺、气候灾害频繁发生，粮食产量较低，粮食生产水平无法满足持续增长的人口需求，粮食自给难以实现。表明未来 10 年贵州省土地资源的超载情况十分严重，人地矛盾日趋严峻，影响经济社会可持续发展。

7.2.3.3 结论与讨论

本节通过资料文献汇总及查阅的数据，对贵州省土地利用、人口发展现状进行分析，在此基础上，运用土地资源承载力评估模型、土地资源承载指数模型及灰色预测模型对 2003～2013 年贵州省土地资源承载力动态变化进行分析，并对 2014～2023 年的土地资源承载力的发展趋势进行预测。研究主要结论如下：

1) 2003～2013 年各类土地利用面积构成的顺序由大到小依次为林地>耕地>未利用地>牧草地>建设用地>其他用地>园地，其中林地和建设用地呈明显上升的趋势，其余各类土地利用面积保持平衡或呈现下降的趋势，变化幅度均低于建设用地。贵州省正处于城镇化快速推进时期，建设用地的不断扩张是导致其他类型土地面积减少、土地资源承载力下降的主要因素（谢汀等，2015）。人口现状分析表明，2003～2013 年贵州省年末总人口、农业人口和非农业人口表现了出上升的趋势，2013 年比 2003 年分别增长了 13.19%、12.12% 和 18.95%。农业人口在总人口中的比例下降，非农业人口在总人口中的比例呈现逐年增长的态势，人口变化结果表明贵州省土地利用正逐渐转型，人口数量不断增加，可能逐渐趋近甚至超出土地资源承载力的最大阈值。

2) 2003～2013 年贵州省土地资源承载指数、人口超载率总体表现出波动上升趋势；粮食生产总量、土地资源承载力、粮食盈余率表现出波动下降的趋势。说明贵州省所能承载的人口远远低于实际总人口，土地资源承载力已经超出了其阈值，一直处于超载态势，粮食盈余率表现出负增长，粮食严重不足。土地资源承载指数表现出波动上升的趋势，揭示粮食自给率比较低，粮食生产水平无法满足持续增长的人口需求，人口与粮食之间矛盾十分突出。

3) 灰色预测结果显示，2014～2023 年贵州省的土地资源承载力表现出波动下降趋势，2023 年比 2014 年下降了 278.69 万人，10 年间下降了 11.03%；土地资源承载指数表现出波动上升趋势，2023 年比 2014 年上升了 0.5，10 年间上升了 28.57%，研究结果表明如果按照当前趋势发展下去，未来 10 年贵州省土地资源的承载力将会严重超载，人地矛盾日趋严峻，影响经济社会可持续发展。

4）利用灰色预测模型建立贵州省土地资源承载力及土地资源承载指数的预测模型，由于受自然灾害和科技水平因素等的影响，加上各个指标预测的动态值均是不确定的数值，预测的动态值与实际值存在一定的误差，这正是运用灰色预测模型进行动态预测存在的不足，进行模型的修正以减小预测的动态值与实际值的误差有待于进一步的深入研究。

7.2.4 喀斯特贫困山区贵州省土地利用碳排放效应及风险研究

绿色发展、低碳发展既是十八大、十八届五中全会及十三五期间对我国经济发展的基本要求，也是未来经济发展的方向和目标。《中共中央关于制定国民经济和社会发展第十三个五年规划的建议》明确指出，今后五年，要在已经确定的全面建成小康社会目标要求的基础上，努力实现生态环境质量总体改善，能源资源开发利用效率大幅提高，能源和资源消耗、建设用地、碳排放总量得到有效控制，主要污染物排放总量大幅减少。随着工业化、城镇化的快速推进和人均资源能源消耗量的增长，碳排放量表现出持续上升的趋势。土地利用方式变化是影响碳平衡的重要因素之一，不合理的土地利用结构将导致土壤和植被储存、吸收和固定 CO_2 的能力减弱，导致更多的 CO_2 排放到大气中，全球气候变暖问题日益突出、倍受关注。因此，国内外学者分别从不同尺度运用不同的方法对土地利用碳排放及其变化过程进行了分析（Houghton and Hackler, 2003；李波和张俊飚，2012；孙赫等，2015；李颖等，2008；孙贤斌，2012；魏媛等，2016；臧淑英等，2005；宋洪磊，2015），取得了丰硕的成果。但已有研究大多选择主要的几种土地利用类型和几种主要能源，全面系统的研究报道较少，尤其是对喀斯特贫困山区土地利用碳排放效应及风险的研究较少。贵州省人口密度大、经济欠发达、贫困程度深、贫困面广，是我国西南典型的生态脆弱地区。党的十八大提出 2020 年全国全面建成小康社会、实现整体脱贫目标。对于喀斯特贫困山区来说迫切需要加快经济发展，而经济快速发展势必加大土地资源的开发利用，改变土地利用方式，进而带来大量的碳排放。限时脱贫下贵州省如何协调土地开发利用与生态环境保护的关系，如何在土地开发利用的过程中既考虑增长速度，又考虑与环境相互协调这一困境，确保 2020 年贫困人口全部脱贫宏伟目标的实现，与全国同步建成小康社会，实现绿色低碳发展是值得全面深入研究的前瞻性问题。因此，本节以贵州省喀斯特贫困山区为研究对象，根据土地利用变更数据及能源消费资料,运用碳排放计量模型对 2000~2014 年不同土地利用碳排放效应及风险的动态演变规律进行研究,以期为喀斯特贫困山区制定碳减排政策、构建低碳土地利用模式和实现绿色脱贫提供参考。

7.2.4.1 研究区域概况

贵州省位于中国西南部。东毗湖南省、南邻广西壮族自治区、西连云南省、北接四川省和重庆市,平均海拔在 1100 km 左右。贵州省岩溶地貌发育非常典型,喀斯特出露面积 109 084 km²,占全省土地总面积的 61.9%,省内岩溶分布范围广泛,形态类型齐全,地域分布明显,构成一种特殊的岩溶生态系统。2016 年贵州省人口数量为 3529.50 万人,地区生产总值为 11 734.43 亿元,在全国排第 25 位,GDP 增量为 10.5,在全国排第 2 位,仅次于重庆,人均 GDP 为 33 242 元,在全国排第 29 位。贵州省人口密度大、经济欠发达、贫困程度深、贫困面广,是我国西南典型的喀斯特生态脆弱地区和贫困山区,长期不合理的土地利用方式对生态环境造成了严重的破坏,过度的垦殖、滥砍滥伐等不合理的人类活动造成了土壤退化、水土流失和石漠化等生态环境问题。贵州省土地总面积为 1761.67 万 hm²,土地利用类型主要为耕地、林地、草地、建设用地、水域、园地和其他用地。近年来,随着贵州省工业化、城市化和农业现代化的快速发展,建设用地不断扩张,耕地、草地等土地资源逐渐减少,土地利用结构发生了明显变化,碳排放也随之变化。

7.2.4.2 研究方法与资料来源

(1) 研究方法

1) 土地利用类型直接碳排放估算。本节的土地利用类型按照《土地利用现状分类》(GB/T 21010—2007) 划分为耕地、园地、林地、草地、水域、建设用地及其他用地。土地利用直接碳排放主要指不同土地利用类型引起的碳排放,采用直接碳排放系数法对耕地、园地、林地、草地、水域及其他用地的碳排放进行估算(孙赫等,2015;孙贤斌,2012),计算公式为

$$E_k = \sum e_i = \sum T_i \times \delta_i \qquad (7\text{-}32)$$

式中,E_k 为直接碳排放量;e_i 为不同土地利用类型产生的碳排放量;T_i 为各土地利用类型面积;δ_i 为各土地利用类型的碳排放(吸收)系数,碳排放为正,碳吸收为负;$i=1, 2, \cdots, 6$ 为 6 种不同的土地利用类型。本节在众多学者(李波和张俊飚,2012;孙赫等,2015;李颖等,2008;孙贤斌,2012;宋洪磊,2015;肖红艳等,2012;赵荣钦等,2013)对各土地利用类型碳排放系数研究的基础上,结合实际确定了贵州省各土地利用类型碳排放系数(表 7-30)。

表 7-30 不同土地利用类型碳排放系数 [单位：t/(hm²·a)]

土地利用类型	碳排放系数
耕地	0.422
园地	−0.730
林地	−0.578
草地	−0.021
水域	−0.460
其他用地	−0.005

注：碳排放系数为正数表示碳排放，碳排放系数为负数表示碳吸收。

2）土地利用类型间接碳排放估算。土地利用间接碳排放主要是指各类土地利用类型上所承载的所有人作用产生的碳排放量（董祚继，2010）。本节采用间接估算方法对建设用地的碳排放进行估算，即通过计算生产生活中能源消耗产生的 CO_2 量来衡量，通过各种能源的消耗量、转标准煤系数及其碳排放系数来间接计算，根据贵州省能源消费实际情况，本节选取了煤炭、焦炭、汽油、柴油、燃料油、煤油、天然气和电力 8 种能源，建设用地碳排放量的计算公式如下（李颖等，2008；宋洪磊，2015）：

$$E_\eta = \sum_i^n e_i = \sum_i^n E_i \times \mu_i \times \varepsilon_i \tag{7-33}$$

式中，E_η 为建设用地的碳排放量；e_i 为第 i 种能源对应的碳排放量；E_i 为第 i 种能源的消耗量；μ_i 为第 i 种能源转标准煤系数；ε_i 为第 i 种能源的碳排放系数（谢鸿宇等，2008）。

3）土地利用类型碳排放计算。土地利用碳排放总量包括直接土地利用类型碳排放和间接土地利用类型碳排放（宋洪磊，2015），计算公式如下：

$$E = E_k + E_\eta \tag{7-34}$$

式中，E_k 为直接碳排放量；E_η 为间接碳排放量。

4）碳排放风险指数计算。为探讨不同土地利用类型与贵州省生态风险之间的内在关系，利用贵州省各土地利用类型的面积比例，构建不同土地利用类型的碳排放生态风险指数（臧淑英等，2005；宋洪磊，2015），计算公式如下：

$$C_{RI} = \sum_i^j \frac{S_j P_j}{S} \tag{7-35}$$

式中，C_{RI} 为研究区土地利用碳排放风险指数；S_j 为研究区第 j 类土地利用面积；S 为研究区总面积；P_j 为第 j 类土地利用类型的碳排放系数，$j=1, 2, 3, \cdots, 7$。

(2) 资料来源

土地利用类型数据来源于贵州省 2000~2014 年土地利用变更调查统计资料

及 2001~2015 年《贵州统计年鉴》，能源消费数据来源于 2001~2014 年的《中国能源统计年鉴》。

7.2.4.3 结果与分析

(1) 不同类型土地面积动态变化

各利用类型土地面积不同引起了碳排放量的差异，从而对全球环境变化带来一定的影响，贵州省 2000~2014 年不同类型土地面积动态变化统计结果如图 7-8 所示。

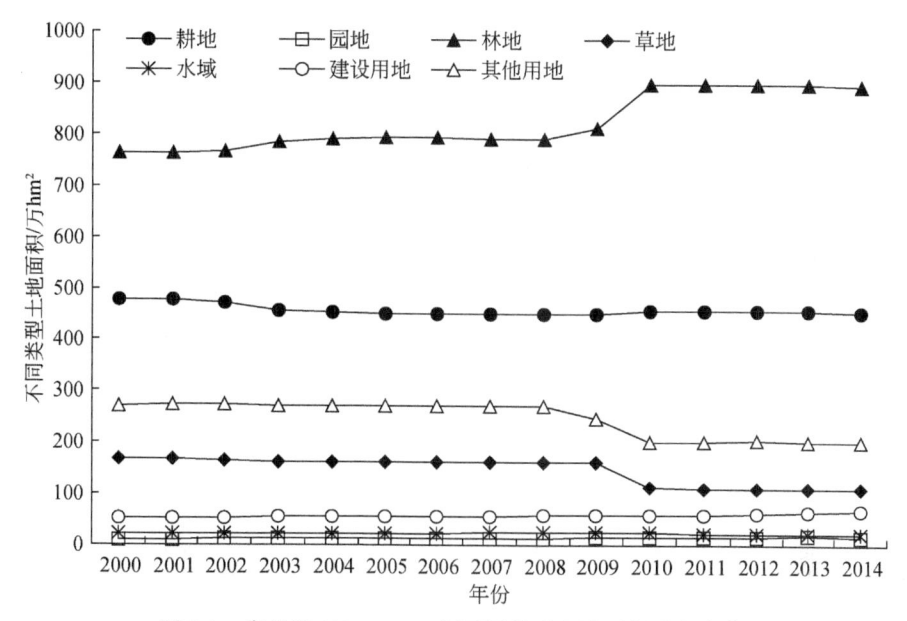

图 7-8 贵州省 2000~2014 年不同类型土地面积动态变化

从图 7-8 可以看出，2000~2014 年，贵州省耕地、草地和其他用地类型土地面积总体上表现出下降的趋势，下降幅度分别为 4.74%、35.11% 和 26.51%。林地、园地、水域和建设用地面积总体上表现出上升的趋势，上升幅度分别为 17.42%、65.63%、5.27% 和 26.04%，不同类型土地面积增长幅度由大到小顺序依次为园地>建设用地>林地>水域。李正等（2011）对贵州省喀斯特山区土地利用变化的研究结果表明，耕地面积减少，林地、园地面积增加的驱动因子主要是生态退耕政策实施等。建设用地的扩张是耕地、草地面积减少的主要原因（魏媛等，2016），本节得出的结论与之相似。不同土地利用类型面积比例由大到小顺序依次为林地>耕地>其他用地>草地>建设用地>水域>园地，林地比例最高，为 50.78%，园地比例最少，为 0.94%。

(2) 不同土地利用类型碳排放效应分析

1) 不同土地利用类型碳排放动态变化。土地利用方式对全球气候变化和碳循环平衡有着重大的影响，2000~2014年贵州省不同土地利用类型的碳排放动态变化结果见表7-31。

表7-31 不同土地利用类型碳排放动态变化 （单位：万t）

年份	耕地	园地	林地	草地	水域	建设用地	其他用地
2000	201.30	-7.33	-440.35	-3.53	-9.40	3117.21	-1.36
2001	200.93	-7.59	-440.56	-3.52	-9.40	3131.25	-1.36
2002	198.33	-7.84	-443.41	-3.47	-9.48	3169.67	-1.37
2003	192.75	-8.23	-453.69	-3.41	-9.56	4076.57	-1.36
2004	190.52	-8.62	-457.15	-3.38	-9.64	4762.35	-1.35
2005	190.08	-8.74	-457.87	-3.37	-9.72	4725.05	-1.35
2006	189.63	-8.87	-457.66	-3.36	-10.21	5431.59	-1.35
2007	189.33	-9.15	-457.36	-3.36	-10.78	5861.31	-1.35
2008	189.26	-9.43	-457.15	-3.36	-10.79	6021.00	-1.35
2009	189.74	-10.02	-468.60	-3.35	-10.61	6600.09	-1.24
2010	192.70	-11.50	-518.80	-2.33	-10.57	6659.65	-1.00
2011	192.43	-11.51	-518.66	-2.31	-9.86	7364.58	-1.01
2012	192.19	-12.13	-517.95	-2.30	-9.86	8058.93	-1.01
2013	192.12	-12.27	-517.58	-2.29	-9.94	8348.20	-1.00
2014	191.75	-12.14	-517.07	-2.29	-9.89	8052.32	-1.00

注：正数表示碳排放，负数表示碳吸收。

从7-31分析结果可以看出，土地利用类型中耕地和建设用地为碳源，2000~2014年耕地碳排放量表现出下降的趋势，下降幅度为4.74%，建设用地碳排放量表现出上升的趋势，上升幅度为158.32%。建设用地对碳排放总量的贡献率最高，达93.93%~97.67%，而耕地对于碳排放总量的贡献率仅为2.33%~6.07%。园地、林地、草地、水域和其他用地是碳汇，2000~2014年，园地、林地和水域对碳的吸收量表现出上升的趋势，上升幅度分别为65.62%、17.42%和5.21%；草地和其他用地的碳吸收量表现出下降的趋势，下降幅度分别为35.13%和26.47%。碳汇主要是林地、水域和园地，林地对碳吸收总量的贡献率为94.82%~95.46%，是最主要的碳汇，水域碳吸收总量的贡献率为1.81%~2.24%，是第二大碳汇，园地对碳吸收总量的贡献率为1.58%~2.26%，是第三大碳汇。草地和其他用地对碳吸收总量的贡献率分别为0.42%~0.76%和

0.18%~0.29%，大大低于林地、水域和园地对碳的吸收能力。

2）碳源动态变化。碳源是指自然界中向大气释放碳的母体，碳汇是指自然界中碳的寄存体。土壤既是碳源，也是碳汇，因为土壤一方面向大气排放 CO_2、CH_4，含有丰富的有机碳，另一方面植物凋落物源源不断地补充碳，还能通过微生物的作用固碳，维持着土壤碳平衡。随着工业化、城镇化和农业现代化的快速推进，贵州省土地利用结构发生了明显的变化，不同土地利用类型的碳排放量也随之发生了明显的变化，2000~2014 年贵州省土地利用碳排放总量和净碳排放量统计结果如图 7-9 所示。

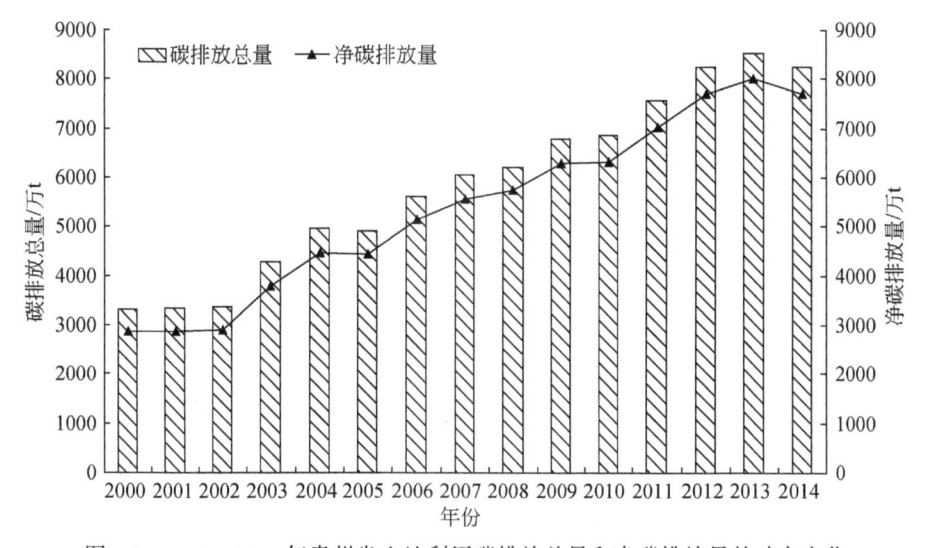

图 7-9　2000~2014 年贵州省土地利用碳排放总量和净碳排放量的动态变化

贵州省的碳源为耕地和建设用地，从图 7-9 中可以看出，2000~2014 年贵州省耕地和建设用地的碳排放总量表现出明显上升后下降的趋势，15 年间上升了 148.43%。净碳排放量表现出先升后降的变化趋势，2013 年达到峰值，随后降低。分析表明贵州省的碳排放总量在不断上升，净碳排放量先升后降，这是因为贵州省植被覆盖率在不断增加，吸收并储存了更多的二氧化碳，碳平衡取得了一定的成效。

3）碳汇动态变化。碳汇主要是指从空气中清除二氧化碳的过程、活动、机制，一般是指植被吸收并储存二氧化碳的多少，或者说是植被吸收并储存二氧化碳的能力。2000~2014 年贵州省土地吸收并储存二氧化碳的能力统计结果如图 7-10 所示。

园地、林地、草地、水域和其他用地为研究区碳汇，图 7-10 中的结果表明，2000~2014 年贵州省这 5 类土地对碳总量吸收储存能力整体呈现出明显上升的趋

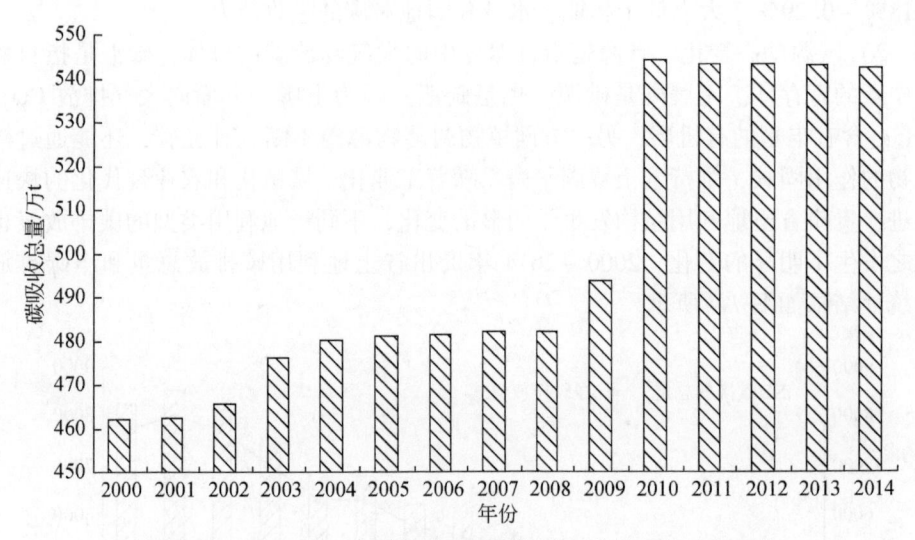

图 7-10 2000~2014 年贵州省土地利用碳吸收总量的动态变化

势,从 2000 年的 461.97 万 t 上升到 2014 年的 542.40 万 t,上升幅度为 17.41%。分析表明贵州省土地吸收并储存二氧化碳的能力在不断上升,但与净碳排放量相比,碳的吸收储存能力远远低于碳的排放能力。

研究结果表明贵州省耕地、草地和其他用地减少的大部分转化为建设用地,而建设用地承载着全部人口消费能源的碳排放,其碳排放系数远远高于碳汇的吸收系数,林地增加所产生的碳汇能力远远不能抵消建设用地增加带来的碳源。因此,建设用地的增加是影响碳排放的最主要因素(Guo and Gifford,2002),说明贵州省需要调整并优化土地利用结构,增加碳汇,节约高效利用资源和能源,控制建设用地的扩张,减少碳源,促进碳平衡。

(3)不同土地利用类型碳排放风险分析

土地利用碳排放风险指数用于表征研究区内综合碳排放风险的相对大小,其值越高,表明碳排放风险程度越大,反之,则越小(宋洪磊,2015)。2000~2014 年贵州省土地利用碳排放风险指数动态变化计算结果如图 7-11 所示。

图 7-11 中分析结果表明,2000~2014 年贵州省土地利用碳排放风险指数表现出先升后降的变化趋势,2000~2013 年贵州省土地利用碳排放风险指数表现出逐渐增大趋势,这主要是由于工业化、城镇化和农业现代化的快速推进,能源消耗量不断增加。2013 年达到峰值后降低,与净碳排放量的变化趋势一致,表明贵州省碳排放风险程度表现出先增加后降低的变化趋势,揭示了其节能减排政策的实施取得了一定的成效。

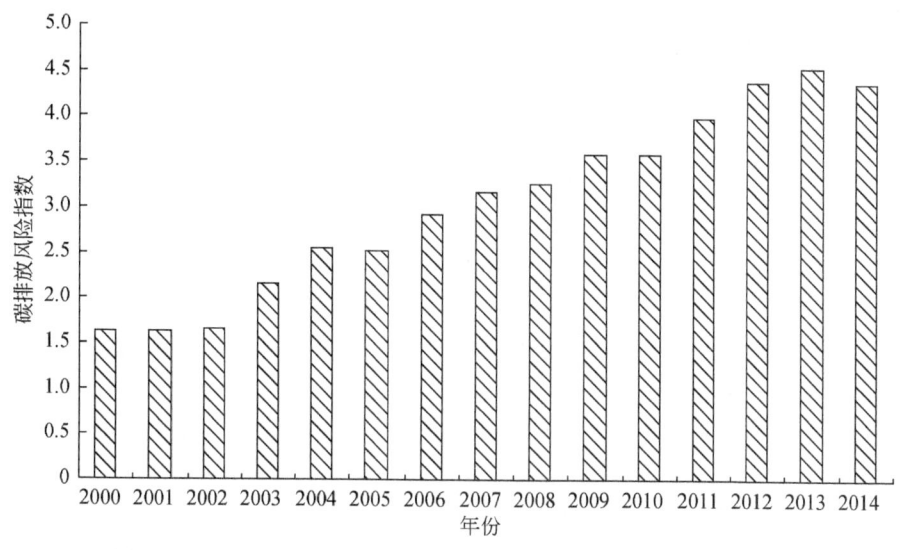

图 7-11　2000～2014 年贵州省土地利用碳排放风险指数的动态变化

7.2.4.4　结论与对策建议

（1）主要结论

本节根据 2000～2014 年贵州省土地利用现状及能源消费数据，运用碳排放测算模型对 2000～2014 年贵州省不同土地利用方式的碳排放效应和风险进行了分析。研究主要结论如下。

1）2000～2014 年贵州省不同类型土地面积变化明显，耕地、草地和其他用地面积总体上表现出下降的趋势，下降幅度分别为 4.74%、35.11% 和 26.51%。林地、园地、水域和建设用地面积总体上表现出上升的趋势，上升幅度分别为 17.42%、65.63%、5.27% 和 26.04%。表明建设用地上升幅度最大，其扩张是耕地、草地面积减少的主要原因。同时耕地面积减少表明贵州省退耕还林政策的实施、城镇化和农业现代化进程的推进取得了一定的成效。

2）不同类型土地中耕地和建设用地为碳源，2000～2014 年贵州省耕地碳排放表现出下降的趋势，下降幅度为 4.74%，建设用地排放表现出上升的趋势，上升幅度为 158.32%。建设用地对碳排放总量的贡献率最高，达 93.93%～97.67%，而耕地对于碳排放总量的贡献率仅为 2.07%～6.33%。表明建设用地碳排放量对贵州省土地利用碳排放量的贡献起着决定性的作用，是最主要的碳源。

3）园地、林地、草地、水域和其他用地是碳汇，2000～2014 年，园地、林地和水域对碳的吸收量表现出上升的趋势，上升幅度分别为65.62%、17.42%和5.21%；草地和其他用地的碳吸收量表现出下降的趋势，下降幅度分别为35.13%和26.47%。因此，碳汇主要是林地、水域和园地，碳吸收总量的贡献率由大到小的顺序依次为林地>水域>园地，林地是最主要的碳汇。

4) 2000~2014年贵州省碳源的碳排放总量表现出明显上升后下降的趋势，净碳排放量表现出先升后降的变化趋势，表明贵州省土地利用类型中的碳源在不断上升，但碳平衡取得了一定的成效；碳汇对碳总量吸收能力整体上呈现出明显上升的趋势，从2000年的461.97万t上升到2014年的542.40万t，上升幅度为17.41%。分析表明贵州省土地吸收并储存二氧化碳的能力在不断上升，但与净碳排放量相比，碳的吸收储存能力远远低于碳的排放能力。

5) 2000~2014年贵州省土地利用碳排放风险指数表现出先增后降的变化趋势，2013年达到峰值之后降低，碳排放风险指数增大的原因主要是由于贵州省工业化、城镇化和农业现代化的快速推进使得能源消耗量增加，2013年后降低说明贵州省节能降耗政策的实施取得了一定的成效。

6) 建设用地是最主要的碳源，林地是最主要的碳汇，但林地增加所产生的碳汇能力远远不能抵消建设用地增加带来的碳源，表明建设用地的增加是影响碳排放的最主要因素。土地利用碳排放风险指数表现出先增后降的变化趋势，但降低幅度较小，说明贵州省绿色低碳发展取得了一定的成效，但碳排放风险程度仍然较高，急需进行调整优化土地利用结构，构建低碳土地利用模式，提高土地生态系统的固碳减排能力。

(2) 对策建议

根据以上研究结果并结合贵州省实际情况，提出促进喀斯特贫困山区土地资源低碳可持续利用的对策建议。

1) 调整优化土地利用结构，降低碳排放风险程度。贵州省土地利用类型中，建设用地是主要的碳源，林地是主要的碳汇，但林地增加所产生的碳汇能力远远不能抵消建设用地增加带来的碳排放能力，导致碳排放量增加。因此，贵州省应加强土地利用规划实施监督与管理，需要调整并优化土地利用结构，在严格执行土地利用规划和保护基本农田的基础上，控制新增建设用地总量，防止建设用地过度扩张而占用耕地、林地、草地等。同时，通过植树造林大力提高森林覆盖率，控制耕地、草地、其他用地面积减少速度，以及建设用地的扩张速度，促进其他未利用地面积向林地、草地和耕地转换，增加碳汇，减少碳源，促进碳平衡，降低土地利用碳排放风险程度，促进喀斯特贫困山区经济绿色低碳可持续发展。

2) 节约高效利用能源，促进经济绿色低碳发展。建设用地承载着全部人口消费能源的碳排放，是最主要的碳源。因此，需要实行建设用地总量、能源消耗总量和强度双控行动，加强对资源能源使用的控制力度，把资源能源的使用总量控制在资源环境承载能力范围内，对现有存量不断削减，以及对强度超出一定水平和标准的、碳排放较高的产业和技术必须淘汰，大力发展单位能耗少甚至为零的技术和产业，如可再生能源及以服务业为代表的第三产业等，促进产业结构的转型升级，以实现资源能源的节约和高效利用，减少碳排放。同时，引导人们进行低碳生活、消费，积极开发和利用太阳能、风能等清洁新能源，发展循环经济、低碳经济，促进贵州省经济社会绿色低碳发展。

3) 促进碳源地向碳汇地转换，提高生态系统碳汇功能。贵州省地处我国西南喀斯特山区的中心，省内多为碳酸岩山地，因陡坡耕地多、垦殖率高和生态环境脆弱，植被破坏后很难恢复，水土流失严重，形成"石漠化"。研究表明林地是最主要的碳汇，根据生态文明建设的要求，在保有一定质量的耕地面积前提下，加强"退耕还林还草"政策的实施与监督，将25°以上的坡耕地进行退耕还林还草，减少水土流失、保护生态环境，使原来的碳源地转化为碳汇地（王义祥等，2005），提高整个生态系统的碳汇功能（陈广生和田汉勤，2007），促进碳平衡。

4) 加强农田耕作管理，促进农田生态系统固碳减排。中国农田传统耕作非常重视秸秆还田和有机肥施用，农田土壤有机碳蓄积效果显著，碳排放强度较低，表明合理的农田耕作方式和有效的管理措施可以促进农业生态系统固碳减排。这需要加强农田土壤保持和耕作管理，改进施肥、灌水管理措施，提高复种指数，实施合理的作物轮作和减少耕地作业等，以提高土壤的碳储存能力，减少农田生态系统的碳排放（陈广生和田汉勤，2007）。科学调控农田耕作系统中能量流动和碳循环，提高农田生态系统固碳减排能力，对于促进喀斯特贫困山区绿色低碳农业的发展具有重要意义。

5) 建立生态补偿激励机制，达到经济与环境"双赢"。生态补偿是以保护和可持续利用生态系统服务为目的，以经济手段为主，调节相关者利益关系的制度安排。建立健全生态补偿激励机制，重点落实碳排放补偿机制，从制度上保障林地、草地等主要碳汇地的数量和质量，充分吸收已排放的碳，实现碳中和，促进生态环境的保护，最终达到经济发展与生态环境保护"双赢"的目的，实现喀斯特贫困山区绿色脱贫。

6) 创新农田大数据技术，促进农业碳减排。农业带来的温室气体排放约占全球的13%，如果要尽可能减小气候变化对环境及农业造成的损害，就必须降低碳排放量，这就需要运用农田大数据科学技术知识，发展大数据精准农业，促进碳中和并实现农业碳减排。例如，运用3S技术与信息技术，使农户更为准确地了解其所产生的温室气体排放情况，了解喀斯特山区农田种植位置、种植对象、种植密度、肥料施用量、施肥地点和时间及适宜的浇灌时间等，科学合理地进行农田生产活动，提高作物覆盖率，减少耕地作业，将碳留存在土壤中，促进碳排放量与流量的减小，实现喀斯特贫困山区农业集约可持续发展。

7.2.5 城市土地利用生态冲突诊断及影响因素研究

冲突是一种广泛存在的社会现象。在管理学中，冲突是指个人或群体内部、个人与个人之间、个人与群体之间、群体与群体之间互不相容的目标、认识或感情，并引起对立或不一致的相互作用的一个状态（常健，2012）。近年来，以冲突分析为视角的资源环境管理研究逐渐兴起，土地资源作为一种有限的稀缺资源，围绕土地发生的冲突广泛而深刻。进入 21 世纪，除少数发达国家以外，大多数发展中国家的工业化和城市化进程明显提速，土地利用强度的不断增加使得土地利用冲突现象愈加频发，土地利用冲突研究开始进入人们视野。我国学者谭术魁（2008）将土地利用冲突界定为单位或者个人围绕土地发生的过激行动；周德等（2015）通过整理近十年来我国土地利用冲突的相关文献，按照冲突发生内容和表现形式，将土地利用冲突划分为社会冲突、文化冲突、制度冲突、价值冲突、空间冲突及生态环境冲突。

土地利用生态冲突作为众多冲突中的一类，是人类对土地资源利用产生的生态环境方面的矛盾、对抗状态，包括了人与人之间、人与生态环境之间的冲突，它不仅有着与其他土地利用冲突类型的共同特质，也反映了土地利用过程中造成的生态环境不协调，以及由冲突所引发的各种利益相关者的相互博弈（于伯华和吕昌河，2006）。本节通过 PSR 扩展模型 PSIR 对 2004～2013 年贵阳市的土地利用生态冲突的强度进行诊断，并分析土地利用生态冲突的主要影响因素，以期对土地利用冲突研究进行一定补充，为贵阳市土地利用生态冲突的协调及土地资源的可持续利用提供参考。

7.2.5.1 研究方法与指标数据

(1) PSIR 诊断模型

PSIR 模型是压力（pressure）-状态（state）-影响（influence）-响应（response）模型的简称，为 PSR 模型的扩展模型之一。PSR 模型源于 20 世纪后半期生态学研究的兴起，由加拿大研究人员创造，经济合作与发展组织加以完善，较早应用于生态安全和土地可持续利用评价领域。作为生态学评价经典模型之一，PSR 模型具有清晰明了、直观准确的优点，经过多年的完善和补充，PSR 模型及其扩展模型已成为土地生态学研究的重要评价工具（张祥义等，2013）。PSR 模型最先由我国学者杨永芳等（2012）应用于鄢陵县的土地利用冲突强度诊断，随后，胡雁娟（2013）等相继跟进，分别构建出不同具体指标诊断土地利用冲突问题，这些研究主要偏向于以农用地为基础的冲突问题，反映城市化进程中经济发展对农用地的威胁。

本节以 PSR 扩展模型 PSIR 建立指标体系，诊断城市土地利用中的生态冲突问题，在 PSIR 模型的状态指标中选取生态用地的量化数据，以土地利用中的城市经济发展等因素作为主要压力指标，以生态冲突造成的后果作为影响指标，选取生态环境保护响应指标构建 PSIR 模型，测算土地利用生态冲突的压力、状态、影响和响应指数，该套指标模型能具体反映出由于城市经济发展对生态用地造成的冲突问题，以及在压力状态下土地政策的决策者、管理者对当前土地利用问题的响应措施（王国璞，2015）。

1）指标的选取与标准化。结合 2004~2013 年贵阳市的实际情况，本书以科学性、可操作性、代表性、系统与层次相结合为指导原则，广泛征求相关专家、学者及政府工作人员的建议，在了解目前全市经济社会发展和土地生态环境状况后，构建出 20 个具体指标，其中，目标层反映土地利用生态冲突强度指数，准则层包括压力、状态、影响和响应四个复合指标，指标层是对准则层的反应，为具体操作层。由于与所选指标差异较大且所用单位不尽相同，为了保证指标数据的可比性，消除变量间的量纲关系，在测算分析前需要对数据进行标准化处理（李仕川等，2015），本节选用极差标准化方法进行处理（表 7-32），公式如下：

对于正向指标公式为

$$X' = \frac{X_i - X_{\min}}{X_{\max} - X_{\min}}$$

对于负向指标公式为

$$X' = \frac{X_{\max} - X_i}{X_{\max} - X_{\min}}$$

式中，X_i 为原始指标数据；X' 为标准化值；$X_{\max}$，$X_{\min}$ 分别为第 i 项指标的最大值和最小值。

表 7-32 贵阳市 2004~2013 年土地利用生态冲突诊断指标标准化值

指标	2004年	2005年	2006年	2007年	2008年	2009年	2010年	2011年	2012年	2013年
国民生产总值	0.000	0.035	0.092	0.161	0.252	0.311	0.404	0.565	0.768	1.000
社会固定资产投资	0.000	0.019	0.044	0.076	0.113	0.179	0.265	0.478	0.800	1.000
人口密度	0.000	0.022	0.042	0.058	0.424	0.453	0.810	0.873	0.931	1.000
城市化水平	0.022	0.001	0.000	0.020	0.140	0.266	0.629	0.762	0.927	1.000
种植业产值	0.000	0.047	0.068	0.185	0.309	0.428	0.495	0.621	0.826	1.000
第三产业比例	0.032	0.000	0.137	0.516	0.747	0.874	0.874	0.747	0.832	1.000

续表

指标	2004年	2005年	2006年	2007年	2008年	2009年	2010年	2011年	2012年	2013年
建设用地比例	0.000	0.030	0.086	0.147	0.241	0.481	0.654	0.842	0.812	1.000
林地面积比例	1.000	0.979	0.980	0.980	0.864	0.000	0.013	0.032	0.030	0.042
水域面积比例	0.739	0.783	0.826	0.913	1.000	0.000	0.000	0.043	0.043	0.000
绿化覆盖面积	1.000	0.642	0.961	0.924	0.903	0.772	0.787	0.713	0.242	0.000
园林绿地面积	1.000	0.598	0.954	0.909	0.884	0.728	0.733	0.551	0.000	0.068
森林覆盖率	1.000	1.000	1.000	0.539	0.257	0.257	0.257	0.257	0.106	0.000
工业废水排放总量	1.000	0.867	0.714	0.566	0.121	0.107	0.114	0.000	0.006	0.080
城市生活垃圾总量	0.000	0.170	0.171	0.205	0.266	0.447	0.528	0.563	0.756	1.000
环境违法行为	0.169	0.036	0.000	0.428	0.421	0.522	0.248	0.133	1.000	0.460
环境投诉案件	0.195	0.470	0.295	0.323	0.145	0.035	0.000	0.526	1.000	0.000
节能环保支出	1.000	0.988	0.976	0.952	0.761	0.820	0.597	0.458	0.000	0.030
退耕还林支出	1.000	0.969	0.962	0.939	0.826	0.176	0.168	0.157	0.000	0.137
造林面积	0.303	0.577	0.897	1.000	0.850	0.807	0.692	0.180	0.098	0.000
生活垃圾处理率	0.466	0.932	1.000	0.386	0.161	0.169	0.136	0.136	0.065	1.000

资料来源：2005~2014年《贵阳统计年鉴》《中国城市统计年鉴》《中国城市年鉴》及贵阳市土地利用变更调查。

2）权重的确定。指标权重是指标在评价体系当中的相对重要程度，权重直接影响着综合评价结果的可信度，权重不同，评价结果自然不同，因此，指标权重系数的确定对评价结果有决定性的作用。指标权重系数的确定通常存在主观和客观两种方式，主观方式即通过专家根据经验对指标做出判断后进行赋权，这种方式具有权威性，但个人主观性较强，评价结果不是特别精确；而多数指标评价体系获得权重的方式多采用统计计算，根据统计结果确定客观权重，这种客观的方式容易得到科学有效的权重系数，但数量计算较为机械化，缺乏对研究区实际情况的了解，常用的客观权重确定方法包括有层次分析权数法、标准离差法和信息熵法等。

本节拟选择标准离差法客观赋权，该方法以指标数据标准差的大小为判定标准，指标数据的标准差越大，则表明该列数据的变异系数大，那么它能提供的信息量越大，因此所对应的权重也应当越大；反之，指标数据的标准差越小，则表明该列数据的变异系数小，因此所对应的权重也应越小（李仕川等，2015；于伯华和吕昌河，2006），表7-33为贵阳市土地利用生态冲突诊断指标权重，标准离差法计算过程如下。

计算第 j 个指标的标准值的平均值为

$$\bar{b} = \frac{1}{n}\sum_{i=1}^{n}b_{ij}$$

计算第 j 个指标无量纲化值的标准差为

$$S_j = \sqrt{\frac{\sum_{i=1}^{n}(b_{ij} - \bar{b}_j)^2}{n-1}} \quad (j = 1, 2, 3, \cdots, n)$$

式中，S_j 第 j 个指标无量纲化值的标准差；b_{ij} 为第 i 个处理的第 j 个指标无量纲化值；$\bar{b}_j$ 为第 j 个指标无量纲化值的平均值；n 为处理数。

根据标准差计算权重为

$$W_j = \frac{S_j}{\sum_{j=1}^{m} S_j}$$

式中，W_j 为第 j 个指标的权重值；m 为指标数。

表 7-33 贵阳市土地利用生态冲突诊断指标权重

目标层	准则层	指标层	极性	权重
土地利用生态冲突	压力（0.3492）	国民生产总值/万元	+	0.0442
		社会固定资产投资/万元	+	0.0471
		人口密度/(人/km²)	+	0.0556
		城市化水平/%	+	0.0549
		种植业产值/万元	+	0.0458
		第三产业比例/%	+	0.0511
		建设用地比例/%	+	0.0505
	状态（0.2702）	林地面积比例/%	−	0.0665
		水域面积比例/%	−	0.0598
		绿化覆盖面积/hm²	−	0.0439
		园林绿地面积/hm²	−	0.0474
		森林覆盖率/%	−	0.0526
	影响（0.1743）	工业废水排放总量/万 t	+	0.0520
		城市生活垃圾总量/万 t	+	0.0413
		环境违法行为/件	+	0.0396
		环境投诉案件/件	+	0.0414
	响应（0.2063）	节能环保支出/万元	−	0.0514
		退耕还林支出/万元	−	0.0581
		造林面积/hm²	−	0.0491
		生活垃圾处理率/%	−	0.0477

(2) 土地利用冲突综合指数

土地利用冲突综合指数是建立在压力-状态-响应诊断模型上进行测算的指数，最初由我国学者杨永芳进行定义，她认为在压力-状态-响应模型中，单项指标只能反映土地利用冲突中的某一方面情况，不能有效地将之结合起来，为了反映具体土地利用冲突强度，需对各项指标采用加权函数法进行计算。由于本节立足于 PSIR 模型，需要对基于 PSR 模型的土地利用冲突综合指数计算公式进行调整，调整后的计算公式如下：

$$ILU = \sum_{i=1}^{4} \left(\sum_{j=1}^{n} X_{ij} W_{ij} \right) R_i$$

式中，X_{ij} 为第 i 项分类指标所属的第 j 个单项指标的标准化值；W_{ij} 为第 i 项分类指标所属的第 j 个单项指标相对应的权重；R_i 为第 i 项分类指标的权重；$\sum_{j=1}^{n} X_{ij} W_{ij}$ 为压力、状态、影响、响应 4 个分类评价指标的综合评价值。

7.2.5.2 土地利用生态冲突诊断分析

通过以上指标体系和诊断模型，得到贵阳市 2004~2013 年土地利用生态冲突的压力、状态、影响、响应四类指标指数（图 7-12）及土地利用生态冲突综合指数（图 7-13）。

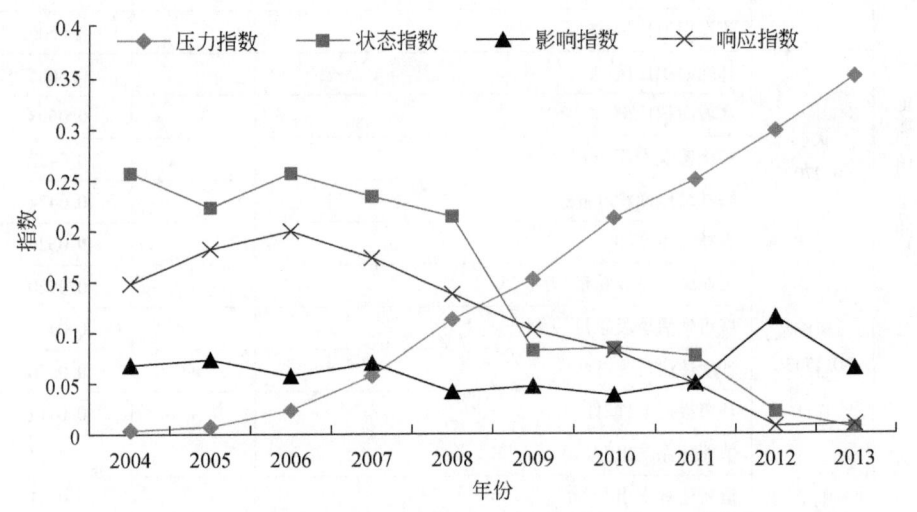

图 7-12 贵阳市 2004~2013 年土地利用生态冲突 PSIR 指数

(1) 压力指数

从图 7-12 可以看出，作为土地利用生态冲突指数的主要贡献类，土地利用生态冲突的压力指数一直呈现增长的趋势,这表明了贵阳市的土地利用强度随着城市经济的发展愈加增大,2004 年作为研究起始年,相较于其他年份,生态冲突压力指数只有 0.003,而经过 10 年的变化,生态冲突压力指数已经达到 2013 年的 0.349,增长了 0.346,其中,所选主要指标城市国民生产总值从 2004 年的 4 691 204 万元上升至 2013 年的 20 854 234 万元,城市化水平从 2004 年的 63.23% 上升至 2013 年的 71.12%,人口密度从 2004 年 436.71 人/km² 上升至 2013 年的 562.85 人/km²,城区的扩张使得建设用地面积增加了约 21 395hm²,此外,农用地粮食生产和土地投入增加等因素也给生态土地带来了巨大压力。

(2) 状态指数

状态指数所含测算指标主要是林地、水域、绿地、森林等生态土地的状态,作为土地利用生态冲突综合指数的主要负向指标,生态土地越多,状态指数越小。如图 7-12 所示,状态指数变化趋势呈现波动递减的趋势,并且在 2013 年已经达到最低值,这表明贵阳市近年来的生态土地面积一直在变化中增加,在整个指标体系中起着抑制土地利用生态冲突综合指数升高的负向作用。其中,2004 年林地面积约 280 150hm²,2009 年达到最高值 341 280hm²,至 2013 年末仍维持在 33.8 万 hm² 的水平;富含良好生态功能的水域地从 2004 年 15 845hm² 上升到 2013 年的最高值 17 212hm²;绿化覆盖面积、森林覆盖率等指标同样在 2013 年达到 23 578hm² 和 44.2%,相较于研究起始年,共增加了 3354hm²,提高了约 9.5%。状态指数的变化表明了贵阳市近些年来对生态环境的重视,也得益于 21 世纪初"退耕还林"政策的实施,这些都在一定程度上缓解了土地利用生态冲突。

(3) 影响指数

影响指数是土地利用生态冲突所造成的不良后果,也是促使土地利用生态冲突指数升高的主要正向因素,在所选指标中,环境违法行为和环境投诉案件较多反映土地利用中人与人之间的矛盾冲突,而其他两项指标较多反映人与自然的不协调。如图 7-12 所示,影响指数在 10 年内处于一个较为平稳的发展态势,除了 2012 年达到最高指数 0.113 以外,其余年份都相对较低,究其原因,主要由于环境违法行为和环境投诉案件在该年分别达到 10 年内的最高,分别为 296 件和 5043 件。此外,每年所形成生活垃圾也随着城市的发展、人口的增长在不断增加,2013 年达到 104 万 t,而相反的是,工业废水排放总量却在逐渐走低,从 2004 年的 5447 万 t 减少到 2013 年的 2262 万 t。

(4) 响应指数

土地利用生态冲突的响应指数与状态指数类似,均为负向指标,生态冲突的响应指数越低,越有利于土地生态环境。由图 7-12 可知,生态冲突响应指数的变化趋势可归纳为两个阶段，2004~2006年响应指数逐步上升，从0.147上升至0.198，这主要是由于所选指标中造林面积减少了6427hm²，生活垃圾处理率降低了6.6%。2007~2013年，生态冲突的响应指数逐渐降低，直至达到2013年的最低值，这表明全市对生态环境的重视逐年增加，反映到具体指标上，2013年比2007年的节能环保支出增加113 754万元，退耕还林支出增加5187万元，造林面积增加10 826hm²，生活垃圾处理率增加4.8%。

（5）土地利用生态冲突综合指数

根据压力、状态、影响、响应4个分类指标的诊断值并结合综合指数公式，得到贵阳市2004~2013年土地利用生态冲突综合指数，如图7-13所示。

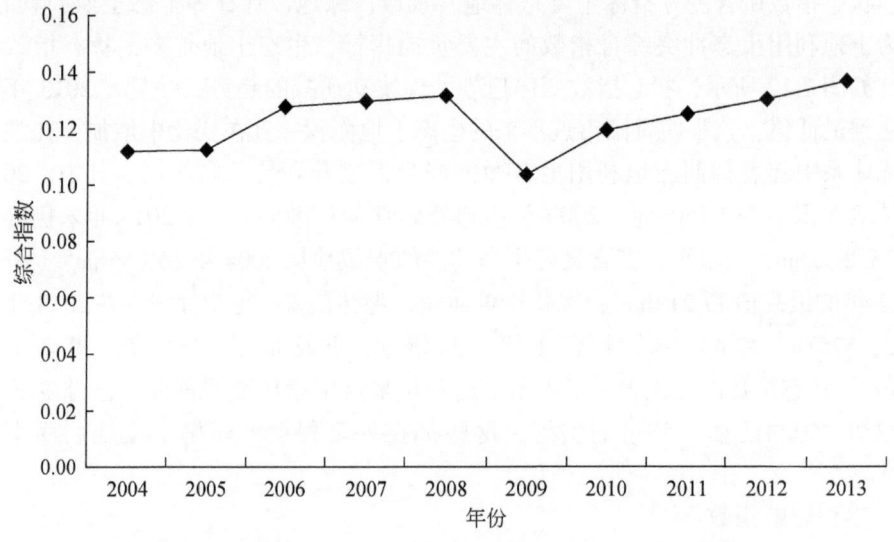

图7-13 贵阳市2004~2013年土地利用生态冲突综合指数

如图7-13所示，贵阳市2004~2013年土地利用生态冲突综合指数变化较为平稳，保持在0.10~0.15区间内。2004~2008年，生态冲突强度有着一定上升，但在2009年，生态冲突强度降到10年间的最低值，随后几年来生态冲突的强度又开始逐步增加，2013年达到0.137。一般来说，一个传统城市如此快速的发展常会带来土地利用的巨大变动，如建设用地和农用地、生态地的冲突矛盾剧增，以及土地粗放利用导致的人与人、人与自然之间的生态环境冲突问题，但是根据本节测算结果来看，贵阳市的土地利用生态冲突强度并没有随着城市经济的发展而变得难以控制，其冲突强度只有小幅度增加，并保持在较为合理的区间。因此，可以得出结论的是，尽管整个贵阳市在近些年来经济有了长足发展，城市发生翻天覆地的变化，但全市并没有忽视生态环境建设，并以切实有效的措施回应了土地利用中的生态冲突问题,如不断增加的环境投诉案件处理率、生态用地面积和退耕还林支出等。

7.2.5.3 基于 STIRPAT 模型的影响因素分析

(1) 模型的建立

影响因素分析一直是众多研究领域的重要方向之一,主要涉及的模型方法囊括灰色关联法、因子分析法、多元回归分析等(方相林和张晓燕,2010),本节对土地利用生态冲突的影响因素分析拟采用 STIRPAT[①] 模型并结合主成分分析和回归分析的方法,测算所选指标的具体影响。STIRPAT 模型是 IPAT 环境压力等式的改进模型,IPAT 环境压力等式认为环境压力(impact)是人口(population)、富裕度(affluence)和技术(technology)三种影响因素的共同结果,随后,该等式得以完善,STIRPAT 随机模型出现,通常公式如下:

$$I = aP^b A^c T^d e$$

该公式同样表示人口、富裕度和技术各个因素对环境压力的影响。式中,a 为模型系数;b,c,d 分别为三种因素的系数;e 为误差。由于 STIRPAT 模型使用比较灵活,自由度高,允许加入其他若干影响因素,因此,较多学者开始利用该模型进行广泛的影响因素分析(张勇等,2014)。本节基于 PSIR 模型中的四类主要指标,通过 STIRPAT 模型分析土地利用生态冲突的主要影响因子,改进后的计量模型如下:

$$C = KP^{a_1} A^{a_2} U^{a_3} W^{a_4} J^{a_5} S^{a_6} e$$

式中,C 为土地利用生态冲突强度;K 为常数;P 为人口密度;A 为国民生产总值;U 为城市化水平;W 为林地面积比例;J 为城市生活垃圾总量;S 为退耕还林支出;e 为误差;a_1,a_2,a_3,a_4,a_5,a_6 为所选影响因素的弹性系数,当 P,A,U,W,J,S 每变化 1% 时,就会引起土地利用生态冲突(C)的 a_1%、a_2%、a_3%、a_4%、a_5%、a_6% 的变化。此外,由于 STIRPAT 模型本身是非线性的,因此需要对两端取对数,得到以下公式:

$$\ln C = \ln K + a_1 \ln P + a_2 \ln A + a_3 \ln U + a_4 \ln W + a_5 \ln J + a_6 \ln S + e$$

(2) 主成分分析

由于所选影响因素的原始数据可能存在多重共线性,因此本节选择在回归分析之前将贵阳市 2004~2013 年的人口密度、国民生产总值、城市化水平、林地面积比例、城市生活垃圾总量和退耕还林支出 6 个变量进行主成分分析,这一过程不仅能消除变量之间的相互影响,也能保留绝大部分信息,为更好地进行回归

---

① STIRPAT, 即 stochastic impacts by regression on population, affluence and technology。

拟合打下基础，将 6 个变量的原始化标准化数据提取对数后，输入 SPSS20 软件得到的变量相关性（表 7-34）和 KMO（Kaiser-Meyer-Olkin）、Bartlett 球形检验（表 7-35）。

表 7-34 相关矩阵

项目		ln$P$	ln$A$	ln$U$	ln$W$	ln$J$	ln$S$
相关	ln$P$	1.000	0.958	0.965	0.911	0.939	0.945
	ln$A$	0.958	1.000	0.950	0.858	0.980	0.911
	ln$U$	0.965	0.950	1.000	0.876	0.939	0.882
	ln$W$	0.911	0.858	0.876	1.000	0.879	0.979
	ln$J$	0.939	0.980	0.939	0.879	1.000	0.917
	ln$S$	0.945	0.911	0.882	0.979	0.917	1.000
Sig.（单侧）	ln$P$	—	0.000	0.000	0.000	0.000	0.000
	ln$A$	0.000	—	0.000	0.001	0.000	0.000
	ln$U$	0.000	0.000	—	0.000	0.000	0.000
	ln$W$	0.000	0.001	0.000	—	0.000	0.000
	ln$J$	0.000	0.000	0.000	0.000	—	0.000
	ln$S$	0.000	0.000	0.000	0.000	0.000	—

表 7-35 KMO 和 Bartlett 球形检验

项目		系数
取样足够度的 KMO 度量		0.685
Bartlett 球形检验	近似卡方	99.226
	df	15
	Sig.	0.000

可以看出，6 个变量之间相关性都较高，保持在 90% 以上，而 KMO 检验系数为 0.685，>0.5，Bartlett 球形检验的 Sig. <0.001，均通过检验，表明所选变量适合做主成分分析，之后采用方差最大正交旋转法，提取旋转后 2 个主成分，得到的结果见表 7-36 ~ 表 7-38。

表 7-36 解释的总方差

成分	初始特征值			提取平方和载入			旋转平方和载入		
	合计	方差/%	累计/%	合计	方差/%	累计/%	合计	方差/%	累计/%
1	5.631	93.851	93.851	5.631	93.851	93.851	3.261	54.346	54.346

续表

成分	初始特征值			提取平方和载入			旋转平方和载入		
	合计	方差/%	累计/%	合计	方差/%	累计/%	合计	方差/%	累计/%
2	0.229	3.812	97.663	0.229	3.812	97.663	2.599	43.317	97.663
3	0.084	1.404	99.067	—	—	—	—	—	—
4	0.043	0.712	99.779	—	—	—	—	—	—
5	0.011	0.188	99.967	—	—	—	—	—	—
6	0.002	0.033	100.000	—	—	—	—	—	—

表 7-37　旋转成分矩阵

项目	成分	
	F_1	F_2
$\ln P$	0.764	0.621
$\ln A$	0.853	0.505
$\ln U$	0.832	0.518
$\ln W$	0.504	0.859
$\ln J$	0.819	0.542
$\ln S$	0.576	0.811

表 7-38　成分得分系数矩阵

项目	成分	
	F_1	F_2
$\ln P$	0.249	-0.018
$\ln A$	0.669	-0.496
$\ln U$	0.601	-0.421
$\ln W$	-0.771	1.126
$\ln J$	0.525	-0.333
$\ln S$	-0.526	0.854

由表 7-36 可知，所提取的两个主要综合影响因素能较好诠释出原有变量的 97.663% 信息，F_1 反映主要变量人口密度、国民生产总值、城市化水平和城市生活垃圾总量的信息，其累计方差百分比达到 54.346%，这里定义为土地利用生态冲突的驱动因子，为正相关关系；F_2 主要反映变量林地面积比例和退耕还林支出的信息，累计方差百分比为 43.317%，这里定义为土地利用生态冲突的缓和

因子，为负相关关系。因此，通过表7-38可得到综合影响因素F_1和F_2与原变量的关系，写为

$F_1 = 0.249\ln P + 0.669\ln A + 0.601\ln U - 0.771\ln W + 0.525\ln J - 0.526\ln S$

$F_2 = -0.018\ln P - 0.496\ln A - 0.421\ln U + 1.126\ln W - 0.333\ln J + 0.854\ln S$

（3）回归分析

土地利用生态冲突是被解释的变量，因此，要了解所选6个变量形成的具体影响，需要将主成分分析得到的F_1和F_2等式与土地利用生态冲突综合指数（$\ln C$）进行回归分析，回归结果见表7-39~表7-41。

表7-39 模型汇总

模型	R	R^2	调整R^2	标准估计的误差
系数	0.879[a]	0.772	0.707	0.04855

注：a指常数项系数。

表7-40 方差分解

模型		平方和	df	均方	F	Sig.
项目	回归	0.056	2	0.028	11.838	0.006[b]
	残差	0.016	7	0.002		
	总计	0.072	9	—	—	—

注：b指回归系数。

表7-41 模型系数

模型		非标准化系数		标准系数	t	Sig.
		B	标准误差	Bata		
项目	常量	-6.685	0.944	—	-7.084	0.000
	F_1	0.466	0.096	1.431	4.864	0.002
	F_2	0.132	0.035	1.103	3.751	0.007

从表7-39~表7-41可以看出，回归模型R^2达到0.772，F值为11.838，总体t检验Sig.值和F_1、F_2的t检验值分别为0.006、0.002和0.007，均小于0.05，表明检验通过，模型拟合得较好，能较清晰地说明土地利用生态冲突指数变化与所选变量之间的关系，至此，将F_1和F_2带入模型，可得到

$\ln C = 0.466F_1 + 0.132F_2 - 6.685$

将F_1、F_2原式带入计算得到最终的拟合回归方程为

$\ln C = 0.1137\ln P + 0.2463\ln A + 0.2245\ln U - 0.2107\ln W$
$+ 0.2007\ln J - 0.1324\ln S - 6.685$

通过贵阳市 2004～2013 年土地利用生态冲突影响因素模型可知,人口密度、国民生产总值、城市化水平、林地面积比例、城市生活垃圾总量和退耕还林支出的弹性系数分别为 0.1137、0.2463、0.2245、-0.2107、0.2007 和 -0.1324,因此,根据 STIRPAT 模型原理,当人口密度、国民生产总值、城市化水平和城市生活垃圾总量每增加 1% 时,贵阳市土地利用生态冲突指数将会增加 0.1137%、0.2463%、0.2245%、0.2007%;当林地面积比例和退耕还林支出每增加 1% 时,贵阳市土地利用生态冲突指数将会减少 0.2107% 和 0.1324%。

(4) 影响因素分析

土地利用生态冲突的原因较多,土地本身的稀缺性决定了各种利益相关者将会围绕土地展开争夺,随着贵阳市的发展,众多土地利用压力因素都有可能引发冲突,就本节研究结果而论,经济发展和城市化水平的提高是土地利用生态冲突的主要影响因素,弹性系数达到了 0.2463 和 0.2245,对冲突综合指数贡献最大。贵阳市作为我国欠发达省份贵州省的省会,它代表着贵州省不断发生的变化,在近些年来,其 GDP 增长速度远高于全国平均水平,年均超过 10%,此外城市规模也在急剧扩张,因此,土地利用生态冲突很多诱发因素会长期潜伏于高度的土地利用过程之中,这些因素都有可能对自然环境造成影响,或者因为生态利益产生一系列纠纷矛盾,甚至升级为敌对、对抗和暴力冲突,这就需要引起更多的社会关注,防止城市经济发展过快带来的负面影响。

而与此同时,不少因素对土地利用生态冲突指数的上升也有负向抑制作用,如政府政策对生态环境的重视、国家对于西部地区"退耕还林"的深入等,这些高层关注对生态环境脆弱的贵阳市都是极有帮助的,如此才会从环保支出、法律保障和行政管理中提供支持。从长远来看,从这些环保影响因素入手都可以有效防止土地利用生态冲突问题的产生,目前,贵阳市面临的这一特殊历史机遇对这座山地喀斯特城市提出了更高的要求,如何真正兼顾"既要绿水青山,也要金山银山",平衡土地利用的经济与生态的效益,还需要从这些影响因素出发,协调"发展"和"生态"两条底线的关系。

7.2.5.4 结论与讨论

本节通过对 2004～2013 年贵阳市土地利用生态冲突及其影响因素进行实证分析,最后得到以下主要结论。

1) 根据 PSIR 模型诊断出贵阳市土地利用生态冲突压力、状态、影响和响应四类指数,反映了贵阳市近年来土地利用生态压力和冲突影响逐渐增大,但增加的生态地面积和环保响应也在起着缓解冲突的作用。

2) 研究时段内,贵阳市土地利用生态冲突综合指数保持在较好的 0.10～

0.15区间，冲突强度不高，在波动中有缓慢增长的趋势，综合指数从0.111上升至0.137，这得益于全市在经济发展过程中对生态环境的重视。

3) 在所选6个影响因素中，人口密度、国民生产总值、城市化水平和城市生活垃圾总量的增加对土地利用生态冲突指数的上升有直接推动作用，经济因素和城市化因素带来的影响最明显，而林地面积比例和退耕还林支出的增加会在一定程度上缓解土地利用生态冲突。

因此，本节认为贵阳市在今后的土地利用和经济发展中，需继续重视土地利用生态冲突问题，防止冲突指数持续上升，严格控制其他用地的利用，保证生态土地面积处于合理范围，处理好由生态冲突造成的恶性影响事件，并加强对土地生态的投入与政策响应工作。

7.2.6 喀斯特山区土地利用与生态环境保护协调发展研究

土地利用与生态环境的关系一直是学术界关注的焦点之一，从20世纪的人地关系理论、可持续发展理论延伸至当今的绿色发展理论，人们对土地利用与生态环境的关系探讨趋向理性，逐渐由人类改造利用自然环境的思维转换至人地和谐共生的理念（怀洋洋和叶林鑫，2015）。现今国内学术界对土地利用和生态环境的关系研究主要包括土地利用变化对生态环境的影响、土地利用与生态环境响应及土地利用与生态环境的协调发展等（李边疆和王万茂，2008；周卫东等，2012；吕立刚等，2013；王瑞燕等，2008），其中，土地利用与生态环境的协调发展研究作为区域可持续发展的重要内容，反映了在某个时段内两者相互作用、彼此影响的关系。如何利用现有定量分析方法解决土地资源利用与生态环境协调发展问题还有待于进一步探索，本节以喀斯特山区贵阳市为例，选取土地利用与生态环境的相关指标，分析近10年来贵阳市的土地利用综合指数、生态环境综合指数及两者的协调程度，划分协调度等级，以期缓解土地利用与生态环境之间的矛盾冲突，促进城市土地资源科学利用与生态文明建设。

7.2.6.1 研究方法

(1) 指标系统的建立

1) 指标的选取与标准化。根据2004~2013年贵阳市的实际情况，本节以科学性、可操作性、代表性、系统与层次相结合为指导原则，广泛征求相关专家、学者及政府工作人员的建议，在了解全市经济社会发展和生态环境状况后，构建出19个具体指标，其中，土地利用综合指数诊断子系统指标10个，生态环境综合指数诊断子系统指标9个，两个子系统在侧面反映近十年来贵阳市的土地利用和生态环境状况，土地利用综合指数的要素层主要由土地利用结构、土地投入强度和土地产出强度构成，生态环境综合指数的要素层由生态涵养能力、生态环境压力和生态治理水平构成。本节指标数据选自 2005~2014 年《中国城市统计年鉴》《中国城市年鉴》及贵阳市土地利用变更调查数据。由于与所选指标差异较大且所用单位不尽相同，为了保证指标数据的可比性，消除变量间的量纲关系，在测算分析前需要对数据进行标准化处理（李仕川等，2015），本节选用极差标准化方法进行处理（表7-42），公式如下。

对于正向指标：

$$X' = \frac{X_i - X_{\min}}{X_{\max} - X_{\min}} \tag{7-36}$$

对于负向指标：

$$X' = \frac{X_{\max} - X_i}{X_{\max} - X_{\min}} \tag{7-37}$$

式中，X_i 为原始指标数据；X' 为标准化值；$X_{\max}$、$X_{\min}$ 分别为第 i 项指标的最大值和最小值。

表 7-42 2004~2013 年贵阳市土地利用与生态环境协调度诊断指标标准化值

诊断指标	2004年	2005年	2006年	2007年	2008年	2009年	2010年	2011年	2012年	2013年
耕地面积比例	1.000	0.912	0.819	0.819	0.570	0.790	0.531	0.245	0.296	0.000
林地面积比例	0.000	0.021	0.020	0.020	0.136	1.000	0.987	0.968	0.970	0.958
建设用地面积比例	0.000	0.030	0.086	0.147	0.241	0.481	0.654	0.842	0.812	1.000
水域面积比例	0.261	0.217	0.174	0.087	0.000	1.000	1.000	0.957	0.957	1.000
地均固定资产投资额	0.000	0.019	0.044	0.076	0.113	0.179	0.265	0.478	0.800	1.000
单位耕地农业机械动力水平	0.000	0.078	0.220	0.359	0.457	0.497	0.588	0.682	0.900	1.000
单位耕地耗电量	0.007	0.000	0.216	0.426	0.348	0.425	0.706	1.000	0.966	0.952
第一产业地均产值	0.000	0.054	0.116	0.271	0.304	0.362	0.505	0.615	0.813	1.000
第二产业地均产值	0.000	0.046	0.114	0.162	0.256	0.290	0.377	0.583	0.791	1.000
第三产业地均产值	0.000	0.026	0.060	0.117	0.177	0.249	0.417	0.551	0.750	1.000
绿化覆盖面积	0.000	0.358	0.039	0.076	0.097	0.228	0.213	0.287	0.758	1.000
森林覆盖率	0.000	0.000	0.000	0.461	0.743	0.743	0.743	0.743	0.894	1.000
园林绿地面积	0.000	0.402	0.046	0.091	0.116	0.272	0.267	0.449	1.000	0.932
工业废水排放总量	0.000	0.133	0.286	0.434	0.879	0.893	0.886	1.000	0.994	0.920
城市生活垃圾总量	1.000	0.830	0.829	0.795	0.734	0.553	0.472	0.437	0.244	0.000
二氧化硫排放总量	0.000	0.023	0.415	0.715	0.662	0.634	0.671	0.926	1.000	0.968
节能环保支出	0.000	0.012	0.024	0.048	0.239	0.180	0.403	0.542	1.000	0.970
退耕还林支出	0.000	0.031	0.038	0.061	0.174	0.824	0.832	0.843	1.000	0.863
工业固体废弃物处理率	0.118	0.000	0.305	0.626	0.169	0.139	0.824	0.812	1.000	0.442

2）权重的确定。本节采用标准离差法客观赋权，标准离差法的赋值以指标数据标准差进行判定，指标数据的标准差越大，表明该指标数据的变异系数大，那么它能提供的信息量越大，权重也应越大。相反，指标数据的标准差越小，则表明该指标数据的变异系数小，那么它能提供的信息量越小，权重也应越小（戎郁萍等，2012），标准离差法计算公式步骤详见7.2.5.1节。

表7-43和表7-44分别为贵阳市2004~2013年土地利用综合指数子系统和生态环境综合指数子系统。

表7-43　贵阳市2004~2013年土地利用综合指数子系统

	评价因素	评价指标	单位	权重
土地利用综合指数	土地利用结构（0.4439）	耕地面积比例	%	0.0887
		林地面积比例	%	0.1336
		建设用地面积比例	%	0.1014
		水域面积比例	%	0.1202
	土地投入强度（0.2866）	地均固定资产投资额	万元	0.0946
		单位耕地农业机械动力水平	kW/hm^2	0.0887
		单位耕地耗电量	$kW \cdot h/hm^2$	0.1033
	土地产出强度（0.2695）	第一产业地均产值	万元	0.0888
		第二产业地均产值	万元	0.0894
		第三产业地均产值	万元	0.0913

表7-44　贵阳市2004~2013年生态环境综合指数子系统

	评价因素	评价指标	单位	权重
生态环境综合指数	生态涵养能力（0.3257）	绿化覆盖面积	hm^2	0.0995
		森林覆盖率	%	0.1190
		园林绿地面积	hm^2	0.1072
	生态环境压力（0.3197）	工业废水排放总量	万t	0.1176
		城市生活垃圾总量	万t	0.0935
		二氧化硫排放总量	万t	0.1086
	生态治理水平（0.3546）	节能环保支出	万元	0.1164
		退耕还林支出	万元	0.1314
		工业固体废弃物处理率	%	0.1068

（2）模型构建

土地利用综合指数模型为

$$F(x) = \sum_{j=1}^{m} W_i X_i \qquad (7\text{-}38)$$

式中，$F(x)$ 为土地利用综合指数；W_i 为第 i 个土地利用评价指标权重；X_i 为第 i 个土地利用诊断指标的标准化值；m 为指标数。

生态环境综合指数模型为

$$G(y) = \sum_{j=1}^{n} W_j X_j \qquad (7\text{-}39)$$

式中，$G(y)$ 为生态环境综合指数；W_j 为第 j 个生态环境诊断指标权重；X_j 为第 j 个生态环境诊断指标的标准化值；n 为指标数。

土地利用与生态环境协调度模型为

$$C = \left\{ \frac{F(x)\,G(y)}{\left[\dfrac{F(x)+G(y)}{2}\right]^2} \right\}^2 \qquad (7\text{-}40)$$

式中，$F(x)$ 为土地利用综合指数；$G(y)$ 为生态环境综合指数；C 为土地利用与生态环境协调度，其计算结果为 0～1，越接近 1，两者关系越协调。

7.2.6.2 结果与分析

（1）土地利用综合指数分析

在指标数据标准化和权重计算的基础上，运用土地利用综合指数模型得到贵阳市 2004～2013 年土地利用综合指数，如图 7-14 所示。

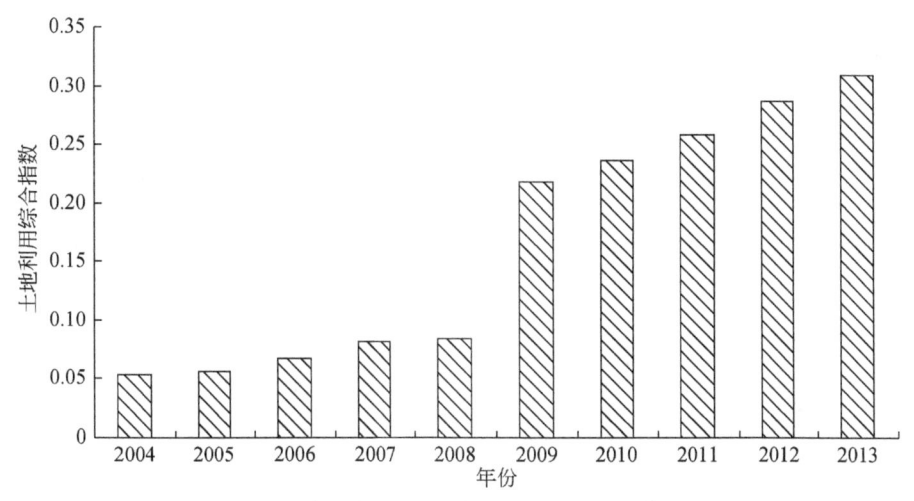

图 7-14 贵阳市 2004～2013 年土地利用综合指数

由图 7-14 分析得出，全市 2004～2013 年土地利用综合指数一直处于上升的态势，在这10年内，2004年土地利用综合指数相对最低，只有0.05左右，而在2013年，已经上升至0.309。从时间阶段上看，2004~2008年的土地开发利用程度远不及2008年后的5年，2008~2009年陡然增加的状况反映了这一年内全市对土地资源的开发利用程度突然加大，这主要是由于随着"西部大开发"的不断深入，城市经济的发展和人口的猛增，原有的城市土地利用结构和规模已经无法适应具体城市的土地需求，因此需要做出调整，如增加建设用地、开发未利用地、加大单位面积土地投入等。

土地利用综合指数的要素层进行分析表明，首先，从地利用结构变化看，耕地面积在这10年内有所下降，减少面积约为土地总面积的1%，林地面积比例增加了7.28%，2013年相较于2004年增加了58 000hm^2，建设用地面积也有着较大增长。其次，从土地投入强度变化看，土地投入强度指数的变化趋势同样是一路走高，反映在具体指标上，地均固定资产投资额从2004年的3.64万元增加到2013年的37.68万元，单位耕地农业机械动力水平约增长3倍，单位耕地耗电量增加了34 900kW·h/hm^2。最后，从土地产出强度变化看，土地投入强度的加大意味着土地产出强度的顺势增加，至2013年，第一产业、第二产业、第三产业的地均产值将较于研究初始年分别增长了约2倍、5倍和7倍。

（2）生态环境综合指数分析

运用生态环境综合指数模型进行计算，得出贵阳市2004~2013年生态环境综合指数，如图7-15所示。

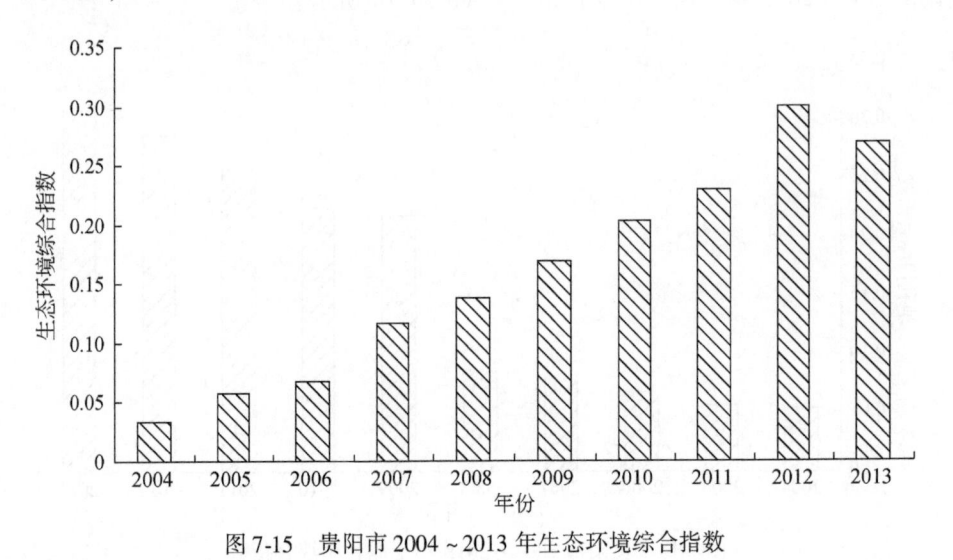

图7-15 贵阳市2004~2013年生态环境综合指数

从图7-15可以看出，贵阳市生态环境综合指数呈现阶梯式上升的趋势，由

2004 年的 0.034 增加至 2013 年的 0.269，2013 年相较于 2012 年有一定下降，2006~2007 年及 2011~2012 年增加值较多，生态环境综合指数的变化趋势反映了全市总体生态环境仍然在向着良好的方向发展。

由于数据标准化计算方式采用 0~1 标准化法，这里的生态环境综合指数与土地利用综合指数相同，每年的综合指数只是 10 年内的相对值，是三大要素层的综合计算结果，因此，要了解具体生态环境变化，仍然需要对具体要素层进行分析。首先，从生态涵养能力看，全市绿化覆盖面积从 2004 年的 20 224hm^2 上升至 2013 年的 23 578hm^2，共计增加 3354hm^2，森林覆盖率增加约 10 个百分点，园林绿地面积在 10 年间增加了 2543hm^2，这些指标的变化反映了全市生态涵养能力正随着城市的发展不断提升。其次，从生态环境压力看，作为生态环境综合指数的主要负向因素，贵阳市的生态压力状况也在随着城市经济人口的发展不断加大，但值得一提的是，所选指标工业废水排放总量和二氧化硫排放总量反而有一定减少。最后，从生态治理水平看，它反映了政府对生态环境的重视程度，值得欣慰的是，贵阳市政府在研究时段范围内对生态环境有着足够的重视，落实在具体指标上，节能环保支出、退耕还林支出和工业固体废弃物利用率都有较大幅度的增长，尤其是全市的节能环保支出，2013 年的投入金额是 2004 年的 28 倍。

从图 7-14 和图 7-15 可知，贵阳市 10 年内土地利用综合指数和生态环境综合指数同时为阶梯式递增的态势。一方面，土地利用综合指数从 2004 年的 0.053 上升至 2013 年的 0.309，这表明在土地利用结构变化不大的情况下，全市土地投入强度和产出强度都在逐步增加，并侧面反映出整个城市社会经济在不断向前发展，在时间阶段上，可划分为 2004~2008 年和 2009 年~2013 年两个阶段，在 2008 年一年内，综合指数差为 0.133，为研究段最高，表明该年城市土地开发利用程度陡增。另一方面，生态环境综合指数从 2004 年的 0.034 增加至 2013 年的 0.269，2012 年达最高值，2012~2013 年有一定下降，表明尽管生态环境压力在不断增加，但生态涵养能力和生态治理水平也同样跟上了步伐，其中，2004~2013 年生态涵养能力从 0.078 上升至 0.318，生态治理水平从 0.012 上升至 0.274。值得注意的是，2013 年生态环境综合指数相较于 2012 年有所下降，尽管数值不大，但需要高度重视。

（3）土地利用与生态环境协调度分析

结合土地利用综合指数和生态环境综合指数，运用协调度模型的计算得到贵阳市 2004~2013 年的土地利用与生态环境协调度变化情况，计算分析结果见表 7-45。

表 7-45　贵阳市 2004～2013 年土地利用与生态环境协调度结果

诊断项目	2004 年	2005 年	2006 年	2007 年	2008 年	2009 年	2010 年	2011 年	2012 年	2013 年
$F(X)$	0.053	0.056	0.067	0.082	0.084	0.217	0.237	0.258	0.287	0.309
$G(X)$	0.034	0.058	0.067	0.117	0.138	0.169	0.202	0.229	0.299	0.269
C	0.907	0.999	1.000	0.938	0.885	0.969	0.988	0.993	0.999	0.991
$F(X)$ 和 $G(X)$ 关系	$F(X)>G(X)$	$F(X)<G(X)$	$F(X)=G(X)$	$F(X)<G(X)$	$F(X)<G(X)$	$F(X)>G(X)$	$F(X)>G(X)$	$F(X)>G(X)$	$F(X)<G(X)$	$F(X)>G(X)$

在得到两个子系统的综合指数后，根据协调度模型计算，得到贵阳市土地利用与生态环境的最后协调度结果，从表中可以看出，2004~2013 年，$F(X)$ 和 $G(Y)$ 的协调程度都较高，大于 0.8，2008 年最低，为 0.885，而其他 9 年均大于 0.9。该结果根据我国学者郭永奇（2012）、陈珏和雷国平（2011）、陈兴雷等（2009）的协调度等级划分（表 7-46），除 2008 年属于良好协调发展类，在研究时段的全市土地利用和生态环境的关系都属于优质协调发展类。2004 年、2009 年、2010 年、2011 年及 2013 年为优质协调发展类中的生态环境滞后土地利用型，2005 年、2007 年和 2012 年为优质协调发展类中土地利用滞后生态环境型，2006 年为优质协调发展类中土地利用与生态环境同步型，2008 年为良好协调发展类中土地利用滞后生态环境型。该结果反映出自 2004 年以来，贵阳市整个城市的经济发展和人口规模虽然有了迅猛增长，但市政府及时做出了相应的土地利用调整，并且在承受着巨大生态环境压力的同时，努力减少城市经济发展和土地利用带来的环境负面效益，使得土地利用和生态环境仍然保持在协调发展的状态。

表 7-46　协调度等级划分

协调度 C 值范围	协调度等级	协调度 C 值范围	协调度等级
0~0.1	极度失调	0.5~0.6	勉强协调
0.1~0.2	严重失调	0.6~0.7	初级协调
0.2~0.3	中度失调	0.7~0.8	中级协调
0.3~0.4	轻度失调	0.8~0.9	良好协调
0.4~0.5	濒临失调	0.9~1	优质协调

尽管协调度函数的反向验证并不能完全说明土地利用生态冲突的变化情况，但协调度测算是对 PSIR 模型冲突诊断的较好验证和补充，两者的测算结果一致表明了尽管整个贵阳市在近些年来经济有了长足发展，城市发生翻天覆地的变

化，但全市并没有忽视生态环境建设，并以切实有效的措施回应了土地利用中的生态冲突问题，使土地利用和生态环境仍然保持在协调发展的状态。

(4) 土地利用与生态环境协调机制的构建

贵阳市土地利用生态冲突案例反映出在我国城市土地利用过程中仍存在许多冲突协调管理机制上的漏洞和不足，当潜在冲突存在时，并未引起管理部门重视，而冲突上升到被感知阶段时，也并没有一个合法的平台和程序去调解利益相关者的矛盾关系，土地利用生态冲突的协调是一个复杂的系统工程，如何维护当地居民的权利，顺利推进土地利用项目的实施，平衡利益相关者的利益分配，保持生态环境不受到破坏，需要构建一种符合经济社会发展、能够在土地利用过程中使得各方利益合理分配的利益协调机制，抑制群体性事件的发生，这也是当前我国生态文明建设和城镇化进程中急需解决的重要问题（李力哲和任大廷，2013）。本节以利益公正、平衡和最大化为原则，从公众参与、生态补偿与法律保障三个方面着手构建土地利用生态冲突协调机制（图7-16）。

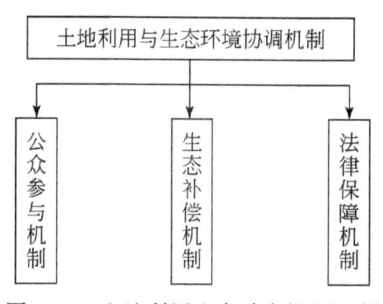

图7-16 土地利用生态冲突协调机制

1) 协调机制构建的原则包括利益公正原则、利益平衡原则和整体利益最大化原则，具体如下。

利益公正原则：在土地资源稀缺的客观条件下，满足自身生理需求进而维持自身生命是人的一种本能，在自利意识驱动下会清晰辨别自我利益和他人利益，利益是冲突关系中竞相追逐的目标，协调机制的构建需要使利益得到公正分配，冲突才能得以化解。因此，在协调土地利用生态冲突时需保证各个利益相关者地位公平、身份平等。

利益平衡原则：利益平衡原则是通过协调各方面的冲突因素，使相关各方的利益在共存和相容的基础上达到合理的优化状态，冲突群体性事件的出现反映了利益相关者的利益平衡状态无法维持，基于人类追求利益的盲目性，利益完全平衡在现实生活中只是一种理论状态，但在冲突协调机制中，要求对利益相关者的所得利益进行整体把控，避免利益失衡现象。

整体利益最大化原则：冲突利益相关者都以利益最大化为目标，但利益最大化不能以无限制地牺牲另外部分主体的利益为代价，而协调管理机制的功能在于调节各种错杂和冲突的利益，以便使各种利益中的大部分或者国家重大利益得到满足，使其他的利益牺牲最少，协调管理机制需要争取以牺牲最少的情况下使整体利益达到最大（王兆峰和腾飞，2012）。

2）公众参与机制。公众参与是公民的一项重要的基本权利，是政府第一部门以外的公众、社会组织通过特定渠道加入到政府及立法机关的公共政策之中，影响公共政策的制定、实施及监督的行为总和。作为民主政治的根本标志，公众参与机制是我国公共政策制定实施的重要组成部分，也是各种政府主导土地利用规划及项目实施的必要阶段，引入公众参与机制协调土地利用生态冲突问题，能够在源头上防止土地利用生态冲突事件的发生，也可以为协调生态冲突提供更好的沟通和意见表达渠道（王庆华和张海柱，2013）。

转变传统观念，提高公众参与能力。虽然近年来我国对公务人员始终强调公仆和为人民服务的思想，但在现实中，普通公众仍然是大多土地利用的主要客体，政府还是处于重要主体地位，在公众参与土地利用过程中，需要转变一些传统观念，不能让政府既当"运动员"，也做"裁判员"，需让普通公众了解到土地利用不仅关乎国家政府，更是关乎自身利益和生活环境。此外，由于一些利益群体自身文化水平偏低，表达能力不足，无法有效利用正规参与渠道处理冲突纠纷，当周边自然环境遭到破坏并影响到他们生活时，他们要么保持沉默，要么采取暴力过激的方式进行反抗。因此，需要从这些利益群体本身入手，提高他们的表达意识和参与能力，平衡与其他利益群体的表达基础。政府作为社会责任的主要承担者，需制定长期目标和短期计划以提高公众受教育水平，有意识地普及相关政治参与和环境科学知识。例如，可定期开展宣传培训活动，培养公众政治参与能力，有条件的地方还可以模拟土地利用项目的公众听证会、环保法律纠纷案例，让他们学会当利益受到侵害时采取何种表达方式维权，怎样通过合作与其他利益相关者实现良性互动，培养其理性思维和参与意识，这些能从源头上防止生态冲突事件的发生。

拓展参与方式，构建冲突协调平台。随着新媒体技术的应用，公众参与土地利用的方式渠道不仅限于走访、问卷调查、听证会、座谈会等传统形式，微博、微信和众多门户网站已经成为公众参与的重要方式，拓展多元渠道参与城市土地利用，可缓解利益相关者的潜在矛盾。例如，在土地利用项目启动前，引入问卷调查、研讨会、行政听证等方式，让政府详细地将土地利用项目的方案、环境影响评估与补偿资金的到位等情况告知给各个利益群体，利益群体在充分了解情况的基础上向政府表达自己的意愿，在多方充分辩论的基础上，达成初步统一。在土地利用实施阶段，引入社区论坛、网络媒体等反馈方式，随时获得各个利益群体的不同意见，并以回访的方式及时与公众沟通，处理好环境污染投诉案件。此外，当冲突问题不可避免发生时，需要为土地利用生态冲突构建协调平台，该平台的功能是为不同利益群体之间的矛盾冲突提供对话机会。例如，开展临时冲突协调会议，及时沟通，使冲突各方都做出一定让步妥协，冲突协调平台的构建可以增进理解沟通，减少相互间的矛盾摩擦，防止冲突态势进一步扩大。

加强环境监督，发挥第三方组织作用。土地利用生态冲突是土地经济利益、社会生态利益不可调和产物，必须承认的是，各利益主体的自利性和有限理性会驱使利益相关者为了满足自身利益不惜牺牲其他利益主体的利益，因此为了督促各利益主体约束自利性，不再一味追求土地经济价值，需要建立有效的环境监督机制，防止生态冲突的发生。例如，政府可采用网络监控技术对城市工矿用地的污染源及环境质量进行长期、连续、有效监测，保障周边社区居民生活环境，公众可以随时监督政府部门是否滥用职权，在协调冲突矛盾时做到公正公开，而通过对私营企业进行监督，可以防止其为了追求利润忽视生态环境保护。此外，第三方组织在协调土地利用生态冲突中也起着不可忽视的作用。例如，在著名厦门对二甲苯（p-xylene，PX）项目事件里，中国科学院院士赵玉芬牵头提出、105名政协委员联名签署的"关于厦门海沧 PX 项目迁址的建议"促使事件得到广泛关注，大量网络媒体对事件进行针对性报道后，极大地刺激和促进了网下讨论和网下参与，为冲突缓解带来了显著的正向影响（周志家，2011）。因此，成立由土地专家学者、各个利益相关者与大众媒体等共同组成的第三方组织机构对整个土地利用过程监督，可保障城市土地利用健康持续地进行，让利益主体的权益不受损失。

3）生态补偿机制。生态补偿机制是当前国际公认的重要的生态环境保护手段之一，是以可持续利用生态系统服务为目的，采用经济手段调节相关者利益关系（袁伟彦和周小柯，2014）。作为世界上开展生态补偿较早的国家之一，我国已经具备建立生态补偿机制的实践基础（欧阳志云等，2013），2015 年底，国务院印发《生态环境损害赔偿制度改革试点方案》，要求从 2018 年开始在全国范围内构建生态环境损害赔偿制度。引入生态补偿机制协调土地利用生态冲突，是以经济手段缓解利益相关者之间由于生态环境问题产生的纠纷矛盾，也是城市土地可持续利用和生态环境保护的内在要求。

明确补偿对象，严格规范补偿标准。一方面，对土地利用生态冲突中的利益受损者进行生态补偿的前提是明确补偿对象，这里的生态冲突补偿对象无法具体界定，一般来说，我国土地所有权包括国家所有和集体所有，补偿对象大多是拥有和使用集体土地的农民或者牧民，而城市土地利用生态冲突中，土地利用使得生态环境遭到破坏，其利益受损对象可以是社区居民、郊区农民，也可以是私营企业，随着新修订的《中华人民共和国土地管理法》关于生态补偿的内容日渐丰富，确定生态补偿对象亦将成为重要工作前提。另一方面，生态补偿标准的规范也是急需解决的问题，我国的生态补偿标准并没有一个科学的核算方法，通常生态补偿标准的确定是以政府支付能力为基础，政府对环境遭到破坏的利益相关者提供损失补偿金，由于不同地域遭受环境污染影响程度不同，难以对每个利益受损对象做到绝对公平，这种情况就和征地补偿相似，可能相邻的不同村庄、乡镇的征地费用都大有区别，该问题很容易引发新的矛盾冲突，需要建立一套合理的生态补偿标准核算方法对不同生态损失进行把控，尽管这在实际操作中可能会增加人力物力的投入，但有利于得到相对公平，化解潜在冲突。

加大生态投入，优化政府补偿模式。防止城市土地利用产生的生态环境群体冲突的出现，最有效的办法之一就是加大生态环保的资金投入，在实证部分中，本节已经论证不管节能环保、退耕还林投入，还是生态用地、造林面积的增加都能有效预防土地利用生态冲突的出现，由于该类冲突事件的起因正是土地利用使生态环境遭受破坏，加大生态环保投入，保护赖以生存的城市生态环境是最直接有效冲突协调的方法，随着人们对环境的愈加重视，城市环保资金投入的不断增加将会是未来趋势。我国的生态补偿运作模式比较单一，主要是政府主导的财政转移支付制度，资金来源都为国家专项财政支出，而补偿方式也较为死板，除资金补偿以外很难有其他方式的补偿，因此需要对政府主导的补偿模式进行优化。例如，在资金来源方面，可以通过政府提议建立生态补偿基金，发动第三部门关注土地利用生态冲突中的受损利益群体，提供生态补偿救助，在补偿方式上，政府可以制定相关政策，调节土地资源的收益分配，或提供技术、实物补偿，对生态环境综合治理给予支持，培训专业技术人才。

4）法律保障机制。土地利用生态冲突的法律保障机制是利用法律手段为冲突利益相关者提供法律资源和救助，使利益相关者的权益不受侵害，以达到协调冲突的目的，建立冲突法律保障机制，有利于社会稳定和谐（张晓燕，2014）。在我国，土地利用生态冲突研究仍处于起步阶段，并没有建立系统化的专门法律保障机制，土地利用生态冲突的法律保障由《中华人民共和国土地管理法》《中华人民共和国环境保护法》《中华人民共和国突发事件应对法》的各项法规及一些地方的规范性文件组成。

提供法律援助，保障弱势群体利益。法律援助是由政府设立的法律援助机构及援助律师，为经济困难或特殊案件的人提供无偿法律服务的一项法律保障制度，法律援助的目的是保障土地利用生态冲突的利益相关者弱势群体的利益。在土地利用生态冲突中，弱势群体对应的是强势群体，强势群体之所以强势是因为其掌握了更多的社会财富和资源，对土地资源的利用方式起着支配性的作用，而大多弱势群体仍然处于边缘化的状态，当冲突纠纷发生时，无法通过法律手段维护自身的权益，因此，法律援助律师和社会志愿人员需要面向生态冲突中的贫弱残疾者、社会特殊群体伸出援手，让冲突中失衡的社会关系重新回归正常法律渠道，避免冲突进一步加剧，这是协调生态冲突、维持公平正义必不可少的制度。

推进依法行政，强化冲突处理能力。土地利用生态冲突具有随机性、突发性的特点，政府作为利益相关者之一，也是处理此类突发状况的权力主体，但这并不意味地方政府可以随意行使紧急权力，为追求片面稳定而背离依法行政的原则。实践表明，在非常状态下能否做到依法行政是检验地方政府行政能力和法治水平的重要标准。因此，一方面，国土资源及环境保护相关部门在执行土地利用政策的同时，还应负责严格管理环境污染、解决环境保护问题，在冲突协调中做到公平公正。另一方面，冲突协调管理是社会管理的重要组成部分，政府还需加强冲突处理能力建设，构建规范的冲突协调管理程序与科学的冲突风险评估机制，制定基本冲突应对策略。此外，政府工作人员的能力提升也很关键，当冲突发生时，切忌敷衍了事、推卸责任，领导干部需及时主动迅速了解冲突产生原因和核心矛盾，耐心听取利益群体的意见，在保障整体利益最大化的情况下处理好各方关系。

积极谈判磋商，适时采用法律仲裁。一般来说，土地利用生态冲突的处理结果有很多种，最后可能会产生冲突回避、迁就、强迫、妥协和协同等。为了得到冲突缓解、赢得各方多赢的局面，往往在冲突协调时会有很多谈判机会，这也是各个利益群体互相博弈最为激烈的时候，通过积极谈判磋商使得各方的妥协让步是防止冲突进一步加剧的有效措施，而如果利益相关者之间始终无法达成妥协，找不到更好的解决方案，就可以适时采用法律仲裁。法律仲裁是由当事人协议将争议提交到人民法院，并由人民法院对冲突纠纷的是非曲直进行评判并做出裁决的一种方法，裁决一经仲裁机构做出后会产生法律效力，这种冲突调解方法具有公正性和权威性，也是众多劳务商务纠纷维护权益的惯用方式。将法律仲裁引入土地利用生态冲突是冲突无法通过其他方式协调的最后举措，尽管不是每个利益主体都愿意看到，但其处理结果切实有效。

7.2.6.3 结论与对策建议

（1）主要结论

本节通过对 2004~2013 年贵阳市的土地利用综合指数、生态环境综合指数及两者的协调度进行测算分析，主要得到以下结论。

1）全市 10 年内土地利用综合指数一直处于上升的态势，从 2004 年的 0.053

上升至2013年的0.309，主要选取指标反映出全市的土地利用结构、土地投入强度、土地产出强度情况加大主要是由于近年来经济的发展迫使其做出调整。

2) 全市生态环境综合指数呈现阶梯式上升的趋势，由2004年的0.034增加至2013年的0.269，2013年相较于2012年有一定下降，这反映出全市的生态环境整体状况在向着良好的趋势发展。

3) 10年间贵阳市的土地利用与生态环境协调度一直保持在0.8以上，除了2008年以外，其余年份都大于0.9，属于优质协调发展类，这表明全市土地利用和生态环境之间的关系协调，并没有因为人为土地利用造成普遍的生态环境恶化现象，这与全市对生态环境的重视程度密不可分。

4) 以利益公正、平衡和最大化为原则，从公众参与、生态补偿与法律保障三个方面构建土地利用生态冲突的协调机制。有关土地利用生态冲突的协调机制问题还有待深入研究，尤其是生态冲突中的利益矛盾协调方法，就加强公众参与、生态补偿和法律保障而言，本节所涉及的相关措施还不够全面，土地利用生态冲突的协调还有更多方面需要关注。

(2) 对策建议

通过对喀斯特山区贵阳市的土地利用与生态环境协调度实证研究，本节认为，土地利用和生态环境协调发展作为我国城市生态文明建设的重要内容，还需要在以下几个方面还需继续重视。

1) 城市土地利用方面。随着我国工业化、城镇化进程的不断推进，城镇人口的不断增加促使第二、第三产业的用地需求越来越大，城市土地利用结构还会在现有的基础上发生重大调整，由于我国人均土地稀少，优质后备土地资源有限，如何科学合理地利用土地资源仍然是重点问题。因此，这需要逐步改变以经济增长为导向的土地利用规划理念，细化城市土地用途，加强土地资源集约利用。

2) 生态环境方面。尽管近年来中央对生态文明建设的重视使得生态环境恶化问题有所改善，不少城市的生态文明建设取得了初步的成果，但就目前全国城市生态状况而言，生态环境的治理道路还有较为漫长的道路要走。因此，仍需保持现有有效措施，继续加大对生态环境的投入，使生态文明理念深入人心，这样才能在巨大的城市环境压力面前做到持续向前。

3) 处理土地利用与生态环境关系方面。建议完善生态文明司法建设，加强对城市新兴工业园区、商业中心区土地利用的监察，防止土地利用产生生态环境破坏，从源头上减少对生态环境产生不良影响。此外，可以划定生态红线对城市生态用地进行保护，通过建设湿地公园、森林公园等方式改善生态环境，促进生态文明建设。

7.3　本 章 小 结

本章主要对喀斯特山区土地利用变化及生态安全评价进行实证研究。在理论研究的基础上，通过收集相关数据资料，运用土地利用动态度模型、生态足迹模型、灰色预测模型、多目标线性规划模型、生态服务价值模型、碳足迹模型等计量模型深入分析了喀斯特山区贵阳市土地利用动态变化和土地利用结构优化、贵阳市土地利用变化对生态系统服务价值的影响、贵州省生态可持续性动态变化、贵州省土地资源承载力动态变化与预测、贵州省土地利用碳排放效应及风险，同时，运用 PSR 模型和耦合协调度模型对城市土地利用生态冲突诊断及影响因素、土地利用与生态环境保护协调发展等几方面进行实证分析。通过对典型喀斯特山区土地利用/土地覆盖变化及生态安全现状进行系统调研与评价研究，揭示其土地利用过程中表现出土地利用结构不合理、利用效率低、生态承载力下降、碳排放增加等问题，并对问题产生的原因进行深入的分析，探索如何调整优化土地利用结构、降低生态足迹、提高生态承载力和土地资源利用效率的思路和路径。

第 8 章　对策建议

本章对喀斯特山区土地利用结构不合理，表现出高碳低效、生态化较低这一状况，从绿色低碳生态化的视角，探讨喀斯特山区土地利用低碳高效优化的对策。从严守耕地保护红线，提高耕地综合承载力；健全落实用地政策，合法合规利用土地；积极推进土地整治，提高土地综合效益；着力防治土地污染，实现土地生态安全；培育和保持土壤肥力，实现土地可持续利用；提高土地资源承载力，培育低碳土地利用模式 6 个方面提出对策建议。

8.1　严守耕地保护红线，提高耕地综合承载力

随着产业结构转移，贵州省工业化和城市化水平不断提高，经济社会发展与资源利用尤其是耕地资源之间的矛盾日益突显。据 2001~2014 年贵州省土地变更调查数据，2001~2014 年贵州省耕地面积减少达 22.65 万 hm^2。贵州省地形复杂，土地利用效率低下，适宜开发的后备耕地资源也相对匮乏。贵州省作为典型的喀斯特生态脆弱区和突出的欠发达地区，是我国人地矛盾最尖锐的省份之一。近年来随着贵州省人口的不断增加及工业、城镇化进程的不断推进，建设用地的扩张占用大量的农用地特别是耕地，耕地总量日趋减少，经济社会发展与耕地资源之间的矛盾日益显现，同时人均农产品的需求也在不断增加。因此，贵州省应通过适度控制人口增长、严格土地用途管制、制定耕地补偿机制、集约高效利用耕地，解决好经济建设与耕地保护之间的矛盾，严守耕地保护红线，提高耕地综合承载力，促进耕地可持续利用。

8.1.1　适度控制人口数量，提高人均耕地面积

人口数量的多少对耕地数量变化起着重要的作用，人口数量一旦增长，就意味着需要更多耕地数量来满足人类生活必需的食品，同时，人口结构也会对耕地的数量带来一定影响，由于非农人口的增加导致非农用地需求增加，耕地的总量减少，生产压力加大。2004~2014 年贵州省户籍总人口数量不断增加，从 2004 年的 3831.19 万人到 2014 年的 4286.15 万人，非农人口的比例也一直在增加，

非农人口与总人口的比例增加，导致非农用地需求增加，使贵州省耕地面积持续减少，耕地人均生态承载力下降，加剧了人地矛盾。在这种形势下，更应当适度控制人口的增长，严格保护耕地，以提高人均耕地面积。

8.1.2 严格土地用途管制，提高耕地安全性和生态性

土地用途管制是指国家为严格保护耕地资源，实现土地资源的合理利用和最优配置，促进经济、社会和环境的协调和可持续发展，通过编制实施土地利用规划和计划，依法划定土地用途分区、确定土地使用限制条件，实行用途变更许可的一项强制性管理制度。1998 年修订的《中华人民共和国土地管理法》首次明确提出"实行土地用途管制制度"，确立了以土地用途管制为核心的新型土地管理制度。贵州省实行土地用途管制应该全面推进生态建设，注重生态环境保护，现有的土地用途管制的重点主要是保护耕地的数量，但是对于耕地的质量保护重视不够，土地用途管制应该加大推进土地整理和标准农田建设，增加有效耕地面积，提高耕地质量。同时，耕地质量的提升也相应地意味着生态环境的友好和谐，执行管制时，应该从耕地资源安全性和生态有效性出发，分析耕地利用现状与预期目标的差距，遵守耕地开发利用应遵循的生态原则，减少非农用地对生态环境造成的不良影响，不断改善耕地生态环境质量，为建设生态环境友好型社会做出应有的贡献。

8.1.3 大力落实保护制度，切实守住基本农田红线

喀斯特山区人口多耕地少，耕地后备资源不足，维护粮食安全、保持社会稳定必须根据国家的《基本农田保护条例》来守住基本农田红线，认真落实基本农田保护制度，通过建立基本农田保护档案，设立基本农田保护设施，加大动态执法巡查等措施，切实守住辖区内基本农田红线。一是切实加强基本农田保护工作力度。各县市的政府应同各行政村签订基本农田保护责任书，将基本农田保护责任落实到全镇每个地区；在开展农村土地承包经营权登记工作时，做好基本农田保护宣传工作；明确集体经济组织和农户承包责任、保护措施、当事人权利与义务、奖励与处罚措施等内容。二是更新基本农田保护标志牌。认真检查各地设立的基本农田保护标志牌和保护界桩，对破旧、残损的标志牌和界桩及时进行"换装"，详细标示出基本农田位置、面积、保护责任人、相关政策规定和监督举报电话等信息。三是认真落实基本农田监督保护制度。在每年年初，划定辖区内的基本农田土地执法监察动态巡查的重点区域，加大动态巡查的力度，建立巡

查台账；发现非农业建设占用基本农田的行为，第一时间制止并及时上报县局、镇政府和综合行政执法局，由政府牵头组织力量予以消除。

8.1.4 制定耕地补偿机制，提高耕地综合生产能力

喀斯特山区土地抛荒的根本原因是土地瘠薄、水利交通基础条件差、农业生产总收益低，而外出务工机会增加，同时，农业补贴模式不合理和土地流转不畅进一步加剧了抛荒带来的负面影响。弃耕抛荒严重影响我国粮食安全，影响农业基础的稳定。在城镇化进程中，大量农村劳动力外流，导致农村耕地"抛荒"现象普遍。根据中国社会科学院的研究报告，如果把这部分耕地资源全部利用起来，2013年宋丙涛等研究表明我国西南地区粮食产量仍有约0.25个百分点的增长空间。制定喀斯特山区耕地补偿机制，通过适当开发后备耕地资源和加强对现有"抛荒"土地的整理，确保研究区耕地总面积的稳定。建立有效的土地流转机制，发挥村级组织的服务优势，加强农地流转程序管理，保护流转双方的合法权益。坚决制止耕地闲置、抛荒耕地现象，建设和保护高标准基本农田，整理现有耕地，改造和完善农业生产基础设施条件，改造中低产田，复垦废弃地和灾毁土地，合理开发后备耕地资源，能够增加有效耕地面积，全面提高耕地资源质量和利用效率，同时也能够改善耕地生态环境，提高耕地的综合生产能力，进而促进耕地资源集约利用水平的提高。

8.2 健全落实用地政策，合法合规利用土地

随着喀斯特山区经济迅速发展，城市化进程的不断加快，城区建设和各类企事业单位、机关用地越来越多，土地征用、征收范围逐渐加大，由城市中心向农村不断扩展，违法违规用地现象增多，失地农民不断增多，侵犯被征地农民土地权益的事件频繁发生。禁止违法违规用地、保障被征地农民的合法权益、杜绝此类现象的再发生已经成为社会关注的重点问题。我国在保护被征地农民权益上的立法相对较少，对于公共利益的界定不明确、不具体，农地征收补偿范围过窄，被征地农民获得的补偿和安置费用较低，具体到不同省份相关问题就更为显著。土地是农民重要的生产资料，是保障经济收入的重要来源，更是其"职业"象征，被征地农民在失去土地之后很难得到再就业机会，生活缺少依靠，此外，违法违规用地也会导致土地利用的不可持续，不利于贵州省生态安全。因此，贵州省应建立健全用地法规，加大土地用途管控力度，确保耕地占补平衡；高度重视土地利用总体规划在土地管理工作中的基础性、先导性和综合性作用，严格执行

土地利用规划；按照有关规定，新增建设用地计划指标实行指令性管理，不得突破；没有新增建设用地计划指标擅自批准用地的，或者没有新增建设占用农用地计划指标擅自批准农用地转用的，按非法批准用地追究法律责任；建立土地征收补偿机制，确保被征地对象的合法权益。

8.2.1 加大土地管控力度，确保耕地占补平衡

目前贵州省土地管制还有待于进一步完善，违法违规用地行为还不能完全杜绝，土地用途管制单一，侧重对农用地转为建设用地的管制，而忽视了对土地利用程度和效益的管制。目前的土地用途管制缺乏对土地利用效率和效益的约束，给土地用途管制留下了"漏洞"，土地使用者虽然按照规划用途使用土地，但可以通过改变建筑密度、容积率、建筑物结构等土地使用条件；土地使用者还可以通过"囤地"大额获取土地增值收益，从而造成土地闲置现象。对于此类违规行为，贵州省应当加强土地利用规划执行力度，确保耕地"占一补一"，合理控制建设用地规模，严格控制各类非农建设占用耕地现象，各类建设项目的选址应当遵循不占或少占耕地的原则，确实需要占用耕地的应当尽量选择占用等别较低的耕地，严格保护基本农田。正如有专家所言：补充耕地质量不到位不是技术问题，而是藐视规划管控、放任用途管制，必须坚决防止耕地占补平衡中出现的数量和质量不到位问题，坚决防止占多补少、占优补劣、占水田补旱地。同时，要加大规划执行的监督力度，加强耕地利用的动态监测，对违法规划的行为要加大处罚力度，确保土地利用规划的法律效力。

8.2.2 严格执行用地规划，提高土地利用效率

喀斯特山区耕地利用过程中存在未经批准在耕地上私自建房或临时搭盖、堆放垃圾等废弃物、堆积建筑砂石等现象，这些行为虽然占用的土地面积不大，但却给耕地造成了明显的破坏，而且对城乡居住环境、生态环境也带来了明显的影响，不论是从保护耕地上来说，还是从建设美丽乡村来说，都是非常不利的。因此，贵州省在今后的土地利用规划中，应该进一步提高规划编制的科学性、合理性和有效性，注重土地利用规划修编的动态性，为落实土地利用的目标，土地利用规划编制和实施主要抓住对用地总量、用地布局、用地方向和用地时序的控制，即"定量、定位、定性、定序"，提高土地利用规划的可操作性并严格执行，更加充分地发挥土地利用规划的引领、调控和主导作用，严格审批项目类别，减少对于同质化、缺乏市场竞争力的项目审批，从源头杜绝土地资源闲置、

浪费现象，禁止非法圈地行为。此外，根据闲置土地处理办法，对于具有"圈地"行为、圈而不建的企业，提高其违法成本及惩罚执行力度。例如，各地以"以租代征"侵占农用地的现象给予地方政府相关责任人、企业等相关责任人较高的违法成本，以此防止和杜绝非法占地。开征土地增值税，针对长期不开发或开发节奏较慢的项目，可对企业开征土地增值税，使企业持有土地本身的增值部分利润空间压缩，以此降低企业圈地囤地的动机，督促其尽快进行市场开发，减少土地资源闲置与浪费现象。

8.2.3 建立土地征收补偿机制，确保征地对象的合法权益

土地征收补偿原则指的是国家对农用地征收时对农民的补偿应遵循的规则，如补偿和安置补助费的确定。如果没有一个明确合理的和细化的补偿原则，就会使被征地农民的合法权益得不到有效保障。在城市化发展中，需要使用大量的田地作为城市发展用地，所以农民的大量田地被政府征收，农民土地被征收之后，只能依靠政府拨付的土地补偿款继续生活，因此在城市化的过程中，农民补偿款发放的数额直接决定其是否愿意将自己的耕地作为城市化发展用地。寻找城市用地、政府与农民之间的一个平衡关系，成为现在城市化中的一个重要的命题。对于土地征收来讲，需要做到补偿之间的平衡，通过这种平衡可以最大限度地保证被征地对象的合法权益。目前，我国对被征地农民的补偿机制存在着补偿原则不明确、补偿范围过窄、补偿标准不合理等问题，而要解决这一系列的问题，急需在省内特别是喀斯特山区建立起公平合理的土地征收经济补偿机制，合理分配土地征收补偿收益，在土地征收程序上要加强征收程序的透明度，真正实现被征地对象的合法权益得到保障。

8.3 积极推进土地整治，提高土地利用综合效益

土地整治是指对低效利用、不合理利用、未利用及生产建设活动和自然灾害损毁的土地进行整治，提高土地利用效率的活动，是对各类土地整理、土地复垦和土地开发等活动的总称。开展土地整治不仅可以增加有效耕地面积，提升耕地质量，促进耕地集中连片，提高耕地利用效率，同时也能改善生产、生活条件和生态环境，优化用地结构和布局，是促进土地资源节约集约利用的重要手段。贵州省山地多、平地少，土地质量差，水土流失频繁发生，目前应当开展土地整理工作，加大中低产田的改造力度，大力加强农业基础设施的建设，改良坡耕地，复垦废弃土地。切实做好土地平整（特别是坡改梯整治）、兴建农田灌溉与排水

工程、完善田间道路系统和扩展山区土地的机械化运用,有效地防止水土流失和注重生态保持,要重点加强坡耕地水土流失和抗旱治理、水淹坝排涝防洪等建设。通过土地开发整治,逐步完善贵州省农业的基础生产条件和耕作方式,扩展土地资源的适宜性,调整优化农业产业结构,有助于推行山区小型农业机械的运用,推动农业生产向规模化、集约化方向发展,提高土地资源的生产力,为贵州省农业现代化的发展创造良好的基础条件。

8.3.1 大力改造中低产田,提高粮食生产能力

耕地是一种不可再生或者很难再生的稀缺资源,而粮食又是耕地密集型产品,在人类尚未开发出不使用耕地就可以进行大规模粮食生产的技术之前,要加强对中低产田的改造,缓解耕地压力。贵州省中低产田面积大,根据贵州省第二次土壤普查资料,全省耕地中,高产田土占耕地总面积的14.42%,中产田土占44.61%,低产田土占40.97%,中低产田土共占85.58%,主要低产因素是"瘦、薄、旱、黏、酸、冷、烂、锈、毒",影响农业产业的发展。2009年杨洪研究表明贵州省农用地自然质量等别集中分布在8~11等,平均为9.04等,较全国平均低4个等级左右,处于中等偏下的状况。贵州省中低产田土改造无论从数量或质量,都具有较大的增产潜力。中低产旱地可通过增施有机肥,大力发展绿肥,推行秸秆还田,结合进行"瘦变肥、薄变厚、坡变梯"的土地整治和推广等高带状种植、聚垄免耕、生物固埂等措施,从根本上改善土壤环境,单产可提高30%~40%,中低产稻田实行工程措施与生物措施相结合,开沟排水、发展绿肥、推广半旱式栽培等,单产水平可明显提高。稳定和合理调节贵州省最少人均耕地面积,努力缩小其与实际人均耕地面积之间的差距,从而为研究区粮食安全提供战略保障。

8.3.2 加大土地开发整理,提高农业基础设施投入

政府应该对土地进行计划补充耕地量和耕地保有量的具体安排,分为土地开发补充耕地指标和土地整理复垦补充耕地指标。土地开发是指运用财政专项资金,对农村宜农未利用土地、废弃地等进行开垦,对田、水、路、林、村等实行综合整治,以增加有效耕地面积、提高耕地质量的行为。土地整理主要针对改变沟壑交错、地类交叉、渠系老化不配套的土地现状,进行水利设施配置、道路和林网建设,从而可以改变农业生产基础条件,降低农业生产成本,实现农业增产增效。中华人民共和国成立以来,土地开发整理得到了持续发展并取得了显著成

效,中国以拥有世界8%的耕地养活了世界22%的人口。因此,加强土地开发整理是实现土地资源可持续利用、促进经济和社会可持续发展的有效途径。

贵州省土地整理应当与农业现代化相结合,消除土地利用不合理因素,为农业机械化创造条件,与农村水电、道路等生产条件改善相结合,将小型农田水利建设作为重要内容,增强耕地排灌和防灾减灾能力,增加基本农田的有效灌溉面积。此外,应当与贵州省特色农业、现代农业相结合,因地制宜进行工程规划和设计,并充分利用建设占用耕地剥离的耕作层土壤,与提高耕地质量、迁村并点、生态保护等相结合。研究区现阶段土地整理的任务是大力开展基本农田整理,全面落实国务院提出的基本农田保护"总量不减少,用途不改变,质量不降低"的要求,"以建设促保护",将基本农田整理作为土地整理的重点,加大对农田等地类基础设施的投入。

8.3.3 加大坡耕地改良,提高其综合生产能力

贵州省是我国唯一一个没有平原支撑的省份,土地资源详查结果表明坡耕地占全省耕地面积的90%,25°以上的坡耕地占总耕地的18.17%。林玉锁等研究表明贵州省粮食产量以水田、水浇地和坡耕地为主,水田和水浇地的产量分别为63.79万 kg 和59.09万 kg,分别占全省粮食总产量的39.46%和36.56%,可见,水田和水浇地在粮食生产供给中所占的比例低于50%,比例较小,而坡耕地在全省粮食供给方面所占的比例较大,特别是遵义市和毕节市,坡耕地粮食产量潜力分别占本地区的粮食生产潜力的36.96%和66.81%,由此可见,坡耕地生产和改良对区域的民生问题和社会稳定具有深远的战略意义。贵州省的耕地整体上具有坡耕地多、坝区耕地少、中低产耕地多、优质耕地少"两多两少"的特点,而且有72%的耕地无灌溉设施,耕地质量总体不高,这些不利因素制约了粮食综合生产能力的提高,影响到现代农业的发展。因此,只有通过加强坡耕地治理,完善农田排灌系统等综合整治手段,增加高产耕地面积,改良坡耕地,才能在提高当地土壤质量和土地综合生产能力的同时达到土地生态安全的目的。

8.3.4 加强废弃土地复垦,提高土地综合利用率

目前土地复垦主要针对的是采矿后废弃土地采取整治的措施使被破坏的土地恢复到可供利用状态的活动。贵州省是我国矿产资源大省之一,号称"江南煤海",随着经济快速发展,交通、能源、水利等基础设施建设对土地的需求不断增加,在工程建设过程中因挖土、取土、压占等还需要占用大量土地,特别是矿

山的大面积开采对土地资源的破坏尤为严重。采矿不仅破坏土地资源，而且也带来了一系列环境问题，如土壤质量下降、生态系统退化、生物多样性丧失、景观受到破坏等。如何解决矿产资源开发引起的土地和环境问题，已成为贵州省实施可持续发展战略的关键。矿区的土地复垦方法应遵循"因地制宜、综合整治、宜耕则耕、宜林则林、宜渔则渔、宜草则草"的原则进行复垦利用。由于土地复垦是一项系统工程，涉及农业、水利、生物、环境、经济和系统工程等各个学科，要做好贵州省的土地复垦工作，应该结合贵州省特殊的地理环境和独特的地质条件，综合考虑多方面因素，因地制宜地提出适合贵州省的土地复垦方法，把土地复垦与重建生态结合起来，提高土地综合利用率，实现贵州省经济、社会、环境三大效率的良性循环。

8.3.5 加快水土流失治理，积极维护生态平衡

贵州省山多坡陡的地表结构不仅不利于水土资源的保持，而且在夏季降水量集中且较大，多暴雨的情况下，会产生强烈的外动力作用，这是该区水土流失的潜在动因。研究区降水量一般在 1100~1300 mm，且多集中在 5~10 月，径流系数平均达 0.54。发育在面积广大的碳酸盐岩表面的浅薄土层凝聚力较强，质地黏重，透水性差。植被一经破坏，侵蚀强度将急剧加大，致使裸露地面扩大（即石漠化）的潜在危险极大。喀斯特石漠化山区的水土流失主要是人地关系不协调引起，其防治的基本对策是保护和治理已经受到破坏的生态环境，增加可持续发展的供给能力，改善社会经济状况和农村生活生产条件，逐渐减轻对生态环境的压力，积极维护生态平衡，使人口、资源、环境、社会协调发展。另外，部门、企业在经济开发和项目建设时，要充分考虑对周围水土保持的影响，严格执行水土保持有关法律法规。严格控制在生态环境脆弱的地区开垦土地，坚决制止毁坏林地、草地及污染水资源等造成新的水土流失发生的行为；实施科教兴水土保持的战略，提高水土保持科技含量，提高科学技术在水土保持治理开发中的贡献率，使水土保持达到高起点、高速度、高标准、高效益，加快实现其由分散治理向规模治理、由防护型治理向开发型治理、由粗放型治理向集约型治理开发转变，积极维护生态平衡。

8.4 着力防治土地污染，促进土地生态安全

土地是农业生产的基本生产资料，是保证农业可持续发展的物质基础。当前土地污染问题成为人们关注的环境问题之一。如何有效地遏止土壤污染成为当前

农业生产过程中所面临的一个紧迫的任务。贵州省耕地数量偏少,如何保证农业生产的可持续发展,其中一个关键的因素是如何保持土壤不受污染。然而,当前贵州省存在农业用地土壤遭到污染和破坏的现象,成为制约农业可持续发展的"瓶颈"。造成土壤污染的原因主要包括:①农业生产对土壤造成的污染,其中主要包括农业生产过程中过量施用化肥和农药对土壤造成的污染,以及大量饲养牲畜排放的粪便对土壤造成的污染。②工业生产对土壤造成的污染,突出的表现在农业生产所产生的废水、废渣倾倒于农田对土壤的污染。③酸雨等自然灾害对土壤的污染。控制和减少土壤污染应该严格控制农药、化肥施用范围和剂量,控制药物残留、控制农村面源污染;关停污染严重的化工企业,控制工业污染排放,严禁重金属对土地污染,确保农产品绿色无公害,实现土地生态安全。

8.4.1 控制工业污染排放,保护土地资源

产业结构升级带来城市土地利用空间结构调整的同时,也带来了一系列的土地污染问题。例如,金属矿山矿石冶炼过程中产生的废气、废水、废渣,以及开采产生的尾矿,随着矿山排水或雨水进入水环境或直接进入土壤环境,造成土壤重金属的污染,目前矿区周围土壤重金属的污染较为严重。李静鹏等(2014)研究证明,重金属污染的土壤,其微生物生物量比正常使用粪肥的土壤低得多,并且减少了土壤微生物群落的多样性。大多数重金属在土壤中相对稳定,一旦进入土壤,很难在生物物质循环和能量交换过程中分解,难以从土壤中迁出,从而对土壤的理化性质、土壤生物特性和微生物群落结构产生明显不良影响,影响土壤生态结构和功能的稳定。为了控制工业污染进入土壤,首先,应当从法律方面着手,完善现有土壤污染的法规法律体系,目前,土壤污染控制与管理体系的发展明显滞后于城市水环境、大气环境污染控制与管理。其次,强化政府职能,由于我国土地所有权国有的特点和土地污染防治的特殊性,决定了在土地污染治理中政府的重要作用,城市工业用地污染的治理应由政府直接管理的专门机构进行指导,在各有关部门密切配合下,促进工业用地污染治理工作的开展。各级政府可采取减免相关税收、提供银行贷款与技术支持等多种手段吸引更多的私人投资者参与城市工业用地的污染治理。最后,明确环境污染的法律责任,土壤污染防治立法,旨在建立"污染者付费"的土壤环境污染责任体系,土地污染者对其污染行为具有不可推卸的责任,且应永久追溯这种责任。大力控制工业污染排放,保护土地资源。

8.4.2　控制化肥、农药使用量，减少面源污染

农业面源污染是指由沉积物、农药、废料、致病菌等分散污染源引起的对水层、湖泊、河岸、滨岸、大气等生态系统的污染。约90%的农药散失到农田土壤，随雨水流入河流，造成土壤和水体污染，残留在水、土壤中的农药污染农畜产品，通过食物链富集在人体内，对人体造成危害。高毒农药的施用，在杀灭害虫的同时也杀死了害虫天敌，破坏了农业环境的生态平衡。同时，害虫抗药性增加，使防治成本加大，导致恶性循环。大量废弃农膜残留在土壤中，直接影响植物根系发育，恶化土壤，对农田产生较大影响。因此，喀斯特山区应加强教育，提高群众的环保意识，使人们充分意识到化肥、农药污染的严重性，调动广大公民参与到防治土壤污染的行动中，注重管理，严格控制化肥、农药、农膜的使用，防止化肥等带入土壤过量的有害物质。做到严格控制农业用水总量，把化肥农药用量减下来，实现土地利用生态化。

8.4.3　加强农业废弃物综合利用，减轻土壤环境污染

突破技术瓶颈是降低农业废弃物利用成本的关键。沼气、有机肥、秸秆还田等较为成熟且推广范围较大的技术，应该重点在提高技术效果方面进行技术的改进，如沼气产气性能、有机肥基质的化学稳定性、秸秆还田机械的改进等方面。第一，农业废弃物利用的其他尚未成熟的技术，应该加紧研发力度，力争尽快能运用到实际生活中去。第二，提高技术服务水平。例如，农村户用沼气，建造沼气池花费了大量人力、财力和物力，大量沼气池的荒废造成了浪费。构建户用沼气后续技术服务体系，才能保证农户继续利用沼气设备。第三，加大科研支持力度。国家和省级科研项目，应加大对农业废弃物利用相关研究的资助力度，不能忽视对社会科学研究的资助力度。加强农药包装废弃物回收处理，建立健全农业废弃物回收贮运和综合利用体系，到2018年，基本建立农药包装废弃物回收处理网络。推进农业清洁生产，结合标准园艺场建设，在各地开展农业废弃物资源化利用试点，形成一批可复制、可推广的农业面源污染防治技术模式。实现畜禽粪便、农作物秸秆、农膜基本资源化利用，促进土地生态安全。

8.4.4　大力发展生态农业，提高土地综合效益

在经济全球化、绿色化大背景下，绿色农产品倍受人们的青睐。贵州省受地

理条件限制，耕地比较分散、零碎，大片优质农田资源稀缺。因此，调整农作物种植结构，在保障粮食供给的前提下，充分利用山区雨量充足、空气清新、植被与生态环境相对较好的有利条件，因地制宜地发展山区特色农业，减少对耕地资源的过度摄取是实现贵州省耕地资源可持续利用的关键。山地农业主要强调山地在农业中发挥的作用，与平原农业和水域农业不同。贵州省是典型的喀斯特山区省份，自然条件较好，水热充足，自然资源丰富，适宜于发展特色现代山地生态高效农业，贵州省"十三五"规划也提出了贵州省现代山地高效农业的发展路径，如做强农业主导产业、加快转变农业发展方式、着力构建现代农业发展服务支撑体系等。在工程配套层面，按照"生产提高、生态运行、生活改善"的总体要求，根据粮油、瓜果、蔬菜等不同农作物产业链需求，从技术方案、建设模式、建设标准、规程规范等方面对土地平整与集中、灌溉与排水、田间道路与农田林网、土壤改良与培育、农业机械化耕作与配套、农作物种植与管护等工程技术进行集成，提升农业机械化生产水平和经营效益，减少土地污染的同时促进农民增收。大力发展生态农业，提高土地综合效益。

8.5 培育和保持土壤肥力，实现土地可持续利用

农业可持续发展强调发展农业生产必须注重资源的合理利用和环境的保护，在追求农产品高产量、高质量和高经济效益的同时，保护资源的数量和质量，使其永续利用。土地是农业生产最重要的资源，土壤肥力是耕地作为资源的核心，与农业可持续发展关系密切。喀斯特山区地表崎岖破碎，山多坡陡，降水量大，地表径流冲刷严重，而石灰岩成土速度慢，土层浅薄，且土被不连续，土壤限制因子多，大多数区域生态环境脆弱，农业生产条件差。由于人们长期对土地的不合理利用与经营，如陡坡毁林种粮、顺坡耕种等，对土地进行掠夺式经营，水土流失严重，土壤物理性质恶化，土壤肥力不断退化，石漠化程度加大。针对贵州省土地开发利用的实际情况，采取合理的轮作、休耕制，提高植被覆盖率，维护土体结构与土壤环境，引入有益的土壤微生物，采取合理的农艺措施，不断提高土壤肥力，将有利于土地可持续利用。

8.5.1 优化耕作管理方式，维护土体结构与土壤环境

喀斯特地貌区成土过程极其缓慢，造成了喀斯特山区岩石裸露度高、土壤资源不均匀、不连片的分布特点，牵涉到喀斯特生态环境的修复和健康发展，进一步影响社会可持续发展的可能性。我国西南喀斯特地貌区是世界三大碳酸盐岩连

续分布区之一，西南喀斯特地貌区贫困人口比较集中，人地之间的矛盾非常突出，所以喀斯特地貌区土地资源保护和合理利用是当前急需解决的重大任务之一。土壤是地下及地表生物生命活动的主要场所，是固定植物根系、支撑植物生长的基底。正常的土体结构和良好的土壤环境是土壤生物健康生长的基本保证，是土壤养分、水分、空气和热量得以顺利转化、释放、迁移和自动调节的必要条件，土壤养分即使在施肥的情况下也对植物生长起着重要的作用。因此，土体结构和土壤环境的保持与维护是土壤生物肥力的一项重要内容。土体结构破坏包括土壤瘠薄化、土壤板结化和土壤沙石化等使土体厚度和土壤养分组成遭到损害的现象。土壤环境包括土壤外部环境（如气象、气候、光、热、水文等）和土壤内部环境（如土壤pH、土壤温度、土壤水分、土壤空气、土壤结构、养分条件等）。因此，增加地面覆盖、大力发展生态农业，优化耕地作管理方式（如少耕、免耕和复合种植），控制水土流失，减少非农建设和控制环境污染是保持和维护土体构和土壤环境的有效措施。

8.5.2　引入有益土壤微生物，促进物质循环和养分转化

细菌、真菌、放线菌、微藻类组成的微生物，对于土壤中有机物分解、养分转化和循环具有不可替代的作用。通常用土壤中的微生物活性评价有机物质的分解，被认为是最直接的参数。有机物的分解由异养微生物主导进行，通过分解释放养分，维持营养物质的循环，最典型的是氮、磷和硫素的循环。微生物也可通过自身细胞固定碳素和其他营养物质。土壤中微生物是土壤中能量和营养转化的主要推动者，称为原动力，也是土壤中物质循环和养分的主要调控者。微生物种群的广泛多样性及其分解物质的能力是各种功能的基础。微生物在土壤物质循环和养分转化中能不断释放养分并分解土壤中的有害物质，如杀虫剂和除草剂等复合物，通过共生作用为植物提供养分。喀斯特山区土壤贫瘠，引入有益土壤微生物，可以促进物质循环和养分转化。

8.5.3　采取合理农艺措施，不断提高土壤肥力

耕种土壤在人为利用条件下，土壤的演变进程加快，特别是随着科学技术的进步，人为因素对土壤发育的影响越来越广泛和深刻。不合理的利用和不当的农艺措施，会使得土壤肥力在短期内大幅度下降，甚至变得不宜耕种。反之，合理的利用及适当的培肥措施也可以在较短时间内消除自然土壤长期发育过程中产生的某些障碍因素，使土壤的肥力迅速提高。施肥是充分利用土地资源、挖掘作物

生产潜力、提高产量的必需性农业措施。合理施肥不仅可以大幅度提高作物产量、改善品质，而且还可以有效地维护人类赖以生存的生态环境，增加大气中的CO_2/O_2交换量，增强对大气、土壤的净化能力。当前由化肥施用不当引起的环境问题已开始引起我国有关科学家的重视，特别是氮肥过量施用后大量淋失所造成的地下、地表水 NO_3^--N 污染，磷肥过量施用所导致河流、湖泊、水库、塘坝的富营养化现象，含镉量过高磷肥施用所造成的土壤重金属污染。此外，钾肥过量施用会破坏土壤中的养分平衡，特别是含氯钾肥过量施用会破坏土壤结构，给土壤带来盐渍化威胁。而有些地区利用工矿企业及城市生活污水进行农田灌溉，用城市垃圾直接作肥料所导致的土壤污染等，造成巨大的经济损失。采取合理农艺措施，不断提高土壤肥力，可以促进土地资源的可持续利用。

8.5.4 采用不同耕作方式，不断提高土壤质量

在选用耕作方法时要综合考虑当季作物的效应及其对土壤肥力的影响。例如，免耕法和少耕法具有提高播种质量、保持土壤水分、减少土壤侵蚀、降低生产成本等优点。但是采用免耕法，肥料只能施于土壤表层，肥料的利用率降低，特别是有机肥料培肥土壤的作用大大降低。多点试验及生产实践均证明，不管什么类型的土壤，长期免耕必然造成土壤肥力的下降，从而影响农业的可持续发展，应结合当地的轮作计划，选择适合的茬口，有计划地轮流进行深耕。贵州省属于低纬度高海拔的亚热带环境，主要农作物以水稻、玉米、小麦为主，经济作物以烤烟、油菜籽等为主，在种植制度上，由于贵州省山区机械不易开展，加之以往农业投入不多，农民对农业投入较少，往往是在合适的时候种植合适的作物，在耕作上贵州省更适合采用轮作与休耕的方式，通过轮作来调整作物生产，尤其要在那些作物种植较为单一化的地区建立合理的轮作制。贵州省是典型的喀斯特山区省份，完全可以利用稻田冬季休闲进行绿肥作物的种植，通过深翻施肥和深翻种植绿肥。国家给予适当的绿肥补贴，以恢复推广粮食绿肥轮作的传统。休耕应选择土地退化严重、土壤受污染重、生态脆弱的地区进行全年休耕，用做休耕的土地不种粮油作物，但可种绿肥、饲料作物。农民也需要定期对休耕地进行管理，翻耕沤肥，以助土壤改良与地力恢复。休耕期限可根据土地实际情况、生态环境及产粮水平而定，生态脆弱、土壤污染、退化严重地区可进行 3~5 年或更长的休耕期，地力损耗小的耕地可实行 3 年以内的短期休耕，喀斯特山区生态环境脆弱，土壤退化严重，可采用 3~5 年或更长的休耕期。

8.6 提高土地资源承载力，培育低碳土地利用模式

绿色发展、低碳发展既是十八大、十八届五中全会及十三五期间对我国经济发展的基本要求，也是未来经济发展的方向和目标。随着研究区工业化、城镇化的快速推进和人均资源能源消耗量的增长，碳排放量表现出持续上升的趋势。土地利用方式变化是影响碳平衡的重要因素之一。不合理土地利用结构将导致土地资源承载力降低，土壤和植被储存、吸收和固定CO_2的能力减弱，更多的CO_2排放到大气中，全球气候变暖问题日益突出、倍受关注。喀斯特贫困山区人口密度大、经济欠发达、贫困程度深、贫困面广，是我国典型的生态脆弱地区。党的十八大提出2020年全国全面建成小康社会、实现整体脱贫目标，对于喀斯特贫困山区来说迫切需要加速经济发展，而经济快速发展势必加大土地资源的开发利用，改变土地利用方式，进而带来土地资源承载力的降低和大量的碳排放。限时脱贫下贵州如何协调土地开发利用与生态环境保护的关系，如何在土地开发利用的过程中既考虑增长速度，又考虑与环境相互协调这一困境，确保2020年贫困人口全部脱贫宏伟目标的实现，与全国同步建成小康社会，实现土地资源承载力提高和绿色低碳发展是值得全面深入研究的前瞻性问题。本节从以下几个方面分析如何提高土地资源承载力、培育低碳土地利用模式，提出促进喀斯特贫困山区土地资源低碳高效可持续利用的对策建议。

8.6.1 合理开发利用土地，提高土地生态承载能力

喀斯特贫困山区经济发展潜力巨大，随着工业化和城镇化的快速推进，人地矛盾日益突出。在经济的快速发展和城市化水平的不断推进的过程中提高土地的利用效率、降低生态足迹需求，提高土地生态承载能力，尽可能地缩减生态足迹与生态承载力之间的巨大缺口，减少生态足迹和缓解土地生态系统的压力可从以下两个方面着手。一方面，适度控制人口规模，减轻土地生态系统压力。适度控制人口规模，能够有效控制生态足迹的总量，要降低人均生态足迹，减少生态赤字。另一方面，合理开发利用土地资源，提高生态承载能力。随着经济发展和城镇规模扩大，喀斯特贫困山区大量林地、草地和部分优良耕地被城镇及工矿企业占用，从而出现地表植被破坏、土地生物生产能力下降等环境问题，以致研究区土地生态承载力缓慢的下降。因此，必须加强土地利用规划布局，节约城镇建设用地，严格保护现有耕地和林地，特别是保护生产能力较高的耕地。科学利用土

地资源，并且通过技术的革新，提高土地的生物生产能力；有效治理石漠化，积极发展高效生态农业，提高土地生态系统承载能力。

8.6.2 优化土地利用结构，促进碳源地向碳汇地转换

喀斯特贫困山区随着经济发展和城镇规模扩大，大量林地、草地和部分优良耕地被城镇及工矿企业占用，从而出现地表植被破坏、土地生物生产能力下降等环境问题，以致研究区土地生态承载力缓慢的下降。同时，喀斯特山区土地利用类型中，建设用地是主要的碳源，林地是主要的碳汇，但林地增加所产生的碳汇能力远远不能抵消建设用地增加带来的碳排放能力，导致碳排放量增加。因此，研究区加强土地利用规划实施监督与管理，需要调整并优化土地利用结构，在严格执行土地利用规划和保护基本农田的基础上，控制新增建设用地总量，防止建设用地过度扩张而占用耕地、林地、草地等。通过植树造林大力提高森林覆盖率，控制耕地、草地、其它类型土地面积减少速度以及建设用地的扩张速度，促进其他未利用地面积向林地、草地和耕地转换，使原来的碳源地转化为碳汇地（王义祥等，2005），增加碳汇，减少碳源，促进碳平衡，为培育绿色低碳土地利用模式奠定基础。

8.6.3 发展高效生态农业，促进土地绿色低碳利用

喀斯特贫困山区应节约高效利用城镇建设用地，严格保护现有耕地和林地，特别是保护生产能力较高的耕地，科学利用土地资源，并且通过技术的革新，有效治理石漠化，大力发展以低碳农业、设施农业、观光农业为基础的低碳高效现代生态农业体系，建立低碳农业示范区，实施节水、节肥、节地、节能等农业投入节约技术，通过减少农业投资和提高生产效率，实现改善农业生态环境、增加农业产出、降低农业碳排放、增加土壤碳汇。随着农业现代化规模化、集约化的发展，对农业实行规模化、专业化经营，既能提高农业生产经济效益，又能降低景观破碎度，改善农业生态环境。促进喀斯特贫困山区土地绿色低碳利用。

8.6.4 推广新兴耕种技术，提高土地生态系统碳汇功能

贵州地处我国西南喀斯特地区的中心，境内多为碳酸岩山地，因陡坡耕地多，垦殖率高，加上生态环境脆弱，不合理的耕种技术使得植被破坏后很难恢复，导致水土流失严重，形成"石漠化"。因此，加强土地保持和耕作管理，改

进施肥、灌水管理措施，提高复种指数，实施合理的作物轮作和减少耕地作业，科学调控土地耕作系统中能量流动和碳循环，提高土地生态系统固碳能力。推广种植碳吸收能力强的新型耕种技术，增加牧草和木本植物的种植，提高土地生态系统碳汇功能（陈广生等，2007），从源头上减少农作物碳排放。采取垄作免耕、套种等减排技术，有效降低农作物碳排放量，促进土地生态系统固碳减排，提高碳汇功能。

8.6.5 建立碳排放补偿激励机制，协调土地利用与环境保护关系

生态补偿是以保护和可持续利用生态系统服务为目的，以经济手段为主调节相关者利益关系的制度安排。建立健全生态补偿激励机制重点落实碳排放补偿机制，对于土地开发利用过程中推广绿色低碳设计，增加林地、草地等主要碳汇，降低建设用地等碳源，培育低碳土地利用模式的企业或部门应给予一定的补偿激励，从制度上保障林地、草地等主要碳汇地的数量和质量，降低碳排放并充分吸收掉已排放的碳，实现碳中和，促进生态环境的保护，最终达到经济发展与生态环境保护"双赢"的目的，实现喀斯特贫困山区绿色脱贫。

8.6.6 创新低碳农业大数据技术，促进农田生态系统碳减排

农业带来的温室气体排放约占全球的13%。在土地开发、利用和整治中采用低碳土地利用技术，可降低土地碳排放强度，减少碳排放量。土地整治过程中，从设计到施工均采用低碳的技术措施、工程措施和生物措施，可降低碳排放。提升土地再循环再利用技术，充分循环利用土地资源，降低农业生态系统碳排放。同时，运用农田大数据科学技术知识，发展大数据精准农业，促进碳中和并实现农业碳减排。如运用3S技术与信息技术，使农户更为准确地了解其所产生的温室气体排放情况，了解喀斯特山区农田种植位置、种植对象和种植密度；肥料施用量、施肥地点和时间以及适宜的浇灌时间等，科学合理地进行农田生产活动，提高作物覆盖率，减少耕地作业，将碳留存在土壤中，促进碳排放量与流量的减小，促进农田生态系统碳减排，实现喀斯特贫困山区农业集约可持续发展。

8.7 本章小结

本章根据前述研究结果探讨了实现喀斯特山区土地资源可持续利用，促进生

态安全的政策建议。提出了从严守耕地保护红线，提高耕地综合承载力；健全落实用地政策，合法合规利用土地；积极推进土地整治，提高土地综合效益；着力防治土地污染，实现土地生态安全；培育和保持土壤肥力，实现土地可持续利用；提高土地资源承载力，培育低碳土地利用模式等方面的措施。同时，喀斯特山区可以从构建和完善绿色低碳土地利用支撑体系，调整和规范土地市场行为等方面入手，在宏观上为土地可持续利用提供一个良好的支撑环境。通过调整优化土地利用结构、节约高效利用资源能源、促进碳源地向碳汇地转换、加强农田耕作管理、建立生态补偿激励机制、创新农田大数据技术等途径，提高生态系统碳汇功能、降低碳排放风险程度、促进农田生态系统固碳减排，推进经济绿色低碳发展，协调土地开发利用与生态环境保护的关系，集喀斯特山区土地开发利用过程中经济效益、生态效益和社会效益于一体，促进其绿色低碳土地利用模式的快速构建和稳定发展。

第 9 章　总结与展望

本书针对喀斯特山区新时期发展所面临的绿色低碳可持续发展背景，研究了适合其绿色低碳发展的土地利用变化及其生态安全评价等问题，针对喀斯特山区土地利用现状及土地利用过程中存在的生态安全突出问题，提出了通过对喀斯特山区土地利用结构优化调整，培育绿色低碳和生态高效的土地利用模式，以实现喀斯特山区绿色脱贫和低碳可持续发展的思路。同时，对喀斯特山区土地利用的合理化、生态化和高效化，以及促进土地利用向绿色低碳和生态高效方向发展、实现生态安全等方面提出了相应对策建议。

9.1　研究的主要内容和成果

本书以喀斯特山区土地利用变化及其生态安全评价为切入点，研究和探索了喀斯特山区在绿色低碳约束下如何培育绿色低碳和生态高效的土地利用模式问题。通过对研究区土地利用变化及其生态安全评价的理论和实证研究，重点研究了如何实现喀斯特山区土地利用高效化和生态化。针对喀斯特山区的具体实际，提出了促进喀斯特山区土地利用向绿色低碳化和生态高效化发展的对策建议。

9.1.1　研究的主要内容

本书针对喀斯特山区土地利用变化及其生态安全状况，以及喀斯特山区新时期土地利用和生态安全面临的各种问题，探索土地利用变化对喀斯特山区生态环境的作用和影响，寻找影响喀斯特山区土地绿色低碳高效利用的问题，从理论和实证两个方面来剖析深层次的原因，探寻解决路径。理论方面主要探讨了土地利用/土地覆盖变化与生态安全的关系、生态承载力与生态安全评价、喀斯特山区土地资源的开发利用及贵州省土地利用的变化。掌握喀斯特山区土地利用的特征、变化规律，以及不合理利用土地对生态环境的影响等，在此基础上，重点对典型喀斯特山区贵州省和贵阳市进行实证研究，探寻喀斯特山区绿色低碳高效土地利用的思路和途径。根据喀斯特山区土地利用的实际，提出促进土地资源可持续利用的对策建议，本书研究的重点内容主要体现在以下几个方面。

1）对喀斯特山区土地利用/土地覆盖变化及其生态安全评价的相关理论进行了系统的梳理和深入研究。在对喀斯特山区的研究、土地利用/土地覆盖变化研究、生态安全及其评价研究、土地生态安全评价等相关研究进行重要论述、梳理及评述的基础上，对人地关系理论、协调发展理论、低碳经济理论、绿色发展理论、生态经济理论、可持续发展理论等进行系统的总结和深入研究，并根据我国喀斯特山区土地开发利用的实际，对相关理论进行了补充完善。在此基础上，论述了土地利用/土地覆盖变化与生态安全的关系，总结分析生态承载力与生态安全评价的评价方法，揭示其内在联系，掌握其评价方法，充分了解喀斯特山区土地利用的特征、变化规律、不合理利用土地对生态环境的影响。论证了在土地利用过程中按生态经济学原理进行结构调整和功能优化，作为实现绿色低碳高效的土地利用模式培育的一条重要路径。

2）对喀斯特山区土地利用变化及其生态安全评价进行了系统调研和实证分析。通过对喀斯特山区土地利用变化及生态安全进行系统调研，运用3S技术和相关的计量方法对其土地利用变化及土地利用变化与生态安全评价进行实证研究，探寻了在新的历史发展时期，喀斯特山区要实现土地绿色低碳高效利用，在土地利用方面存在土地利用结构不够合理、表现出高碳低效、生态化较低等主要问题，通过对喀斯特山区土地利用高碳低效状况及原因进行深入剖析，借鉴国内外土地绿色低碳高效利用的成功经验，结合喀斯特山区实际，从绿色低碳生态化的视角，探索如何调整优化土地利用结构、降低生态足迹和土地利用碳排放、提高生态承载力和土地资源利用效率、促进土地低碳高效生态化利用、保障土地利用生态安全的思路和路径。

3）对促进喀斯特山区土地利用向绿色低碳和生态高效方向发展，实现生态安全的对策建议进行系统研究。针对喀斯特山区土地利用粗放、效率低、碳排放高、污染严重、对生态安全影响较重的特点，结合喀斯特山区实际，提出了基于土地利用生态化的低碳高效开发利用对策。即在整个喀斯特山区提出了严守耕地保护红线，提高耕地综合承载力；健全落实用地政策，合法合规利用土地；积极推进土地整治，提高土地综合效益；着力防治土地污染，实现土地生态安全；培育和保持土壤肥力，实现土地可持续利用；提高土地资源承载力，培育低碳土地利用模式等方面的对策建议。

9.1.2 研究取得的成果与结论

党的十八大报告提出我国在2020年全面建成小康社会的奋斗目标，并把生态文明建设放在促进全面建成小康社会更加突出的战略地位，绿色低碳发展已成为学术界关注的热点话题之一。在新一轮西部大开发这一历史阶段，喀斯特贫困山区在经济发展的过程中既要考虑增长速度，又要考虑与环境相互协调，采用绿色低碳土地利用模式集经济效益、生态效益和社会效益于一体，才能确保生态安全及2020年贫困人口全部脱贫宏伟目标的实现，与全国同步建成小康社会。本书根据喀斯特山区土地利用变化现状及其生态安评价状况，围绕新时期喀斯特山区土地开发利用与生态环境相互协调所需要的条件，对喀斯特山区土地利用存在的主要问题及其原因进行深入分析，并重点对喀斯特山区土地利用绿色低碳化和生态高效化进行深入研究，在理论研究、实证研究、对策研究方面得出一些有价值的成果和重要结论，归纳总结为以下几方面。

1）在理论研究方面。通过对相关文献的梳理和相关理论的总结，界定了土地利用/土地覆盖变化、生态安全、生态安全评价及土地生态安全等相关概念，对人地关系理论、协调发展理论、低碳经济理论、绿色发展理论、生态经济理论、可持续发展理论等支撑本书观点的相关理论进行深入分析。从多学科的视角系统地分析和研究土地利用/土地覆盖变化对生态安全的影响，生态承载力与生态安全评价关系，掌握喀斯特山区土地利用的特征、变化规律、不合理利用土地对生态环境的影响，深入分析喀斯特山区土地利用过程中存在的问题及影响因素，系统研究了土地利用的合理化、生态化和高效化问题。研究表明喀斯特山区土地利用过程中存在高碳低效及污染严重等问题，气候、地形、土壤等自然因素，以及人口、经济社会、城市化、政策等人文因素是影响喀斯特山区土地资源开发利用的主要驱动力。在新的历史时期，应将绿色低碳和生态高效思想理论融入土地利用/土地覆盖变化、土地利用优化及生态安全评价的理论中，从高效化和生态化方面考虑土地利用结构的优化，在土地利用过程中按生态经济学原理进行结构调理和功能优化，能够形成绿色低碳高效的土地利用模式，从而实现土地利用经济效益与资源环境效益的有机统一。

2）在实证研究方面。在对喀斯特山区土地利用总体状况分析的基础上，以典型喀斯特山区贵州省和贵阳市为例，通过对其土地利用变化、生态安全现状进行系统调研，运用3S技术和相关的计量方法对其土地利用变化及土地利用变化与生态安全评价进行实证研究。研究结果表明，喀斯特山区在土地利用方面存在土地利用结构不够合理、高碳低效、生态化较低等主要问题。新的历史时期，喀斯特山区要实现土地绿色低碳高效利用，须对其土地利用高碳低效状况及原因进行深入剖析，借鉴国内外土地绿色低碳高效利用的成功经验并结合喀斯特山区实际，从绿色低碳生态化的视角，调整优化土地利用结构、降低生态足迹和土地利用碳排放、提高生态承载力和土地资源利用效率、促进土地低碳高效生态化利用，保障土地利用生态安全。

3）在对策研究方面。针对喀斯特山区土地利用过程中存在的问题及原因分析，根据研究区土地利用现状及生态安全状况实际，借鉴国内外相关研究和实践的成功经验，提出了喀斯特山区土地利用方面存在土地利用结构不够合理、高碳低效、生态化较低等主要问题的破解思路，以及培育绿色低碳高效的土地利用模式的可操作路径。从绿色低碳生态化的视角，提出了严守耕地保护红线，提高耕地综合承载力；健全落实用地政策，合法合规利用土地；积极推进土地整治，提高土地综合效益；着力防治土地污染，实现土地生态安全；培育和保持土壤肥力，实现土地可持续利用；提高土地资源承载力，培育低碳土地利用模式等方面的对策建议。

9.2 研究的创新和价值

通过对喀斯特山区土地利用/土地覆盖变化与生态安全评价深入的分析和研究，取得了一些具有理论和实践应用价值和研究成果，对于指导喀斯特贫困山区在限时脱贫下实现低碳绿色可持续发展具有重要的现实意义。研究成果的价值主体体现在研究创新点、学术理论价值和实践应用价值方面。

9.2.1 主要创新点

根据研究目标和研究内容，本书按照"理论研究—实证研究—对策建议"三大板块进行研究。研究成果的创新点主要表现在对喀斯特山区土地利用/土地覆盖变化及生态安全评价的理论进行深入研究，对土地利用/土地覆盖变化及生态安全评价进行实证研究，对实现喀斯特山区土地资源可持续利用、促进生态安全的对策建议进行研究。

1）在土地利用/土地覆盖变化及生态安全评价的理论深入研究方面。在理论上将土地利用优化的相关理论进行充实和扩展。从传统观点看，土地利用及其结构优化的目的就是为了提高土地生产效率，因此其优化上主要考虑合理化和高度化，不能实现土地经济社会效益和生态效益最大化。从现代观点看，土地利用及其结构的优化不但追求土地生产效率提高，而且追求资源环境效益的提升，因此，现代土地利用结构的优化更应该从高效化和生态化方面考虑，将绿色低碳和生态高效思想理论融入土地利用/土地覆盖变化、土地利用优化及生态安全评价的理论中，论证了在土地利用过程中按生态经济学原理进行结构调理和功能优化，能够形成绿色低碳高效的土地利用模式，从而实现土地利用经济效益与资源环境效益的有机统一。

2）在土地利用/土地覆盖变化及生态安全评价的实证研究方面。将原来国内土地利用/土地覆盖变化及生态安全评价的实证研究，拓展到典型喀斯特山区层面，国内土地利用/土地覆盖变化及生态安全评价的实证研究主要集中于发达区域，本书从典型喀斯特山区层面进行实证研究。传统土地利用/土地覆盖变化及生态安全评价的实证研究主要从高度化和合理化方面进行，本书从绿色低碳的视角出发，探索土地利用及其优化真正实现生态化和高效化路径，这是对原有土地利用/土地覆盖变化及生态安全评价的实证研究的重要拓展。

3）在土地利用/土地覆盖变化及生态安全评价的对策建议研究方面。充分运用各学科交叉研究，将喀斯特生态脆弱区土地利用变化与生态安全评价结合研究，引入生态足迹模型评价喀斯特山区的生态安全性，借鉴国内外成功的经验，针对喀斯特山区土地利用过程中存在高碳、低效等生态安全问题，从土地资源开发利用与生态环境协调可持续发展的角度，调整优化土地利用结构，探讨绿色低碳土地利用模式，提出具有可操作性的促进喀斯特山区土地可持续利用生态安全的对策。

9.2.2 学术理论价值

针对新时期绿色低碳导向下喀斯特山区土地利用变化及其生态安全评价问题进行深入系统研究，以及所取得的系列成果，对充实和丰富喀斯特山区土地绿色低碳利用及生态化发展理论具有重要意义，对制定喀斯特山区土地生态化利用政策具有参考价值。本书的学术理论价值主要体现在以下几个方面。

1）对充实和丰富喀斯特山区土地绿色低碳利用及生态化发展理论具有重要意义。随着经济社会的不断发展，人们越来越清醒地认识到绿色低碳发展对人类生存和发展的重要性，认识到生态化。本书在传统土地利用合理化和结构优化的基础上，引入绿色低碳化和生态化的思想，并强调土地利用的高效化和生态化，以实现土地利用的绿色低碳和生态高效，这对充实和完善现代土地利用理论体系具有重要的学术价值和积极的理论意义。

2）对制定喀斯特山区土地生态化利用政策具有参考价值。本书从绿色低碳发展的视角来研究喀斯特山区的土地生态化和可持续利用问题，为决策者制定土地绿色低碳生态化利用政策提供理论依据。研究重点从传统土地利用过程中只注重经济效益转向经济效益、生态效益和社会效益并重，研究结果为各级政府实施区域土地绿色生态化利用战略、培育绿色低碳土地利用模式、制定相关土地生态化利用政策等方面提供理论参考价值。

9.2.3 实践应用价值

1）对喀斯特山区制定生态高效化发展的相关土地利用政策提供参考。本书通过对土地利用变化及其生态安全评价的研究，深入系统分析土地利用变化与生态安全之间的关系，掌握土地生态安全现状及其变化和发展趋势，从而进行土地利用有效的调控，保障其生态环境的安全，带动喀斯特山区绿色低碳可持续发展。研究的开展为决策者制定促进区域实现绿色、低碳、高效及生态化发展的土地利用政策提供参考。

2）对促进喀斯特山区绿色低碳生态高效土地利用模式的培育具有现实指导意义。土地利用/土地覆盖变化是土地资源生态安全状态改变的最主要的驱动因素，深入研究土地利用/土地覆盖变化对生态安全的影响、土地利用/土地覆盖变化与土地资源生态安全之间的关系，揭示其相互作用的机理，有利于采用适宜的现代土地管理方式，并进行科学的土地管理和培育绿色低碳生态高效的土地利用模式。

9.3 研究的深入与展望

以绿色低碳这一约束背景，研究喀斯特山区在新时期土地低碳高效安全利用中所面临的土地利用结构优化问题庞大的系统工程，涉及区域土地经济、土地生态、土地资源管理、绿色经济、低碳经济、可持续发展等多个研究领域。本书的研究已基本形成了喀斯特山区土地利用/土地覆盖变化与生态安全评价的理论框架，虽然取得了一些有意义的研究成果，但由于数据的可获得性、时间精力和篇幅所限，本书的研究相对于整个研究视角和领域来说，还存在许多需要进一步充实和完善之处，很多问题还有待于进一步深入研究。

9.3.1 有待于深入研究的问题

在喀斯特山区进行土地利用与生态安全评价研究是一个庞大复杂的系统工程，涉及区域土地经济发展、低碳绿色经济发展、土地利用与生态环境保护协调发展、生态文明建设等方面的问题，涵盖了区域土地开发利用与生态环境建设等各个方面。本书侧重于喀斯特山区土地利用/土地覆盖变化及生态安全评价的理论研究，在此基础上以贵州省为例进行实证研究，并从土地利用生态化的视角，提出了以土地利用结构优化为载体来构建和培育低碳高效土地利用模式，实现喀斯特山区土地资源可持续利用，促进生态安全的政策建议，研究成果对于喀斯特山区的土地生态化利用有着普适性的指导意义和参考价值。然而由于每个喀斯特山区都有其各自独特的土地利用特点和资源生态环境，不同区域的低碳高效土地利用及生态安全会有一定的特殊性，要形成更为全面和完善的绿色低碳安全土地利用和发展理论，还有许多问题需要进一步深入研究。

1）对于具体区域土地低碳高效安全利用模式培育的研究。本书提出了喀斯特山区可以通过调整优化土地利用结构、节约高效利用资源能源、促进碳源地向碳汇地转换、加强农田耕作管理、建立生态补偿激励机制、创新农田大数据技术等途径，从而提高生态系统碳汇功能、降低碳排放风险程度、促进农田生态系统固碳减排，推进土地利用低碳绿色发展，协调土地开发利用与生态环境保护的关系，培育低碳高效的土地利用模式，带动整个区域实现土地利用生态安全。研究成果对于喀斯特山区的土地低碳高效生态化利用有着普适性的指导意义和参考价值。然而对于某个具体的区域来说，低碳高效安全土地利用模式的培育，还有许多问题需要进一步深入研究。例如，对于某个具体的喀斯特山区土地利用的经济效益、生态效益和社会效益指标评价方面；某个具体的喀斯特山区土地利用变化及生态安全评价研究；某个具体的喀斯特山区低碳高效安全土地利用模式的培育研究等。

2）对于具体区域土地开发利用与生态环境保护协调发展机制研究。本书对喀斯特山区城市土地利用生态冲突诊断及影响因素进行研究，在此基础上对贵阳市的土地利用与生态环境协调度实证研究，并构建了二者协调发展的机制，提出了相应的对策建议，研究结果对于实现区域土地利用生态安全有重要的意义和参考价值。对于某个具体的喀斯特山区如何利用现有定量分析方法评价土地利用综合指数、生态环境指数及两者的协调程度，划分协调度等级，缓解土地利用与生态环境之间的矛盾冲突，解决土地资源利用与生态环境协调发展问题还有待于进一步探索。

3）对促进土地低碳高效安全利用对策建议研究。本书在对喀斯特生态脆弱区土地利用变化与生态安全评价理论进行系统研究的基础上，以贵州省为例进行实证研究，借鉴国内外成功的经验，针对喀斯特山区土地利用过程中存在的生态安全问题，从土地资源开发利用与生态环境协调可持续发展的角度，调整优化土地利用结构，探讨绿色低碳土地利用模式，提出具有可操作性的促进喀斯特山区土地可持续利用生态安全的对策。这些对策建议主要体现在宏观层面上，在宏观层面上对于喀斯特山区土地低碳高效生态化利用具有重要意义和促进作用。然而针对微观层面促进土地低碳高效生态化利用的对策建议还不足，有必要选择多个典型的喀斯特山区，在小范围内对其微观层面上土地低碳高效生态化利用的对策建议进行深入研究，以弥补宏观对策方面的不足。

4）对土地利用变化与生态安全之间的关系研究。土地利用变化对生态安全的影响是一个复杂多变的过程，其作用方式变化多样，不仅包括微观生态因子和宏观生态系统两个方面，还包括更多的作用途径。同时生态安全对土地利用变化也存在一定的约束，二者是相互作用、相互反馈的复杂关系，因此，土地利用变化与生态安全之间的关系仍需进一步深入研究。

9.3.2 进一步的发展与展望

在新的历史时期，绿色低碳发展已成为学术界关注的热点话题之一，党的十八大报告提出我国在2020年全面建成小康社会的奋斗目标，并把生态文明建设放在促进全面建成小康社会更加突出的战略地位。喀斯特贫困山区土地资源利用高效化、生态化问题，经济社会快速绿色低碳发展问题备受关注。从多学科的视角系统地分析和研究土地利用/土地覆盖变化对生态安全的影响，生态承载力与生态安全评价关系，掌握喀斯特山区土地的特征、变化规律、不合理利用土地对生态环境的影响，并对土地利用变化及生态安全评价进行实证研究，构建绿色低碳土地利用模式具有重要的理论意义和现实意义。本书已初步形成了土地利用/土地覆盖变化及生态安全评价的理论和实证研究框架，但对于整个理论体系的进一步完善、理论体系的实践应用方面有待于进一步深入研究。随着土地利用/土地覆盖变化及生态安全评价的理论体系的不断完善和具体实践应用，必将有力地推动低碳绿色土地利用模式的培育，促进喀斯特贫困山区限时脱贫下的绿色快速发展。

1）土地利用/土地覆盖变化与生态安全评价理论体系不断完善。项目组将继续努力，针对该理论体系存在的不足进行深入研究，特别是对土地利用变化对生态安全的影响机理和机制、生态安全评价指标体系的构建等方面有待于进行深入研究和不断完善。对于生态脆弱区土地利用生态化问题、绿色低碳土地利用模式的培育问题进行更为深入地探讨，以提升理论体系的可行性、可操作性和适用性。同时也希望得到更多相关领域专家关注、指导和帮助，为土地利用生态化和高效化做出贡献。我们相信在领域专家学者的指导、帮助和共同努力下，土地利用/土地覆盖变化与生态安全评价理论体系一定能够得到尽快的完善，并对喀斯特贫困山区的绿色低碳土地利用模式培育及绿色脱贫做出积极的贡献。

2）土地利用/土地覆盖变化与生态安全评价理论实践不断加强。喀斯特一些贫困山区已经有了一定的绿色低碳土地利用模式培育的基础，部分地区生态农业的发展，以及一些生态县和生态文明城市的建设也取得了一些明显的成效，使喀斯特贫困山区已初步具备了培育绿色低碳土地利用模式的条件。根据本书高效化和生态化土地利用形成及发展规律，结合研究区土地资源现状和绿色低碳发展的具体实际，加上各级政府和相关企业的支持，对土地资源进行科学合理的设计，采取有力措施利用各种有利因素，营造绿色低碳土地利用模式，形成和发展所需要的各种环境条件，通过体制机制的创新，建立和完善相关的政策支持体系，充分调动人们的积极性，促进土地利用高效化和生态化纵深发展，培育出喀斯特贫困山区的绿色低碳土地利用模式。

3）加快喀斯特贫困山区的绿色脱贫。喀斯特贫困山区经济发展落后、生态环境脆弱，2020年要与全国一道实现全面建成小康社会的奋斗目标，加快绿色脱贫的步伐迫在眉睫。在新一轮西部大开发时期，喀斯特贫困山区既要加快发展，又要保护生态环境，为此必须创新土地开发利用模式，采用具有绿色低碳快速发展功能的土地利用模式。只要喀斯特贫困山区能够发展和培育出绿色低碳土地利用模式，通过其快速的绿色发展和经济增长功能，就可以带动喀斯特贫困山区绿色低碳发展。在绿色低碳土地利用模式的有力带动下，喀斯特贫困山区一定能够实现土地开发利用与生态环境保护的协调可持续发展，在经济发展的同时保障生态安全，在限时脱贫下实现绿色快速发展。

参 考 文 献

安宝晟，程国栋.2014.西藏生态足迹与承载力动态分析.生态学报，34（4）：1002-1009.
安和平，卢名华.2008.贵州省退耕还林绩效与持续发展研究.亚热带水土保持，20（3）：1-4.
摆万奇，阎建忠，张镱锂.2004.大渡河上游地区土地利用/土地覆被变化与驱动力分析.地理科学进展，23（1）：71-78.
蔡运龙，蒙吉军.1999.退化土地的生态重建：社会工程途径.地理科学，19（3）：198-204.
常健.2012.公共冲突管理.北京：中国人民大学出版社.
常志华，陆兆华，马喜君，等.2007.台州市城市生态足迹.生态学杂志，26（1）：83-87.
陈百明.2003.LUCC研究的最新进展评述.地理科学进展，22（1）：22-28.
陈广生，田汉勤.2007.土地利用/覆盖变化对陆地生态系统碳循环的影响.植物生态学报，31（2）：189-204.
陈国阶，何锦峰.1999.生态环境预警的理论和方法探讨.重庆环境科学，21（4）：8-11.
陈加兵，郑达贤，陈松林，等.2009.土地利用变化对福建生态系统结构及服务功能的影响探讨.福建师范大学学报（自然科学版），25（6）：98-105.
陈静.2016.丰都县土地利用变化与土地生态安全评价.西南大学硕士学位论文.
陈珏，雷国平.2011.大庆市土地利用与生态环境协调度评价.水土保持研究，18（3）：116-120.
陈敏，张丽君，王如松，等.2005.1978~2003年中国生态足迹动态分析.资源科学，27（6）：132-139.
陈敏，王如松，张丽君，等.2006.中国2002年省域生态足迹分析.应用生态学报，17（3）：424-428.
陈起伟，熊康宁，蓝安军.2007.基于"3S"的贵州喀斯特石漠化现状及变化趋势分析.中国岩溶，26（1）：37-42.
陈晓平.1997.喀斯特山区环境土壤侵蚀特性的分析研究.土壤侵蚀与水土保持学报，3（4）：31-36.
陈兴雷，李淑杰，郭忠兴.2009.吉林省延边朝鲜自治州土地利用与生态环境协调度分析.中国土地科学，(23) 7：66-78.
陈星，周成虎.2005.生态安全：国内外研究综述.地理科学进展，24（6）：8-20.
陈永林.2014.基于3S技术的土地利用研究进展与展望.赣南师范学院学报，（3）：121-124.
陈佑启，杨鹏.2001.国际上土地利用/土地覆盖变化研究的新进展.经济地理，21（1）：95-100.
陈瑜琦，王雯，李建林.2015.生态脆弱区土地利用动态变化研究——以甘肃省榆中县为例.国土资源科技管理，32（6）：24-31.
成舸，岳贤平.2011.基于生态足迹的江苏省生态安全研究及预测.安徽农业科学，39（20）：12442-12446.
程漱兰，陈焱.1999.高度重视国家生态安全战略.生态经济，（5）：9-11.

崔胜辉，洪华生，黄生凤，等．2005．生态安全研究进展．生态学报，25（4）：861-868．

崔晓临，白红英，王涛，等．2013．北方农牧交错带靖边县土地利用变化及其驱动因素．水土保持通报，33（1）：34-43．

戴晓辉．1996．多目标线性规划在水资源优化调度中的应用研究——以乌鲁木齐河为例．新疆农业大学学报，（1）：39-45．

邓晓保，邹寿青，付先惠．2003．西双版纳热带雨林不同土地利用方式对土壤动物个体数量的影响．生态学报，23（1）：130-138．

丁晓辉，张远迎，陶文芳．2011．城市化进程中西安市景观动态变化及驱动力分析．西北农林科技大学学报（自然科学版），39（4）：182-188．

董武娟，吴仁海．2004．全球生态环境问题及保护措施．云南地理环境研究，16（2）：74-78．

董祚继．2010．低碳概念下的国土规划．城市发展研究，（7）：1-5．

杜雪莲，陈树．2016．贵州省耕地资源可持续发展研究．农村经济与科技，27（5）：31-32．

范建华．2010．低碳经济的理论内涵及体系构建研究．当代经济，（2）：122-124．

范弢，胡文英，李捷．2008．泸沽湖景区生态安全评价．云南地理环境研究，（2）：78-81．

范卓斌．2010．干旱区绿洲后备耕地资源开发适宜性研究．新疆大学硕士学位论文．

方相林，张晓燕．2010．基于固定影响变截距模型的湖北省旅游业发展影响因素回归分析．经济地理，（30）5：876-879．

封志明．2007．中国未来人口发展的粮食安全与耕地保障．人口研究，31（2）：15-29．

封志明，杨艳昭，张晶．2008．中国基于人粮关系的土地资源承载力研究：从分县到全国．自然资源学报，23（5）：865-874．

冯应斌，何建，杨庆媛．2014．三峡库区生态屏障区土地利用规划生态效应评估，地理科学，34（12）：1504-1510．

高吉喜．2001．区域可持续发展理论探索—生态承载力理论、方法与应用．北京：中国环境科学出版社．

高庆国．2009．生态安全视野下的南北关系研究．西北师范大学硕士学位论文．

高琼，李晓兵，杨秀生．2003．土地利用约束下中国东部南北样带生产力和植被分布对全球变化的响应．植物学报，45（11）：1274-1284．

高妍，毕如田．2011．基于农用地土地利用变化的生态服务价值分析．中国农学通报，27（14）：l13-117．

郜红娟，张朝琼，张凤太．2015．基于地形梯度的贵州省土地利用时空变化分析，四川农业大学学报，33（1）：62-70．

郭永奇．2012．新疆兵团土地利用与生态环境协调度评价研究．国土资源科技管理，（29）5：16-22．

郭中伟．2001．建设国家生态安全预警系统与维护体系——面对严重的生态危机的对策．科技导报，1：54-56．

韩会庆，蔡广鹏，张凤太，等．2013．贵州省土地综合承载力时空分异研究．湖南师范大学自然科学学报，12（6）：84-87．

韩文权，常禹，胡远满，等．2012．基于GIS的四川岷江上游杂谷脑流域农林复合景观格局优化．长江流域资源与环境，21（2）：231-236．

韩增林，郭建科，刘锴．2008．海岛地区生态足迹与可持续发展研究——以长山群岛为例．生态经济，(2)：63-67．

郝汉舟，汪华．2014．基于人粮关系的咸宁市土地承载力研究．江西农业学报，26（9）：111-115．

洪伟，闫淑君，吴承祯．2003．福建森林生态系统安全和生态响应．福建农林大学学报（自然科学），32（1）：79-83．

胡鞍钢，周绍杰．2014．绿色发展：功能界定、机制分析与发展战略．中国人口·资源与环境，(24) 1：14-20．

胡雁娟．2013．长株潭城市群土地利用冲突时空演变及机理研究．湖南农业大学硕士学位论文．

怀洋洋，叶林鑫．2015．城乡建设用地增减挂钩中农民利益保障研究．四川理工学院学报（社会科学版），30（2）：47-55．

黄秉维，郑度，赵名茶，等．1999．现代自然地理．北京：科学出版社，195-202．

黄春长．1998．环境变迁．北京：科学出版社：22-23．

黄羽，王磊，孙权．2013．内蒙古腰坝绿洲区土地利用变化对生态系统服务价值的影响．贵州农业科学，41（2）：65-69．

季中淳．2004．东北的振兴、可持续发展与湿地区域生物圈保护研究．中国生态学会第七届全国会员代表大会．

贾铁飞，冯亚芬．2012．生态脆弱地区旅游资源开发的生态安全评价——以内蒙古鄂尔多斯市为例．干旱区资源与环境，26（5）：187-193．

江源，高清竹，何立环，等．2002．基于Landsat-TM数据的农牧交错带景观结构研究——以内蒙古自治区兴和县为例．应用生态学报，13（4）：403-408．

蒋忠诚，夏日元，时坚，等．2006．西南岩溶地下水资源开发利用效应与潜力分析．地球学报，27（5）：495-502．

金相灿，等．1995．中国湖泊环境．北京：海洋出版社，267-322．

荆治国，周杰，梁剑鸣，等．2010．基于生态足迹法的城市化问题研究．干旱区资源与环境，24（3）：13-19．

康秀亮，刘艳红．2007．生态系统敏感性评价方法研究．安徽农业科学，35（33）：10569-10571．

雷昆，张明祥．2005．中国的湿地资源及其保护建议．湿地科学，3（2）：81-86．

冷疏影，刘燕华．1999．中国脆弱生态区可持续发展指标体系框架设计．中国人口（资源与环境），9（2）：40-45．

李保杰，顾和和，纪亚洲．2012．矿区土地复垦景观格局变化和生态效应．农业工程学报，28（3）：251-256．

李边疆，王万茂．2008．区域土地利用与生态环境耦合关系的系统分析．干旱区地理，(31) 1：142-148．

李波，张俊飚．2012．基于我国农地利用方式变化的碳效应特征与空间差异研究．经济地理，32（7）：135-140．

李飞, 宋玉祥, 刘文新, 等. 2010. 生态足迹与生态承载力动态变化研究——以辽宁省为例. 生态环境学报, 19 (3): 718-723.

李刚, 卢晓宁, 边金虎. 2015. 岷江上游土地资源承载力评价. 水土保持研究, 22 (1): 264-269.

李辉, 魏德洲, 姜若婷. 2004. 生态安全评价系统及工作程序. 中国安全科学学报, 14 (4): 43-46.

李静鹏, 徐明锋, 苏志尧, 等. 2014. 不同植被恢复类型的土壤肥力质量评价. 生态学报, (09): 2297-2307.

李开忠, 彭贤伟, 熊康宁. 2005. 贵州喀斯特峡谷地区土地利用效果评价——以贵州花江峡谷地区为例. 中国岩溶, 24 (4): 293-299.

李力哲, 任大廷. 2013. 农地征收中的利益协调机制构建. 黑河学刊, (189) 4: 175-176.

李丽, 刘普幸, 姚玉龙. 2015. 近28年金昌市土地利用动态变化及模拟预测. 生态学杂志, 34 (4): 1097-1104.

李龙熙. 2005. 对可持续发展理论的诠释与解析. 行政与法, (1): 32-36.

李娜. 2012. 土地资源承载力在规划环评中的应用研究. 环境科学与管理, 4 (4): 176-179.

李锐, 杨勤科, 温仲明, 等. 2002. 区域土地利用变化环境效应研究综述. 水土保持通报, 22 (2): 65-70.

李仕川, 郭欢欢, 侯鹰, 等. 2015. 土地集约利用空间分异研究中指标标准化方法研究. 长江流域资源与环境, (24) 10: 1771-1778.

李晓冰. 2010. 中国区域经济协调发展理论与实践初探. 现代商业, 18: 58-60.

李晓兵. 1999. 国际土地利用——土地覆盖变化的环境影响研究. 地球科学进展, 14 (4): 395-400.

李晓丹, 刘学录. 2009. 土地利用结构的景观生态学分析——以甘肃省为例. 中国沙漠, 4: 723-727.

李晓文, 方精云, 朴世龙. 2003. 近10年来长江下游土地利用变化及其生态环境效应. 地理学报, 58 (5): 659-667.

李馨, 武克军, 曹琦. 2011. 天水市土地利用变化及其生态服务价值研究. 人民黄河, 330: 66-69.

李鑫, 欧名豪, 刘建生, 等. 2014. 基于不确定性理论的区域土地利用结构优化. 农业工程学报, 4: 176-184.

李莹. 2011. 鲁甸县土地利用变化与生态安全评价研究. 云南财经大学硕士学位论文.

李颖, 黄贤金, 甄峰. 2008. 江苏省区域不同土地利用方式的碳排放效应分析. 农业工程学报, (24): 102-107.

李玉平, 蔡运龙. 2007. 河北省土地生态安全评价. 北京大学学报 (自然科学版), 43 (6): 784-789.

李玉平, 朱琛, 张义文. 2013. 河北省邢台市土地生态安全评价及可持续发展对策研究. 水土保持通报, 33 (6): 116-124.

李正, 王军, 白中科. 2011. 喀斯特地区土地利用变化研究——以贵州省为例. 地域研究与开发, 30 (2): 143-148.

凌侠, 王丹秋. 2013. 基于 RS 和 GIS 的固阳县土地利用动态变化研究. 内蒙古农业大学学报, 34 (5): 47-52.

刘东, 封志明, 杨艳昭, 等. 2011. 中国粮食生产发展特征及土地资源承载力空间格局现状. 农业工程学报, 27 (7): 1-6.

刘红, 王慧, 刘康. 2005. 我国生态安全评价方法研究述评. 环境保护, 8: 34-37.

刘红娇, 常胜. 2008. 基于生态足迹的土地利用可持续性评价. 湖北民族学院学报: 自然科学版, 26 (2): 237-240.

刘纪远. 1996. 中国资源环境遥感宏观调查与动态. 北京: 中国科学技术出版社.

刘健, 郭建宏, 郭进辉, 等. 2003. 茫荡山自然保护区森林生态系统生态评价. 福建林学院学报, (2): 106-110.

刘康, 欧阳志云, 王效科, 等. 2003. 甘肃省生态环境敏感性评价及其空间分布. 生态学报, 23 (12): 2711-2718.

刘梦云, 常庆瑞, 齐雁冰. 2006. 不同土地利用方式的土壤团粒及微团粒的分形特征. 中国水土保持科学, 4 (4): 47-51.

刘贤赵, 谭春英, 宋孝玉, 等. 2005. 黄土高原沟壑区典型小流域土地利用变化对产水量的影响——以陕西省长武王东沟流域为例. 中国生态农业学报, 13 (4): 99-102.

刘燕红, 黄川林, 罗卓. 2013. 土地利用时空变化特征及驱动力分析——以重庆市为例. 湖北农业科学. 52 (8): 1788-1791.

刘宇, 陈学华, 罗勇. 2008. 土地利用变化对生态系统服务价值的影响——以贵州省为例. 西北林学院学报, 23 (1): 219-223.

刘兆辰. 2015. 晋江市土地利用/覆盖变化及土地资源生态安全评价. 福建师范大学硕士学位论文.

刘子刚, 郑瑜. 2011. 基于生态足迹法的区域水生态承载力研究——以浙江省湖州市为例. 资源科学, 33 (6): 1083-1088.

龙花楼, 李秀彬. 2001. 长江沿线样带土地利用格局及其影响因子分析. 地理学报, 56 (4): 417-425.

龙开元, 谢炳庚, 谢光辉. 2001. 景观生态破坏评价指标体系的建立方法和应用. 山地学报. 19 (1): 64-68.

卢剑波, 杨京平. 黄泥岭红壤小流域土壤的空间异质性与格局研究. 浙江大学学报（农业与生命科学版), 28 (1): 83-88.

鲁春霞, 谢高地, 肖玉, 等. 2004. 青藏高原生态系统服务功能的价值评估. 生态学报, 24 (12): 2749-2755.

鲁敏, 徐晓波, 李东和, 等. 2015. 园林生态应用设计. 北京: 化学工业出版社.

吕洪德. 2005. 城市生态安全评价指标体系的研究. 东北林业大学硕士学位论文.

吕建华, 朱坦, 白宏涛等. 2011. 天津滨海新区土地利用及景观格局变化分析. 环境污染与防治, 33 (2): 94-98.

吕立刚, 周生路, 周兵兵, 等. 2013. 区域发展过程中土地利用转型及其生态环境响应研究——以江苏省为例.地理科学,(33)12:1442-1449.

毛腾.2015.基于 RS 和 GIS 的土地利用动态变化分析——以南京市为例.辽宁农业科学,(6):28-31.

梅艳.2009.区域土地利用变化及其对生态安全的影响研究.南京农业大学博士学位论文.

倪绍祥.1999.土地类型与土地评价概论.北京:高等教育出版社.

牛振国,孙桂凤.2007.近10年中国可持续发展研究进展与分析.中国人口·资源与环境,(3):122-128.

欧维新,杨桂山,于兴修,等.2004.盐城海岸带土地利用变化的生态环境效应研究.资源科学,26(3):76-83.

欧阳志云,王如松,赵景柱.1999.生态系统服务功能及其生态经济价值评价.应用生态学报,10(5):635-640.

欧阳志云,王如松.2000.生态系统服务功能、生态价值与可持续发展.世界科技研究与发展,22(5):45-50.

欧阳志云,郑华,岳平.2013.建立我国生态补偿机制的思路与措施.生态学报,(33)3:686-692.

裴建国,梁茂珍,陈阵.2008.西南岩溶石山地区岩溶地下水系统划分及其主要特征值统计.中国岩溶,27(1):6-10.

秦丽杰,张郁,许红梅,等.2002.土地利用变化的生态环境效应研究——以前郭县为例.地理科学,22(4):508-512.

曲格平.2002a.关注生态安全之二:影响中国生态安全的若干问题.环境保护,(7):3-6.

曲格平.2002b.关注生态安全之一:生态环境问题已经成为国家安全的热门话题.环境保护,(5):3-5.

曲格平.2004.关注中国生态安全.北京:中国环境科学出版社.

曲衍波,齐伟,商冉,等.2008.基于 GIS 的山区县域土地生态安全评价.中国土地科学,22(4):38-40.

曲艺,舒帮荣,欧名豪,等.2013.基于生态用地约束的土地利用数量结构优化.中国人口·资源与环境,(1):155-161.

全斌.2010.土地利用与土地覆被变化学导论.北京:中国环境科学出版社.

饶卫民,章家恩,肖红生,等.2000.地理信息系统(GIS)在农业上的应用现状概述.云南地理环境研究,(2):13-17.

任建兰,周鹏.2004.区域生态安全研究体系及评价模型.山东省生态建设研究.

戎郁萍,赵敏,朱玲玲,等.2012.三种客观赋权法分析草地管理措施对土壤有机碳含量的影响.生态学杂志,31(4):987-993.

邵东国,李元红,王忠静,等.1996.基于神经网络的干旱内陆河流域生态环境预警方法研究.中国农村水利水电.6:10-12.

史培军,宫鹏,李晓兵,等.2000.土地利用变化/覆被变化的研究的方法与实践.北京:科学出版社,2-3.

舒坤良.2006.吉林省生态安全评价理论与实证研究.吉林大学硕士学位论文.

宋丙涛, 潘美薇. 2013. 经济发展与国家粮食安全困局的破解. 中州学刊, (12): 51-53.

宋洪磊. 2015. 铜陵县土地利用碳排放效应及空间格局分析. 安徽农业科学, 43 (12): 299-302.

宋正海. 1991. 地理环境决定论的发生发展及其在近现代引起的误解. 自然辩证法研究, (9): 69-72.

苏维词, 杨华, 李晴, 等. 2006. 我国西南喀斯特山区土地石漠化成因及防治. 土壤通报, 37 (3): 447-451.

苏维词, 周济祚. 1995. 贵州喀斯特山地的"石漠化"及防治对策. 长江流域资源与环境, (2): 177-182.

苏维词, 李久林. 1997. 乌江流域生态环境预警评价初探. 贵州科学, 15 (3): 207-214.

孙存举, 赵鹏举, 张振华. 2012. 基于GIS和RS的黄龙山林区土地时空动态变化分析. 西北林学院学报. 3: 174-186.

孙赫, 梁红梅, 常学礼, 等. 2015. 中国土地利用碳排放及其空间关联. 经济地理, 35 (3): 154-162.

孙清芳, 韩丽冬, 肖宇飞. 2017. 土地利用变化对森林生态系统碳储量的影响. 现代化农业, 10: 42-43.

孙贤斌. 2012. 安徽省会经济圈土地利用变化的碳排放效益. 自然资源学报, 27 (3): 394-401.

谭术魁. 2008. 我国土地冲突的分类方案探讨. 中国农业资源与区划, 29 (4): 27-30.

陶菊春. 2005. 趋势外推预测模型的识别与选择研究. 西北师范大学学报, 41 (6): 14-17.

万荣荣, 杨桂山. 2005. 太湖流域土地利用与景观格局演变研究. 应用生态学报, 16 (3): 475-480.

王朝科. 2003. 湿地生态安全评价刍议. 科技情报开发与经济, (6): 114-115.

王德炉, 喻理飞, 熊康宁. 2005. 喀斯特石漠化综合治理效果的初步评价——以花江为例. 山地农业生物学报, 24 (3): 233-238.

王根绪, 程国栋, 钱鞠. 2003. 生态安全评价研究中的若干问题. 应用生态学报, (9): 1551-1556.

王国璞. 2015. 基于PSIR模型的河南省低碳经济发展水平研究. 河南科学, 33 (7): 1221-1225.

王韩民. 2003. 生态安全系统评价与预警研究. 环境保护, (11): 30-34.

王家骥, 姚小红, 李京荣, 等. 2000. 黑河流域生态承载力估测. 环境科学研究, 13 (2): 44-48.

王佼佼, 胡业翠, 吕小龙, 等. 2012. 基于土地利用变化的北京市生态系统服务价值研究. 中国农学通报, 28 (32): 229-236.

王龙. 1995. 山西煤炭开发与生态环境预警初探. 生态经济, (5): 32-36.

王梦夏. 2013. 低碳经济理论研究综述. 首都经济贸易大学学报, (2): 106-111.

王鸣远. 1998. 中国林业经营类型系统及环境功能评价指标体系的探讨. 林业科学, 34 (2): 99-110.

王楠君, 吴群, 陈成. 2006. 城市化进程中土地资源安全评价指标体系研究. 国土资源科技管理，(2)：28-33.

王丕章，李庆春.1997.辽宁后备耕地资源的数量、质量及其开发途径.辽宁农业科学，(2)：34-40.

王庆华，张海柱.2013.决策科学化与公众参与：冲突与调和——知识视角的公共决策观念反思与重构.吉林大学社会科学学报，(53) 3：91-98.

王庆日，谭永忠，薛继斌，等.2010.基于优度评价法的西藏土地利用生态安全评价研究.中国土地科学，24 (3)：48-54.

王瑞燕，赵庚星，周伟，等.2008.土地利用对生态环境脆弱性的影响评价.农业工程学报，(24) 12：215-220.

王文国，何明雄，潘科，等.2011.四川省水资源生态足迹与生态承载力的时空分析.自然资源学报，(26) 9：1555-1565.

王晓峰，吕一河，傅伯杰.2012.生态系统服务与生态安全.自然杂志，34 (5)：273-276.

王秀兰，包玉海.1999.土地利用动态变化研究方法探讨.地理科学进展，18 (1)：81-87.

王秀丽，吴克宁，吕巧灵，等.2007.郑州市郊区生态服务功能价值变化研究.中国农学通报，23 (3)：398-401.

王义祥，翁伯琦，黄毅斌.2005.土地利用和覆被变化对土壤碳库和碳循环的影响.亚热带农业研究，1 (3)：44-51.

王幼臣，张晓静.1996.森林公园和自然保护区社会评价的理论与方法研究.林业经济问题，(3)：1-8.

王兆峰，腾飞.2012.西部民族地区旅游利益相关者冲突及协调机制研究.江西社会科学，(1)：196-201.

王兆礼.2004.深川市土地利用变化对生态环境的影响研究.中山大学硕士学位论文.

王志琴，王德成.2003.小城镇环境保护与生态建设的对策研究.中国农业大学学报（社会科学版），(1)：28-31.

王中根，夏军.1999.区域生态环境承载力的量化方法研究.长江工程职业技术学院学报，16 (4)：9-12.

魏媛，吴长勇，2011.基于生态足迹模型的贵州省生态可持续性动态分析.生态环境学报，20 (1)：102-108.

魏媛，吴长勇，徐筑燕.2015.贵阳市土地利用变化对生态系统服务价值的影响.贵州农业科学，43 (2)：185-188.

魏媛，蔡绍洪，王名绍.2016.贵州喀斯特山地碳足迹和植被碳承载力动态研究.生态经济，32 (2)：172-176.

魏媛，王阳，姚晨，等.2016.基于GIS与RS喀斯特山地土地利用动态变化研究——以贵阳市为例.江苏农业科学，44 (11)：435-429.

温仲明，焦峰，张晓萍，等.2004.纸坊沟流域近60年来土地利用景观变化的环境效应.生态学报，24 (9)：1903-1909.

文传甲.1997.三峡库区大农业的自然环境现状与预警分析.长江流域资源与环境，6 (4)：340-345.

文军.2004.千岛湖区域生态风险评价研究.湖南：中南林学院.

吴春花,杜培军,谭琨.2012.煤矿区土地覆盖与景观格局变化研究.煤炭学报,37(6)：1026-1033.

吴国庆.2001.区域农业可持续发展的生态安全及其评价研究.自然资源学报,16(3)：227-233.

吴豪,许刚,虞孝感.2001.关于建立长江流域生态安全体系的初步探讨.地域研究与开发,20(2)：34-37.

吴建国,张小全,徐德应.2003.土地利用变化对生态系统碳汇功能影响的综合评价.中国工程科学,9(5)：66-77.

吴结春,李鸣.2008.生态安全及其研究进展.江西科学,26(1)：105-108.

向悟生,李先琨,丁涛,等.2009.土地利用变化对漓江流域生态服务价值影响.水土保持研究,16(6)：46-50.

肖笃宁,陈文波,郭福良.2002.论生态安全的基本概念和研究内容.应用生态学报,(3)：354-358.

肖红艳,袁兴中,李波,等.2012.土地利用变化碳排放效应研究——以重庆市为例.重庆师范大学学报：自然科学版,29(1)：38-42.

谢高地,鲁春霞,冷允法,等.2003.青藏高原生态资产的价值评估.自然资源学报,18(2)：189-196.

谢鸿宇,陈贤生,林凯荣,等.2008.基于碳循环的化石能源及电力生态足迹.生态学报,28(4)：1729-1735.

谢汀,刘爱宁,高雪松.2015.基于信息熵和灰色关联的成都市建设用地结构时空变化及驱动力分析.农业现代化研究,36(1)：118-125.

熊鹰,谢更新,曾光明,等.2008.喀斯特区土地利用变化对生态系统服务价值的影响——以广西环江县为例.中国环境科学,28(3)：210-214.

徐超平,夏斌.2010.资源型城市土地利用变化及其对生态系统服务价值的影响.生态环境学报,19(12)：2887-2891.

徐海根.2000.自然保护区生态安全设计的理论与方法.北京：中国环境科学出版社.

徐中民,张志强.2000.可持续发展定量研究的几种新方法评介.中国人口·资源与环境,10(2)：60-64.

徐中民,陈东景,张志强,等.2002.中国1999年的生态足迹分析.土壤学报,39(3)：441-445.

许学工.1996.黄河三角洲生态环境的评估和预警研究.生态学报,16(5)：461-468.

薛达元,蒋明康.1994.中国自然保护区类型划分标准的研究.中国环境科学,14(4)：246-251.

阎传海.1998.山东省南部地区景观生态的分类与评价.农村生态环境,14(2)：15-19.

杨冬梅,任志远,赵昕.2007.生态脆弱区的县域生态安全评价——以神木县为例.江西农业学报,(2)：98-101.

杨洪.2009.贵州土地整理如何促进现代农业建设.现代农业科学,(06)：219-222,237.

杨金玲,汪景宽,张甘霖.2004.城市土壤的压实退化及其环境效应.土壤通报,35(6):688-694.

杨京平.2002.生态安全的系统分析.北京:化学工业出版社.

杨开忠,杨咏,陈洁.2000.生态足迹分析理论与方法.地球科学进展,15(6):630-636.

杨贤智.1990.环境管理学.北京:高等教育出版社,150-155.

杨彦海.2015.土地利用与生态环境协调发展研究.华北国土资源,(4):93.

杨屹,加涛.2015.21世纪以来陕西生态足迹和承载力变化.生态学报,24:7987-7997.

杨永芳,安乾,朱连奇.2012.基于PSR模型的农区土地利用冲突强度的诊断.地理科学进展,(31)11:1552-1560.

姚解生,田静毅.2007.生态安全研究进展与应用.中国环境管理干部学院学报,17(2):47-50.

叶长盛,董玉祥.2010.珠江三角洲土地利用变化对生态系统服务价值的影响.热带地理,30(6):603-608.

叶芳芳.2012.基于建设"两型农业"的贵州省土地资源承载力研究.生态经济评论,(1):76-90.

叶素倩.2015.福州市土地利用变化分析及其生态安全定量评价研究.东华理工大学硕士学位论文.

叶延琼,章家恩.2008.广州市土地利用变化对生态系统服务价值的影响研究.生态科学,27(2):119-123.

于伯华,吕昌河.2006.土地利用冲突分析:概念与方法.地理科学进展,25(3):106-115.

于迪.2011.人类生态学与城市可持续发展.科技与企业,(8):101.

于兴修,杨桂山,李恒鹏.2003.典型流域土地利用/覆被变化及其景观生态效应——以浙江省西蓉溪流域为例.自然资源学报,18(1):13-19.

余光英,员开奇.2014.基于碳平衡适宜性评价的城市圈土地利用结构优化.水土保持研究,05:179-184.

余嘉琦,李钢,赵华,等.2015.江苏省沛县土地利用变化及其生态服务价值研究.江苏农业科学,43(6):3711-376.

余新晓,鲁绍伟,靳芳,等.2005.中国森林生态系统服务功能价值评估.生态学报,25(8):2096-2102.

俞孔坚.1999.生物保护的景观生态安全格局.生态学报,19(1):8-15.

俞晓莹,罗艳菊,蓝万炼.2009.基于GIS的土地利用景观格局分析——以湖南省保靖县为例.湖南农业大学学报(自然科学版),35(5):580-582.

喻建华,高中贵,张露,等.2005.昆山市生态系统服务价值变化研究.长江流域资源与环境,14(2):213-217.

袁道先.1994.中国岩溶.北京:地质出版社.

袁道先.1995.岩溶与全球变化研究.地球科学进展,10(5):471-474.

袁道先.2001.全球岩溶生态系统对比:科学目标与执行计划.地球科学进展,16(4):461-466.

袁道先, 蔡贵洪.1988.岩溶环境学.重庆：重庆出版社.

袁男优.2010.低碳经济的概念内涵.城市环境与城市生态, 2（1）：43-46.

袁伟彦, 周小柯.2014.生态补偿问题国外研究进展综述.中国人口·资源与环境,（24）11：76-82.

岳文泽, 徐建华, 徐丽华.2006.基于遥感影像的城市土地利用生态环境效应研究——以城市热环境和植被指数为例.生态学报, 26（5）：1450-1460.

臧淑英, 梁欣, 张思冲.2005.基于GIS的大庆市土地利用生态风险分析.自然灾害学报,（4）：141-145.

臧淑英, 王凌云, 那晓东.2011.基于经济驱动因子的土地利用结构变化区域差异分析：以哈大齐工业走廊为例.地理研究, 30（2）：224-232.

曾馥平.2008.西南喀斯特脆弱生态系统退化原因与生态重建途径.农业现代化研究, 29（6）：672-675.

曾小梅.2009.金华市环境与经济协调发展研究.浙江工业大学硕士学位论文.

张大任.1991.洞庭湖生态环境预警.地理学与国土研究, 7（2）：42-44.

张飞, 孔伟.2011.苏州市不同土地利用变化类型的生态环境效应分析.江苏农业科学,（1）：421-423.

张凤太, 苏维词, 赵卫权, 等.2011.基于生态足迹模型的喀斯特高原山地生态系统健康评价研究.水土保持通报, 31（1）：256-261.

张红富, 周生路, 吴绍华, 等.2009.基于农业可持续发展需求的江苏土地资源支撑能力评价.农业工程学报, 25（9）：289-294.

张红红, 林楠, 王晓志, 等.2016.基于RS和GIS的吉林地区土地利用变化研究.测绘与空间地理信息, 39（2）：68-70.

张虹波, 刘黎明.2006.土地资源生态安全研究进展与展望.地理科学进展, 25（5）：77-84.

张惠远, 蔡运龙.2000.喀斯特贫困山区的生态重建：区域范型.资源科学, 22（5）：21-26.

张惠远, 赵听奕, 蔡运龙, 等.1999.喀斯特山区土地利用变化的人类驱动机制研究以——以贵州省为例.地理研究, 18（2）：136-142.

张慧, 龙剑峰, 陈洋, 等.2016.贵州省耕地质量等别更新调查评价.贵州农业科学, 44（5）：163-166.

张建新, 邢旭东, 刘小娥.2002.湖南土地资源可持续利用的生态安全评价.湖南地质, 21（6）：119-121.

张婧.2009.胶州湾海岸带生态安全研究.中国海洋大学博士学位论文.

张军以, 苏维词, 张凤太.2011.基于PSR模型的三峡库区生态经济区土地生态安全评价.中国环境科学, 31（6）：1139-1044.

张军以, 苏维词.三峡库区土地生态安全评价.广东农业科学, 2009（9）：211-214.

张雷, 刘慧.2002.中国国家资源环境安全问题初探.中国人口·资源与环境, 12（1）：41-46.

张丽, 杨国范, 刘吉平.2014.1986~2012年抚顺市土地利用动态变化及热点分析.地理科学, 34（2）：186-191.

张明阳，王克林，刘会玉，等．2010．喀斯特生态系统服务价值时空分异及其与环境因子的关系．中国生态农业学报，18（1）：189-197．

张宁，曾光建，关国锋．2011．近25年来黑龙江省生态系统服务价值对土地利用变化的响应．国土资源情报，20（9）：38-44．

张青青，徐海量，樊自立，等．2012．基于玛纳斯河流域生态问题的生态安全评价．干旱区地理，（3）：479-486．

张群生．2010．贵州省耕地人口及粮食安全研究．安徽农学通报，16（15）：11-14．

张桃林，王兴祥．2000．土壤退化研究的进展与趋向．自然资源学报，15（3）：280-284．

张祥义，许皞，赵文廷．2013．基于PSR模型的河北省土地生态安全评价的分区．贵州农业科学，41（8）：207-211．

张晓燕．2014．冲突转化视角下的中国环境冲突治理．南开大学博士学位论文．

张勇，张乐勤，包婷婷．2014．安徽省城市化进程中的碳排放影响因素研究——基于STIRPAT模型．长江流域资源与环境，（23）4：512-517．

张峥．1999．湿地生态评价指标体系．农业环境保护，18（6）：283-285．

赵米金，徐涛．2005．土地利用/土地覆被变化环境效应研究．水土保持研究，12（1）：43-46．

赵荣钦，黄贤金，钟太洋．2013．区域土地利用结构的碳效应评估及低碳优化．农业工程学报，29（17）：220-229．

赵同谦，欧阳志云，郑华，等．2004．中国森林生态系统服务功能及其价值评价．自然资源学报，19（4）：480-491．

赵志强，李双成，高阳．2008．基于能值改进的开放系统生态足迹模型及其应用．生态学报，28（5）：2220-2231．

郑宏刚，尚彦，廖晓虹，等．2000．流域生态环境中土地、水、植物资源利用三角形稳定关系研究．云南农业大学学报，25（6）：844-849．

郑荣宝．2006．土地资源生态安全评价方法述评，中国土地资源战略与区域协调发展研究，451-457．

郑允文，薛达元，张更生．1994．我国自然保护区生态评价指标和评价标准．农村生态环境，10（3）：22-25．

钟永德，李迈和，Norbert K．2004．地球暖化促进植物迁移与入侵．地理研究，23（3）：347-356．

周德，徐建春，王莉．2015．近15年来中国土地利用冲突研究进展与展望．中国土地科学，（29）2：21-29．

周德全，胡宝清，廖赤眉，等．2005．区域喀斯特LUCC研究的理论、方法与应用——以广西都安瑶族自治县为例．广西师范学院学报（自然科学版）．（2）：59-64．

周国富．2003．生态安全与生态安全研究．贵州师范大学学报（自然科学版），21（3）：105-108．

周上游．2004．农业生态安全与评估体系研究．中南林学院博士学位论文．

周涛，王云鹏，龚健周，等．2015．生态足迹的模型修正与方法改进．生态学报，14：4592-4603．

周卫东，孙鹏举，刘学录. 2012. 临夏州土地利用与生态环境耦合关系. 四川农业大学学报，(30) 2: 210-215.

周性和，温琰茂. 1990. 中国西南部石灰岩山区资源开发研究. 成都：四川科学技术出版社.

周志家. 2011. 环境保护、群体压力还是利益波及厦门居民 PX 环境运动参与行为的动机分析. 社会，(31) 1: 3-8.

朱诚，张强，张之恒，等. 2002. 长江三峡地区汉代以来人类文明的兴衰与生态环境变迁. 第四世纪研究，22（5）: 442-449.

朱小娟，刘普幸，赵敏丽，等. 2013. 甘肃省土地资源承载力格局的时空演变分析. 土壤，45（2）: 346-354.

祝秀芝，李宪文，贾克敬，等. 2014. 上海市土地综合承载力的系统动力学研究. 中国土地科学，28（2）: 90-96.

邹长新，沈渭寿. 2003. 生态安全研究进展. 生态与农村环境学报，19（1）: 56-59.

邹长新，沈渭寿，张慧. 2010. 内陆河流域重要生态功能区生态安全评价研究——以黑河流域为例. 环境监控与预警，2（3）: 9-13.

邹胜章，朱明秋，唐建生，等. 2006. 西南岩溶区水资源安全与对策. 地质学报，80（10）: 1637-1642.

左伟，王桥，王文杰，等. 2002. 区域生态安全评价指标与标准研究. 地理学与国土安全，18（1）: 67-71.

Aldrich P R, Hamrick J L. 1998. Reproductive dominance of pasture trees in a fragmented tropical forest mosaic. Science, 281: 103-105.

Amalberti R. 1992. Safety in process-control: An operator-centred point of view. Reliability Engineering & System Safety, 38 (1-2): 99-108.

Barnthouse L W, Suterll G W, Bartell S M. 1988. Quantifying risk of toxic chemical on aquatic populations and ecosystems. Chemosphere, 17: 1487.

Bascietto J J. 1998. A framework fore ecological risk assessment: Beyond the quotient method. In: Newman M Cand Strojan C L, eds. Risk Assessment: Logic and Measurement: Michigan: Ann Arbor Press. : 11-12.

Bertollo P. 2001. Assessing Landscape health: A case study from northeastern Italy. Environmental Management, 27 (3): 349-356.

Brooks T M, Mittermeier R A, Mittermeier C G, et al. 2002. Habitat loss and extinction in the hotspots of biodiversity. Conservation Biology, 16 (4): 909-923.

Bruna E M, Kress W J. 2002. Habitat fragmentation and the demographic structure of an Amazonian understory herb (heliconia acuminate). Conservation Biology, 16 (5): 1256-1266.

Bruna E M. 1999. Biodiversity: Seed germination in rainforest fragments. Nature, 402: 139.

Cascante A, Quesada M, Lobo J J, et al. 2002. Effects of dry tropical forest fragmentation on the reproductive success and genetic structure of the tree samanea saman. Conservation Biology, 16 (1): 137-147.

Chalfoun A D, Ratnaswamy M J, Thompson F R. 2002. Songbird nest predators in forest-pasture edge and forest interior in a fragmented landscape. Ecological Applications, 12 (3): 858-867.

Chapman P M. 2008. Ecosystem services assessment endpoints for scientific investigations. Marine Pollution Bulletin, 56: 1237-1238.

Chapman S J, Campbell C D, Puri G. 2003. Native woodland expansion: soil chemical and microbiological indicators of change. Soil Biology & Biochemistry, 35: 753-764.

Chotte J, Schwartzmann A, Bally R, et al. 2002. Changes in bacterial communities and *AZospirillum* diversity in soil fractions of a tropical soil under 3 or 19 years of natural fallow. Soil Biology & Biochemistry, 34: 1083-1092.

Costanza R D, Arge R, Groot R, et al. 1997. The value of the world's ecosystem services and nature capital. Nature, 386: 253-260.

Crist P J, Kohley T W, Oakleaf J. 2000. Assessing land-use impacts on biodiversity using an expert systems tool. Landscape Ecology, 15: 47-62.

Crooks K R. 2002. Relative sensitivities of mammalian carnivores to habitat fragmentation. Conservation Biology, 16 (2): 488-502.

Cunnigham S A. 2000. Effects of habitat fragmentation on the reproductive ecology of four plant species in mallee woodland. Conservation Biology, 14: 758-768.

Cynil O. 1997. Environment Conflict and National Security in Nigeria: Ramifications of the Ecology-Security Nexus for Sub-Regional Peace. ACDIS Occasional Paper, University of llionis at Urban-Champaign.

Daily G C, Soderqvist T, Aniyar S, et al. 2000. Ecology: The value of nature and the nature of value. Science, 289: 395-396.

Diaz M, Santos T, Telleria J L. 1999. Effects of forest fragmentation on the winter body condition and population parameters of an habitat generalist, the wood mouse apodemus sylvaticus: a test of hypotheses. Acta Oecologica, 20: 39-49.

Donaldson J, Nanna I, Zachariades C, et al. 2002. Effects of habitat fragmentation on pollinator diversity and plant reproductive success in renosterveld shrublands of South Africa. Conservation Biology, 16 (5): 1267-1276.

Dudley J P, Ginsberg J R, Plumptre A J, et al. 2002. Effects of war and civil strife on wildlife and wildlife habitats. Conservation Biology, 16 (2): 319-329.

Dumanski J, Pieri C. 2000. Land quality indicators: research plan. Agriculture Ecosystems & Environment, 81: 93-102.

Eason C, O'Halloran K. 2002. Biomarkers in toxicology versus ecological risk assessment. Toxicology, 181 (24): 517-521.

Eggermont H, Verchuren D, Audenaert L, et al. 2010. Limnological and ecological sensitivity of Rwenzori mountain lakes to climate warming. Hydrobiologia, 648 (1): 123-142.

Fang J Y, Chen A P, Peng C H. 2001. Changes in Forest Biomass Carbon Storage in China Between 1949 and 1998. Science, 292: 2320-2322.

Forrester J W, Senge P M. 1980. Tests for Building Confidence in System Dynamics Models. System

Dynamics. TIMS Studies in Management Sciences, 14: 209-228.

Guo L B, Gifford R M. 2002. Soil carbon stocks and land use change: a meta analysis. Global Change Biology, (8): 345-360.

Haberl H, Wackernagel M, Krausmann F, et al. 2004. Ecological footprints and human appropriation of net primary production: a comparison. Land Use Policy, 21 (3): 279-288.

Harris J, Kennedy S. 1999. Carrying capacity: a biological approach to human problem. Bioscience, 36 (9): 599-604.

Hawken P. 1994. The Ecology of Commerce. New York: Harper Business.

Haynes R W, Graham R T, Quigley T M, et al. 1996. A Framework for Ecosystem Management in the Interior Columbia Basin Including Potions of the Klamath and Great Basins. General Technical Report PNW-GTR-374. U. S. Department of Agriculture. Forest Service, Pacific Northeast Research Station, Portland, OR.

Helman G B, Ratner S R. 1992. Saving failed states. Foreign Policy 89.

Holling C S. 2001. Conservation Ecology, 2001: A journal for both authors and readers. Conservation Ecology, 5 (1): 12-20.

Houghton R A, Hackler J L. 2003. Sources and sinks of carbon from land-use change in China. Global Biogeochemical Cycles, 17 (2): 1034-1047.

Hubacek K, Giljum S. 2003. Applying physical input-output analysis to estimate land appropriation (ecological footprints) of international trade activities. Ecological Economics, 44 (1): 137-151.

Jansen L J M, Di G A. 2002. Parametric land cover and land-use classifications as tools for environmental change detection. Agriculture Ecosystems & Environment, 91 (1/3): 89-100.

Jeffrey E H. 2000. Soil quality: an indicator of sustainable land management. Applied Soil Ecology, 15 (1): 75-83.

Jyldyz Sydygalieva. 2001. Ecological security: an urgent necessity for central Asia [EB/OL].

Karr J R. 1993. Defining and assessing ecological integrity: beyond water quality. Environmental Toxicology and Chemistry, 12: 1521-1531.

Klein A M, Steffan I, Buchori D, et al. 2002. Effects of land-use intensity in tropical agroforestry system on coffee flower-visiting and trap-nesting bees and wasps. Conservation Biology, 16 (4): 1003-1014.

Lenzen M, Murray S A. 2001. A modified ecological footprint method and its application to Australia. Ecological Economics, 37 (2): 229-255.

Levin M A, Seidler R, Borquin A W, et al. 1987. EPA developing methods to assess environment release. Nature Biotechnology, 5 (1): 38-45.

Li R Q, Dong M, Cui J Y, et al. 2007. Quantification of the impact of Land-Use Changes on Ecosystem Services: A case Study in Pingbian County, China. Environment Monitor Assessment, 128: 503-510.

Lindenmayer D B, Cunningham R B, Donnelly C F, et al. 2002. Effects of forest fragmentation on bird assemblages in a novel landscape context. Ecological Monographs, 72 (1): 1-18.

Liu J, Kuang W H, Zhang Z X, et al. 2014. Spatiotemporal Characteristics, Patterns, and Causes of Land-use Changes in China Since the late 1980s. Journal of Geographical Sciences, 24 (2): 195-210.

Luck M A, Jenerette G D, Wu J, et al. 2001. The urban funnel model and the spatially heterogeneous ecological footprint. Ecosystem, 4 (8): 728-796.

Mark H. 2000. State-of-the-Art Review of Environment, Security and Development Co-operation. Working paper of Conducted on behalf of the OECD DAC Working Party on Development and Environment, 43.

Marshall I B, Hirvonen H, Wiken E. 1993. National and regional scale measures of Cananda's ecosystem health. In: Woodley S, kay J and Francis Geds, Ecological Integrity and the management of Ecosystems. Publisher: St Lucie Press, Boca Raton, FL (USA),: 117-129.

Marsh. 1965. Man and Nature.

Mcnelly J A, Miller K R, Reid W V, et al. 1990. Conserving the world biological diversity. Iucn, Wrici, Wwfus, The World Bank.

Mesterton-Gibbons M. 2000. A consistent equation for ecological sensitivity in matrix population analysis. Trends in Ecology & Evolution, 15 (3): 115.

Migo. 1993. Effect of PH and calcium ions on the destabilization of melanoidin. Journal of Fermentation and Bioengineering, 76 (1): 29-32.

Morita K, Yamamoto S. 2002. Effects of habitat fragmentation by damming on the persistence of stream-dwelling charr populations. Conservation Biology, 16 (5): 1318-1323.

Murray L. 2010. The carrying capacity imperative: Assessing regional carrying capacity methodologies for sustainable land-use planning, Land Use Policy, 27 (4): 1038-1045.

Noss R F, Quigley H B, Hornocker M G, et al. 1996. Conservation biology and carnivore conservation in the rocky mountains. Conservation Biology, 10: 949-963.

Odum E P. 1953. Fundamentals of Ecology. W. B. Saunders.

O'Neill R V, Hunsaker C T, Jones K B, et al. 1997. Monitoring environmental quality at the landscape scale. Bop science. 47 (8): 513-519.

Pieri C. 1997. Planning of sustainable land management: the hierarchy of user needs. Geo-Information for sustainable Land Management. ISSS/ITC, Enschede, Netherlands.

Pieri C, Dumanski J, Young A. 1995. Land quality indicator. World Bank Discussion,: 51.

Pirages D. 1996. Theological Security: Micro-threats to Human Well - Being. Occasional Paper No. 13, Harrison program on the Future Global Agenda.

Postel S. Carrying capacity 1994: the Earth's bottom line. In L. Mazur (Ed), beyond the numbers: A reader on population, consumption, and the environment. Washington. D C: Island Press. 48-70.

Quigley T M, Haynes R W, Graham R T. 1996. Integrated Scientific Assessment for Ecosystem Management in the Interior Columbia Basin and Portions of the Klamath and Great Basins, General Technical Report PNW-GTR-382, U. S. Department of Agriculture, Forest Service, Pacific Northeast Research Station, OR.

Rapport D J, Costanzac R, McMichaeld A J. 1999. Assessing ecosystem health. Trends in Ecology and Evolution, 3: 397-402.

Roger P. 1994. Hydrology and water quality. In: Meyer W B ed. Changes in Land Use and Land Cover - A Global Perspective. Cambridge: Cambridge University Press.

Ross K A, Fox B J, Fox M D. 2002. Changes to plant species richness in forest fragments: fragment age, disturbance and fir history may be as important as area. Journal of Biogeography, 29: 749-765.

Rossum F V, Echchgadda G, Szabadi I. 2002. Commonness and long-term survival in fragmented habitats: primula elatior as a study case. Conservation Biology, 16 (5): 1286-1295.

Ruitenbeek H J. 1996. Distribution of ecological entitlements: Implications for economic security and population movement. Ecological Economics, 17 (1): 49-64.

Schaeffer D J, Henrick E E, Kerster H W. 1998. Ecosystem health: I Measuring ecosystem health. Environmental Management, (12): 445-455.

Scheller R M, Mladenoff D J. 2002. Understory species patterns and diversity in old-growth and managed northern hardwood forests. Ecological Applications, 12 (5): 1329-1343.

Schloter M, Bach H J, Metz S, et al. 2003. Influence of precision farming on the microbial community structure and functions in nitrogen turnover. Agriculture, Ecosystems and Environment, 98: 295-304.

Scmwal R L, Nautiyal S, Sen K K, et al. 2004. Patterns and ecological implications of agricultural land-use changes: a case study from central Himalaya, India. Agriculture Ecosystems & Environment, 102 (1): 81-92.

Senbel M, McDaniels T, Dowlatabadi H. 2003. The ecological footprint: A non-monetary metric of human consumption applied to North America. Global Environmental Change, 13 (2): 83-100.

Shugart L R, Mccarthy J F, Halbrook R S. 1992. Biological marker of environmental and ecological contamination: An overview. Risk Analysis, 12 (3): 353-366.

Simmons C, Lewis K, Barrett J. 2000. Two feet-two approaches: a component based model ecological footprint Ecological Economics, 32 (3): 375-380.

SIWI Seminar. 2002. Balancing Human Security and Ecological Security Interests in a Catchment-Towards Upstream/Downstream Hydrosolidarity. Stockholm, Sweden: Stockholm International Water Institute. 29-36.

Solbrig O T. 1991. From genes to ecosystems: a research agenda for biodiversity. Cambridge, Mass: Iucn, Scope, Unesco.

Summerville K S, Crist T O. 2002. Effects of timber harvest on forest Lepidoptera: community, guild and species responses. Ecological Applications, 12 (3): 820-835.

Sweeting M M. 1993. Reflections on the Development of Karst Geomorphology in Europe and a Comparision with Its Development in China. Zeitschrift für Geomorphologie, (37): 127-136.

Telleria J L, Baquero R, Santos T. 2003. Effects of forest fragmentation on European birds: implications of regional differences in species richness. Journal of Biogeography, 30: 621-628.

Tomimatsu H, Ohara M. 2002. Effects of forest fragmentation on seed production of the understory herb trillium camschatcense. Conservation Biology, 16 (5): 1277-1285.

Tscharntke T, Steffan I, Kruess A, et al. 2002. Contribution of small habitat fragments to conservation of insect communities of grassland-cropland landscape. Ecological Applications, 12 (2): 354-363.

Turner B L, Moss R H, Skole D L, et al. 1993. Relating land use and global land-cover change: a proposal for an IGBP-HDP core project. IGBP report No. 24 and HDP report No. 5.

Tuyet D. 2001. Characteristics of karst ecosystems of Vietnam and their vulnerability to human impact. Acta Geologica, 75 (3): 325-329.

UNEP. 1992. States of Desertification and Implementation of United Nations Plan of Action to Combat Desertification.

van Vuuren D P, Bouwman L F. 2005. Exploring past and future changes in the ecological footprint for world regions. Ecological Economics, 52 (1): 43-62.

Veronica. 1993. Decolonization of molasses waste water using an in organic flocculants. Journal of Fermentation and Bioengineering, 75 (6): 438-442.

Villa F, Mcleod H. 2002. Environmental vulnerability indicators for environmental planning and decision-making: Guidelines and applications. Environmental Management, 29 (3): 335-348.

Waltnertoews D. 1996. Ecosystem health a framework for implementing sustainability in agriculture. Bioscience, 46 (9): 686-689.

Wackernagel M, Onisto L, BeHo P, et al. 1997. Ecological Footprints of Nations. Toronto: International Council for Local Environmental Initiatives: 10-21.

Wackermagel M, Onisto L, Bello P, et al. 1999. National natural capital accounting with the ecological Footprint concept. Ecological Economic, 29 (3): 375-390.

Wackernagel M, Monfreda C, Schulz N B, et al. 2004. Calculating national and global ecological footprint time series: Resolving conceptual challenges. Land Use Policy, 21 (3): 271-278.

Watt A, Stork N E, Bolton B. 2002. The diversity and abundance of ants in relation to forest disturbance and plantation establishment in southern Cameroon. Journal of Applied Ecology, 39: 18-30.

Westing A H. 1989. The environmental component of comprehensive security. Bulletin of peace Proposals, 20 (2): 129-134.

Wiedmann T, Minx J, arrett J, et al. . 2006. Allocating ecological footprints to final consumption categories with input-output analysis. Ecological Economics, 56: 28-48.

William E. Rees. 1992. Ecological footprints and appropriated carrying capacity: what urban economies leave out. Environment and Urbanization. 4 (2): 120-130.

William H, Russel D J, Thomas E, et al. 1997. Agrochemical use on banana plantation in Latin American perspective on ecological risk. Environmental Toxicology and Chemistry, 16 (1): 91-99.

Yang Y, Sun B P, Hasi E, et al. 2013. Impacts of Land Use Change on Ecosystem Service Value in Yanchi County of Ningxia. Agricultural Science&Technology, 14 (11): 1687-1692.

Zhang C, Yuan D X. 2001. New development of IGGP 448" World correlation of karst ecosystem. (2000-2004)". Episodes, 24 (4): 279-280.

后　记

本书根据喀斯特山区土地利用变化现状及其生态安全评价状况，围绕新时期喀斯特山区土地资源开发利用与生态环境相互协调所需要的条件，深入分析喀斯特山区土地利用存在的主要问题及其原因，重点对喀斯特山区土地利用绿色低碳化和生态高效化进行深入研究，在充分了解喀斯特山区土地的特征、变化规律、不合理利用土地对生态安全影响的基础上，对研究区土地利用变化及其生态安全评价进行实证研究，旨在新一轮的土地开发利用中，实现喀斯特山区土地资源绿色低碳高效可持续利用，寻找能够促进生态安全的对策建议。研究的开展对喀斯特山区乃至全国培育绿色低碳生态高效的土地利用模式具有重要的理论意义和极强的实践价值。

本书的研究成果是在贵州省高校优秀科技创新人才支持计划（黔教合K字［2012］091号）研究成果的基础上、经过研究范围的扩展和研究理论的深入而逐渐形成的。整个研究历时六年多，曾先后得到了中央财政支持地方高校发展专项资金，贵州省高校优秀科技创新人才支持计划（黔教合K字［2012］091号）、国家商务部联合研究项目（2015SWBZD01）、贵州省科技计划项目（软科学研究计划）黔科合基础［（2016）1521-1号］、国家商务部联合研究项目（2016SWBZD12）、贵州财经大学2016年青年教师英才计划项目等项目研究经费的资助。整个研究团队以坚持不懈、持之以恒、团结努力、协作克难、不怕劳苦的精神，经过多次的文献查阅与梳理、实地调研、数据整理与分析、理论研讨、实证研究、思路探讨和对策分析，对整个书稿多次反复修改后定稿。研究过程中，本项目研究团队先后发表了相关的研究论文26篇，其中1篇被SCI收录，25篇北大核心期刊收录，研究论文及观点被许多学者引用。

在本项目的研究过程中，得到了贵州财经大学管科学院、经济学院、公共管理学院、贵州财经大学西部现代化研究中心，贵州省连片特困区贫困与发展协同创新中心等单位的大力支持。本书的形成和出版得到了科学出版社的鼎力帮助。在项目研究和形成过程中，魏媛教授负责总体设计和主持研究，以及全书提纲的拟定、书稿的统撰工作；吴长勇高级经济师、陈宣副教授（贵州商学院）、曾昉、姚晨研究生在本项目的研究设计、资料收集、数据分析、模型处理、综合协调、成果整理、报告撰写和全书的整理出版等方面均做出了突出的贡献。此外，

| 后　　记 |

本项目的研究还得到了姜丽、王阳等老师、李儒童、刘晓璐、王晓颖及杨园园等研究生在资料收集、数据整理、报告撰写等方面的大力帮助，在此，对上述单位给予的宝贵支持以及同事们和同学们付出的辛勤劳动表示衷心感谢！

在本书的写作过程中，参阅了大量的文献资料和统计数据，在书中以及后面的参考文献中已尽可能地进行了标注和说明，如有缺漏深表歉意，在此一并致谢。由于作者的学识水平和数据收集的有限，书中难免存在有待深入研究和完善之处，敬请各位专家和读者予以批评指正。

魏　媛

2017 年 6 月